PLUSPUNKT DEUTSCH

Leben in Deutschland

AUSGABE
FÜR BERUFLICHE SCHULEN

A2

Schülerbuch

 Zusatzmaterialien online verfügbar unter
go.cornelsen.de   **Code: fibofe**

Symbole

- 🔊 2.14 Audioaufnahme
- Ü14-15 Verweis auf die passende Übung im Arbeitsbuch
- ✴ Portfolio
- **GR** Grammatik
- ❗ wichtige Hinweise
- 🔴 Redemittel

Pluspunkt Deutsch A2
Leben in Deutschland

Schülerbuch, Gesamtband

Im Auftrag des Verlags erarbeitet von Eva Gahl, Evangelia Karagiannakis,
Christina Lang, Lena Merl, Susanne Oppermann und Petra Schappert.
Basierend auf Pluspunkt Deutsch – Leben in Deutschland von Friederike Jin und Joachim Schote.

Redaktion:	Corinna Hilger, Gunther Weimann
Redaktionelle Mitarbeit:	Dieter Maenner
Bildredaktion:	Katharina Hoppe-Brill, Corinna Hilger, Gunther Weimann
Illustrationen:	Christoph Grundmann

Umschlaggestaltung, Layout und technische Umsetzung: finedesign Büro für Gestaltung, Berlin

www.cornelsen.de

Soweit in diesem Buch Personen fotografisch abgebildet sind und ihnen von der Redaktion Namen, Berufe, Dialoge und Ähnliches zugeordnet oder diese Personen in bestimmten Situationen dargestellt werden, sind diese Zuordnungen und Darstellungen fiktiv und dienen ausschließlich der Veranschaulichung und dem besseren Verständnis des Buchinhalts.

1. Auflage, 7. Druck 2024

Alle Drucke dieser Auflage sind inhaltlich unverändert
und können im Unterricht nebeneinander verwendet werden.

© 2017 Cornelsen Verlag GmbH, Mecklenburgische Str. 53, 14197 Berlin

Das Werk und seine Teile sind urheberrechtlich geschützt.
Jede Nutzung in anderen als den gesetzlich zugelassenen Fällen bedarf der
vorherigen schriftlichen Einwilligung des Verlages.
Hinweis zu §§ 60a, 60b UrhG: Weder das Werk noch seine Teile dürfen ohne eine
solche Einwilligung an Schulen oder in Unterrichts- und Lehrmedien (§ 60b Abs. 3 UrhG)
vervielfältigt, insbesondere kopiert oder eingescannt, verbreitet oder in ein Netzwerk
eingestellt oder sonst öffentlich zugänglich gemacht oder wiedergegeben werden.
Dies gilt auch für Intranets von Schulen und anderen Bildungseinrichtungen.

Druck und Bindung: Livonia Print, Riga

ISBN: 978-3-06-520931-1
ISBN: 978-3-06-521081-2 (E-Book)

PEFC zertifiziert
Dieses Produkt stammt aus nachhaltig bewirtschafteten Wäldern und kontrollierten Quellen.
www.pefc.de

Vorwort

PLUSPUNKT DEUTSCH – *Leben in Deutschland*, **Ausgabe für berufliche Schulen** richtet sich an Jugendliche und junge Erwachsene an beruflichen Schulen ohne Deutsch-Vorkenntnisse bzw. mit sehr geringen Deutschkenntnissen und führt in zwei Bänden zu den Niveaustufen A1 und A2 des Gemeinsamen europäischen Referenzrahmens. Es ist besonders geeignet für den Unterricht in sehr heterogenen Klassen und berücksichtigt die unterschiedlichen Voraussetzungen und Erfahrungen der Schülerinnen und Schüler.

PLUSPUNKT DEUTSCH – *Leben in Deutschland*, **Ausgabe für berufliche Schulen** bietet ein kompetenz- und interaktionsorientiertes Lernprogramm mit einer flachen Progression. Das Lehrwerk entwickelt systematisch die sprachliche Handlungs- und Verstehensfähigkeit der Jugendlichen und bereitet sie Schritt für Schritt auf Regelunterricht, Ausbildung und Beruf vor. Darüber hinaus fördert und entwickelt es bildungssprachliche Kompetenzen.

Das **Schülerbuch** enthält 14 Einheiten sowie vier fakultative Stationen. Im Vordergrund stehen Themen aus Alltag, Schule und Beruf und ihre sprachliche Bewältigung. Die erste Seite jeder Einheit bietet einen bilderreichen Einstieg in das Thema und regt zum authentischen Sprachhandeln an. Es folgen drei Doppelseiten mit Texten, Dialogen und vielen Aktivitäten, die die Fertigkeiten Hören, Sprechen, Lesen und Schreiben systematisch entwickeln. Dabei werden grammatische Strukturen in lernbaren Teilen eingeführt und in kommunikativ sinnvollen Kontexten geübt. Die Doppelseite *Sprechen aktiv* enthält Sprechübungen zur Automatisierung. Der Abschnitt *Arbeitstechniken und Methoden* vermittelt übertragbare und bewährte Anleitungen für das Erlernen einer Fremdsprache bzw. den Umgang mit Texten. Er steht im Wechsel mit dem Abschnitt *Unsere Sprachen und Kulturen entdecken*. Hier gibt es Übungen, die Sprachbewusstheit und sprachverbindendes Arbeiten fördern. Die abschließende Seite *Gewusst wie* fasst die wichtigsten Redemittel und grammatischen Strukturen übersichtlich zusammen. Die zweiseitigen *Stationen* bieten eine spielerische Wiederholung des Gelernten.

Der Anhang umfasst:
- die *Partnerseiten*,
- die *Phonetikübungen*, die den einzelnen Einheiten zugeordnet sind,
- die *Hörtexte*, die nicht in den Einheiten abgedruckt sind,
- die *alphabetische Wortliste* sowie eine Liste der *unregelmäßigen Verben*.

Das **Arbeitsbuch** unterstützt die Arbeit mit dem Schülerbuch. Es enthält ein umfangreiches und abwechslungsreiches Übungsangebot zum Festigen und Vertiefen des Lernstoffs. Die Übungen eignen sich besonders gut zur Binnendifferenzierung. Ein besonderes Plus sind die vier Seiten zur Wortschatzarbeit mit einem Bildlexikon, Übungen und Lerntipps. Im Anhang des Arbeitsbuches befindet sich eine systematische Zusammenfassung der Grammatik.

Das separate Medienpaket mit allen **Audio-CDs** enthält alle Hörtexte und Phonetikübungen zum Schüler- und Arbeitsbuch.

Das Schülerbuch ist auch als **E-Book** erhältlich. Es ermöglicht, den Unterricht abwechslungsreich mit dem Whiteboard oder Beamer durchzuführen.

Unter www.cornelsen.de/webcodes, Code: fibofe gibt es Audios als MP3-Download und weitere Zusatzmaterialien.

Wir wünschen viel Spaß beim Deutschlernen und beim DaZ-Unterricht mit
PLUSPUNKT DEUTSCH – *Leben in Deutschland*, **Ausgabe für berufliche Schulen**!

Inhalt

	Sprachhandlung	Grammatik
1 Lebenswege 	• eine Person vorstellen • über Erfahrungen in Deutschland sprechen • über das Sprachenlernen sprechen und Lerntipps geben	• Perfekt (Wiederholung) • Partizipien ohne *ge-* • Possessivartikel
2 Medien 	• über Medien sprechen • etwas begründen • die eigene Meinung sagen • Vorschläge machen und auf Vorschläge reagieren	• Nebensätze mit *weil* • Nebensätze mit *dass*
3 Wochenende 	• über das Wochenende sprechen • sagen, wohin man geht/fährt • eine Kurznachricht schreiben und beantworten • im Restaurant eine Bestellung aufnehmen und bezahlen	• Wechselpräpositionen mit Dativ und Akkusativ • *ja*, *nein* und *doch*
4 Schule 	• über die Schule und Schulabschlüsse in Deutschland und im Heimatland sprechen • Fragen und Informationen auf einer Versammlung der Schülervertretung • über die Vergangenheit sprechen • über Perspektiven in der Schule und in der Ausbildung sprechen	• Nebensätze mit *wenn* • Modalverben im Präteritum
Station 1	Spiel – Berufe im Hotel und in der Gastronomie – Schulordnung	
5 Am Arbeitsplatz 	• über Berufe sprechen • Gespräche am Arbeitsplatz führen • höfliche Bitten • eine Mitteilung schreiben • ein Gerät erklären • einen Praktikumsbericht schreiben	• indirekte Fragen • das Verb *wissen* • Personalpronomen im Dativ • Demonstrativartikel *dies-*
6 Wohnen 	• über Wohnformen sprechen • Wohnungsanzeigen verstehen • eine Wohnung suchen • über den Umzug sprechen • Nachbarn kennenlernen • eine Geschichte erzählen	• das Verb *lassen* • reflexive Verben • die Verben *legen/liegen* und *stellen/stehen*
7 Feste feiern 	• über Feste und Geschenke sprechen • Einladungen und Glückwünsche verstehen und darauf reagieren • Komplimente machen und darauf reagieren • Kleidung beschreiben • ein Klassenfest organisieren	• das Datum • Adjektivdeklination nach dem unbestimmten Artikel • Verben mit Dativ und Akkusativ
Station 2	Dialoge spielen – Handwerksberufe – Sicherheit am Arbeitsplatz	

Themen und Texte	Kompetenzen	Seite
• Erfolgsgeschichten von Zuwanderern • Sprachlerntypen • Texte: Magazintext, Interview, Forumstexte	• Kann einfach und kurz über Gründe für die Migration sprechen. • Kann einfach und kurz von seinen/ihren Erfahrungen berichten. • Kann individuelle Sprachlernbedürfnisse und Ziele äußern. • Kann sich über die Bedeutung des Erlernens der Zielsprache für die eigene Zukunft äußern. • Kann Strategien für das Wörterlernen umsetzen.	9
• Medien • rund ums Internet • mit dem Computer arbeiten • Fernsehen und Radio • Texte: Kurzinterviews, Screenshot, Werbespot, Grafik, Zeitungsartikel	• Kann in Zeitungen und Zeitschriften, auch online, thematische Schwerpunkte und Rubriken verstehen und das Gewünschte auswählen. • Kann kurzen Berichten in Zeitungen oder im Internet wichtige Informationen entnehmen. • Kann geläufige Befehle in deutschsprachigen Versionen von Office-Programmen verstehen. • Kann Informationen im Internet suchen und finden.	19
• Wochenendpläne • Verabredung • Sonntag in Deutschland • im Restaurant • Texte: E-Mail, Kurznachrichten, Magazintext, Speisekarte, Reservierungen	• Kann, auch telefonisch, mit einfachen Mitteln eine Reservierung tätigen. • Kann in einer Gaststätte gewünschte Speisen und Getränke bestellen oder Bestellungen aufnehmen.	29
• Schule und Schulabschlüsse • das Schulsystem in Deutschland • Schülervertretung • Schule früher und heute • Texte: Blogtexte, Informationsbriefe aus der Schule, Magazintext, Zeugnis	• Kann mit einfachen Worten wesentliche Informationen zum Ausbildungssystem geben. • Kann das Wesentliche von einfachen Informationsschreiben der Schule verstehen. • Kann an einer Versammlung der Schülervertretung die für ihn/sie wichtigen Informationen verstehen. • Kann Strategien für das Erlernen von Fachwörtern anwenden.	39
		51
• in der Firma • Situationen am Arbeitsplatz • um Hilfe bitten • ein Gerät erklären • Texte: Mitteilungen von Kollegen, Display von Geräten, Stellenanzeige für ein Schülerpraktikum	• Kann einfache schriftliche Informationen verstehen. • Kann sich mit einfachen Worten krankmelden. • Kann Kollegen eine kurze Notiz mit einer wichtigen Information hinterlassen. • Kann einfache mündliche Anweisungen verstehen. • Kann in einfacher Form einen Terminvorschlag machen und auf einen Terminvorschlag reagieren. • Kann Texte mit Hilfe von W-Fragen knacken.	55
• Wohnen, Wohnungssuche und Wohnungsbesichtigung • umziehen und renovieren • im Baumarkt • Texte: Wohnungsanzeigen, Baumarktprospekt, Tagebucheintrag	• Kann sich in Tageszeitungen, Wochenblättern oder im Internet über den Wohnungsmarkt informieren. • Kann Wohnungsanzeigen die für ihn/sie relevanten Informationen entnehmen. • Kann, auch telefonisch, mit einfachen Worten einen Besichtigungstermin vereinbaren. • Kann Diagramme auswerten und erklären.	67
• Feste und Feiertage • Einladungen und Geschenke • Hochzeit • Feiern interkulturell • Texte: Einladungen, eine Geschichte, Blogtexte, interkultureller Kalender	• Kann z. B. Mitschüler/-innen, Freunde oder Bekannte fragen, ob sie zu einer Feier mitkommen, und einen Termin mit ihnen ausmachen. • Kann sich für eine Einladung bedanken und zusagen oder freundlich und mit Angaben eines Grundes absagen. • Kann mit einfachen Worten ein Kompliment aussprechen und sich für ein Kompliment bedanken. • Kann jemandem gratulieren und mit einfachen Worten gute Wünsche aussprechen und sich für gute Wünsche bedanken.	77
		89

Inhalt

	Sprachhandlung	Grammatik
8 Neue Chancen	• über die eigenen Ziele sprechen • sich über Weiterbildungsmaßnahmen informieren • über Stärken und Schwächen sprechen • sich für einen Kurs anmelden • ein eigenes Kursangebot schreiben	• Nebensätze mit *damit* • Verben mit Präpositionen Teil 1 *(sich interessieren für, teilnehmen an …)*
9 Gesund leben	• über ein gesundes Leben sprechen • über Arztbesuche sprechen • ein Gespräch mit einem Arzt führen • Gespräche in der Apotheke führen • über den Erste-Hilfe-Kasten sprechen • über Gesundheitstipps sprechen	• Empfehlungen mit *sollte* + Infinitiv
10 Ausbildungsplatzsuche	• über die Suche von Ausbildungsplätzen sprechen und Stellenanzeigen verstehen • über Eigenschaften im Beruf sprechen • sich am Telefon über eine Stelle informieren • ein Bewerbungsgespräch führen • einen Lebenslauf schreiben • einen Ausbildungsvertrag verstehen	• Wünsche mit *würde gern(e)* + Infinitiv • indirekte Fragen mit *ob*
11 Unterwegs	• eine Reise im Reisebüro buchen • die Notrufzentrale anrufen • Dialoge auf der Reise • über interessante Reiseziele sprechen • eine Reise planen	• Relativsätze im Nominativ und Akkusativ
Station 3	Spiel – Pflegeberufe – Konflikte	
12 Treffpunkte	• über Kontaktmöglichkeiten sprechen • über Vereine sprechen • über ehrenamtliches Engagement sprechen • mit Ämtern und Behörden telefonieren	• Relativsätze mit Präpositionen • Relativpronomen im Dativ
13 Banken und Versicherungen	• über Bankgeschäfte sprechen • ein Konto eröffnen • über Versicherungen sprechen • etwas vergleichen • etwas reklamieren	• Verben mit Präpositionen Teil 2 *(worauf, wovon … / auf wen, von wem …)* • Komposita
14 Freunde und Bekannte	• über Freundschaften sprechen • eine Freundschaftsgeschichte verstehen • einen Forumstext schreiben • kleine Gedichte verstehen und schreiben • über Sprichwörter sprechen	• Verben mit Präpositionen Teil 3 *(darüber, darauf, dafür …)*
Station 4	Dialoge spielen – Kaufmännische Berufe – Zeugnisse	

Partnerseiten 177   Phonetik 184   Hörtexte 196   Wortliste 213   Verblisten 225

Themen und Texte	Kompetenzen	Seite
· Weiterbildung · Beratungsgespräch mit Berufsberaterin · Stärken und Schwächen erkennen · telefonische Anmeldung · Texte: Kursprogramm, Internetseite	· Kann die wichtigsten Informationen über Aus- und Weiterbildungsinhalte verstehen. · kann einfachen Anzeigen zu Aus- und Weiterbildungsangeboten wichtige Informationen entnehmen. · Kann sagen, was er/sie kann, bisher gemacht hat und zukünftig machen möchte. · Kann sich für einen Kurs anmelden. · Kann den Lesestil „selektives Lesen" anwenden.	93
· in der Arztpraxis · Vorsorgeuntersuchungen · in der Apotheke · Medikamente und Heilmittel · Ernährung und Gesundheit · Texte: Informationsblatt, Internetseite, Magazintext	· Kann Ratgebern relevante Informationen zum Thema Gesundheit entnehmen. · Kann im Gespräch mit dem Arzt einfache Informationen zum Gesundheitszustand geben und einfache Verhaltensweisen verstehen. · Kann im Gespräch mit Apothekern relevante Informationen verstehen, z. B. Höhe der zu zahlenden Gebühr, Abholung des Medikaments. · Kann die Arbeitstechnik "Rollenspiel" unterstützend für das eigene Sprachhandeln nutzen.	105
· Arbeitssuche · Bewerbungen · Eigenschaften von Arbeitnehmern · Texte: Stellenanzeigen, Lebenslauf, Ausbildungsvertrag	· Weiß, wo Stellenangebote zu finden sind. · Kann die wichtigsten Informationen von Stellenanzeigen in Zeitungen, im Internet oder am Schwarzen Brett eines Supermarkts verstehen. · Kann mithilfe einer Vorlage einen tabellarischen Lebenslauf schreiben. · Kann im Bewerbungsgespräch mit einfachen Worten sein/ihr Einverständnis mit bestimmten Arbeitsbedingungen ausdrücken oder eigene Vorstellungen äußern und Rückfragen stellen. · Kann ein Lerntagebuch führen und Lernfortschritte festhalten.	115
· Reisen · Buchung einer Reise · Situationen auf Reisen · interessante Reiseziele · Texte: Reiseführer	· Kann eine Reise mit dem Zug oder dem Flugzeug am Schalter oder telefonisch buchen. · Kann einen Platz am Schalter oder telefonisch reservieren. · Kann äußern, dass er/sie einen bestimmten Platz reserviert hat. · Kann einen Notruf telefonisch oder an der Notrufsäule absetzen. · Kann Wörter systematisch mit Hilfe von Wörternetzen lernen.	127
		137
· soziale Kontakte in Deutschland und im Herkunftsland vergleichen · Nachbarschaft · Ehrenamt · Vereine · Telefonate mit Behörden · Texte: Zeitungsartikel, Aushang, Magazintext	· Kann auf einfache Art seine/ihre Meinung über erlebte oder beobachtete Aspekte des Lebens in Deutschland mitteilen. · Kann sich mit einfachen Worten über seine/ihre Erfahrungen austauschen. · Kann sich telefonisch verbinden lassen. · Kann die Hörstile global, selektiv und detailliert anwenden.	141
· auf der Bank · Versicherungen · kaufen und reklamieren · Texte: Forumstexte, Flyer, Prospekt	· Kann sich über Banken und Versicherungen informieren. · Kann sich über Bankleistungen informieren. · Kann am Schalter beim Kauf von Bankdienstleistungen die erforderlichen Auskünfte geben. · Kann kurzem und klarem Informationsmaterial wichtige Informationen entnehmen. · Kann grundlegende Informationen zu Produkten erfragen. · Kann einen Vertrag schriftlich kündigen.	151
· Freundschaft · Gedichte · Sprichwörter · Texte: Magazintext, Forumstexte	· Kann über Freundschaften sprechen. · Kann mit unterstützenden Redemitteln eine Bildergeschichte nacherzählen. · Kann ein Elfchen schreiben. · Kann Arbeitstechniken als Hilfe zum Textverständnis anwenden.	161
		171

Aufgaben verstehen

 Hören Sie.

 Lesen Sie.

 Sprechen/Erzählen Sie.

 Schreiben/Notieren Sie.

 Sprechen Sie nach.

 Lesen Sie zu zweit.

 Beschreiben Sie.

 Fragen und antworten Sie.

 Ergänzen Sie.

 Kreuzen Sie an.

 Unterstreichen Sie.

 Verändern Sie.

 Ordnen Sie zu.

 Bringen Sie in die richtige Reihenfolge.

 Spielen Sie den Dialog.

 Präsentieren Sie.

Lebenswege

> Stendal ist im Norden von Deutschland, in der Nähe von Berlin.

> Meine Verwandten wohnen in München. Ich finde München interessant.

Sie lernen

- eine Person vorstellen
- über Erfahrungen in Deutschland sprechen
- über das Sprachenlernen sprechen und Lerntipps geben
- Possessivartikel
- Perfekt: Partizipien mit und ohne *ge-*

1a Machen Sie ein Interview mit Ihrem Lernpartner / Ihrer Lernpartnerin. Tragen Sie die Orte in eine Deutschlandkarte ein.
Ü1-4

Interview zum Kennenlernen
1. Wo wohnst du jetzt?
2. Wo in Deutschland hast du schon gewohnt? Wie lange?
3. Hast du Verwandte oder Freunde in Deutschland? Wo wohnen sie?
4. Welche Städte kennst du? Wie findest du die Städte?
5. Wo möchtest du gerne wohnen und arbeiten?

> Ich habe schon drei Monate in Braunschweig in der Aufnahmestelle gewohnt. Jetzt ...

> Eigentlich wohne ich ganz gerne hier.

1b Stellen Sie Ihren Partner / Ihre Partnerin vor.

eine Person vorstellen

Er/Sie kommt aus ...
Er/Sie kennt ...
Er/Sie hat in ... gewohnt.
Er/Sie findet ... interessant/angenehm/sauber/...
Er/Sie mag ... nicht. Die Stadt ist zu klein / zu groß / zu laut / zu hektisch / zu schmutzig.

Er/Sie wohnt schon seit ... Jahren in ...
Er/Sie möchte gerne in ... wohnen / arbeiten.
... liegt im Norden/Süden/Osten/Westen von Deutschland.
... liegt in der Nähe von ...
Seine/Ihre Verwandten/Freunde wohnen in ...

1 A Zuwanderer in Deutschland

1 a Lesen Sie die Texte. Wo sind die Personen geboren und wo leben sie?
Ü5-6

Menschen aus aller Welt

Schon seit vielen Jahren kommen Menschen aus aller Welt nach Deutschland. Die Gründe sind sehr unterschiedlich. Vier Zuwanderer aus Polen, Syrien, Spanien und Somalia erzählen ihre Geschichte.

Donata Kulczyk

Meine Eltern haben ihre Arbeit in Polen verloren und sind mit mir und meinem Bruder nach Köln gekommen. Sie haben hier neue Jobs gefunden. Von Deutschland haben sie noch nicht viel gesehen, denn sie haben hier nur gearbeitet. Meinem Bruder hat das Leben hier nicht so gut gefallen und er ist wieder nach Polen gegangen. Ich bin hier geblieben und bin auf eine berufliche Schule gegangen. Dort habe ich Deutsch gelernt und meinen Realschulabschluss gemacht.

Hassan Isso

Ich habe meine Heimat Syrien 2016 verlassen. Meine Flucht war sehr schwierig. Ich habe viele schlimme Sachen erlebt, aber ich habe nicht aufgegeben. In Deutschland habe ich zuerst in einem Flüchtlingsheim gewohnt. Ich habe eine Sprachförderklasse besucht. Nächstes Jahr möchte ich an einer beruflichen Schule meinen Hauptschulabschluss machen.

Marta Álvarez

In Spanien habe ich schon Touristik studiert und dann einen Job in einem Hotel gesucht. Leider habe ich keine Arbeit bekommen und ich bin deshalb 2015 nach Deutschland gezogen. Erst habe ich nur Deutsch gelernt. Das war sehr anstrengend. 2016 habe ich endlich einen Teilzeitjob in einem Hotel in Frankfurt bekommen. Ich habe einen deutschen Mann kennengelernt und ihn in diesem Jahr geheiratet.

Khaled Ali

Ich komme aus Somalia und bin 2017 mit einem Boot über das Mittelmeer nach Europa geflüchtet. Am Anfang habe ich in einem Aufnahmelager gelebt und habe dort lesen und schreiben gelernt. Jetzt lebe ich bei einer Gastfamilie in der Nähe von Stuttgart und besuche eine berufliche Schule. Ich bin sehr glücklich. In Somalia hatten meine Eltern kein Geld und konnten den Unterricht für mich nicht bezahlen.

1 b Wählen Sie einen Text aus und berichten Sie über die Person.

> In Spanien hat Marta Touristik studiert und dann einen Job gesucht, aber …

1c Lesen Sie die Texte noch einmal und korrigieren Sie die Sätze.

1 Der Bruder von Donata Kulczyk ist in Deutschland geblieben.
2 Hassan Isso hat den Irak 2014 verlassen.
3 Marta Álvares hat in Deutschland schnell Arbeit gefunden.
4 Khaled Ali hat in Somalia eine Schule besucht.

2 Suchen Sie in 1a die Partizipien zu den Verben. Schreiben Sie sie in eine Tabelle.

> kommen • sehen • arbeiten • lernen • gehen • bleiben • machen • studieren • verlieren • suchen • besuchen • verlassen • erleben • kennenlernen • flüchten • finden • heiraten • bekommen • ziehen • gefallen • aufgeben • anfangen

Partizip 2 mit ge-	Partizip 2 ohne ge-
kommen – ist gekommen	studieren – hat studiert

3a Lesen Sie den Grammatikkasten. Schreiben Sie dann Karten mit Infinitiven und Karten mit Perfektformen.
Ü7-8

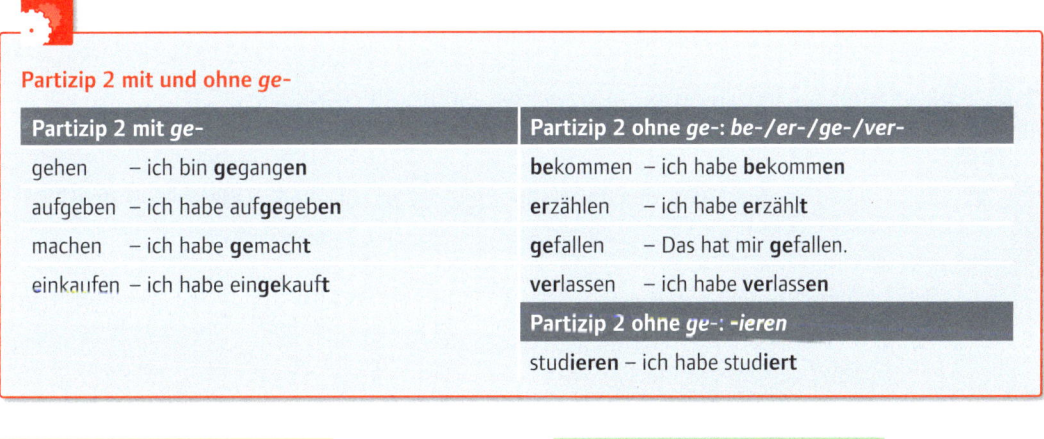

Partizip 2 mit und ohne *ge-*

Partizip 2 mit *ge-*	Partizip 2 ohne *ge-*: *be-/er-/ge-/ver-*
gehen – ich bin **ge**gang**en**	bekommen – ich habe **be**kommen
aufgeben – ich habe auf**ge**geb**en**	erzählen – ich habe **er**zähl**t**
machen – ich habe **ge**mach**t**	gefallen – Das hat mir **ge**fallen.
einkaufen – ich habe ein**ge**kauf**t**	verlassen – ich habe **ver**lassen

Partizip 2 ohne *ge-*: *-ieren*

stud**ieren** – ich habe stud**iert**

telefonieren   *ich habe telefoniert*
verkaufen   *ich habe verkauft*
einkaufen   *ich habe eingekauft*

3b Spielen Sie Memory mit den Karten. Lesen Sie die Wörter jedes Mal laut vor.

4 Wählen Sie fünf Partizipien aus und schreiben Sie fünf Sätze über sich im Perfekt.
Ü9-10

Ich habe gestern mit meinem Onkel telefoniert.

1 B Wie haben Sie das geschafft?

1 a Berat Yildirim. Welche Bildunterschriften passen? Ordnen Sie zu.
Ü11

1 ☐ Auf der Baustelle 2 ☐ Meine Schulklasse in meiner Heimat

3 ☐ Meine Sprachförderklasse 4 ☐ In meinem Büro 5 ☐ An der Universität

1 b Hören Sie das Interview und bringen Sie die Fotos in die richtige Reihenfolge.
1.02

1 c Herr Yildirim erzählt. Lesen Sie die Fragen 1–6. Hören Sie dann das Interview noch
1.02 einmal und machen Sie Notizen.

1 Woher kommt Berat Yildirim?
2 Warum ist er nach Deutschland gekommen?
3 Welche Probleme hatte er am Anfang in der Schule?
4 Wo hat Berat Yildirim richtig Deutsch gelernt?
5 Wie lange hat seine Ausbildung gedauert?
6 In welchem Beruf arbeitet er jetzt?

1 aus der Türkei
2

1 d Berichten Sie über das Interview in der Klasse.

> Herr Yildirim kommt aus der Türkei. Er hat …

1e Herr Yildirim erzählt. Hören Sie noch einmal und kreuzen Sie an: Was ist richtig?

1. Was hat seine Mutter in Deutschland gemacht?
   - A ☐ Sie hat in einem Restaurant in der Küche gearbeitet.
   - B ☐ Vormittags ist sie putzen gegangen.
   - C ☐ Sie hat die Hausarbeit gemacht.

2. Welche Erfahrung hat Berat in der Sprachförderklasse gemacht?
   - A ☐ Die Schüler haben sich nicht geholfen.
   - B ☐ Der Unterricht hat keinen Spaß gemacht.
   - C ☐ Die Klasse war wie eine internationale Familie.

3. Wie war es beim Praktikum?
   - A ☐ Berat hat ein Praktikum in der Schule gemacht.
   - B ☐ Der Chef hat ihm einen Ausbildungsplatz angeboten.
   - C ☐ Der Chef mochte ihn nicht.

4. Was hat Berat bei seiner Ausbildung erlebt?
   - A ☐ Er musste oft draußen arbeiten, auch im Winter.
   - B ☐ Er musste schon um 6 Uhr morgens anfangen.
   - C ☐ Nach zwei Jahren war er mit der Ausbildung fertig.

2a Lesen Sie den Dialog und den Grammatikkasten. Markieren Sie die Possessivartikel im Dialog.

💬 Ihr habt eure Heimat verlassen. War das schwer für euch?
💬 Ja, das war nicht einfach. Aber jetzt ist Deutschland auch unsere Heimat.

Possessivartikel im Plural

wir	unser/unsere
ihr	euer/eure
sie	ihr/ihre

2b *Unsere* oder *eure*? Ergänzen Sie die Possessivartikel.

💬 Sind .... Verwandten in Ankara noch wichtig für dich und deine Eltern?

💬 Ja, natürlich, ... Verwandten in der Türkei sind sehr wichtig. Sie sind ein Teil von .... Leben.

💬 Kommen .... Verwandten auch manchmal zu Besuch nach Celle?

💬 Nein, sie kommen nicht zu Besuch. .... Wohnung ist leider zu klein und die Reise ist zu teuer.

💬 .... Haus in Ankara und .... Garten – was ist damit passiert?

💬 Da leben .... Großeltern. Sie halten auch .... Garten in Ordnung.

2c Erzählen Sie über die Verwandten von Berat Yildirim.

> Seine Verwandten wohnen in Ankara. ...

3 Arbeiten Sie in Gruppen. Welche Erfahrungen haben Sie in Deutschland gemacht? Was finden Sie wichtig?

Was war/ist schwierig für Sie?	Wer hat Ihnen geholfen?
Was haben Sie schon geschafft?	Wer kann Ihnen helfen?
Was möchten Sie noch schaffen?	Wem können Sie helfen?

dreizehn 13

C Sprachen lernen

1 Wofür brauchen Sie Deutsch? Kreuzen Sie an und sammeln Sie.

Ich möchte ...
- ☐ mit meinen Mitschülern und Nachbarn sprechen.
- ☐ mehr Kontakt zu Deutschen haben.
- ☐ deutsche Freunde finden.
- ☐ Arbeit finden/suchen.
- ☐ mit meinen Kameraden im Fußballverein sprechen.
- ☐ mit Mitarbeitern in Behörden sprechen.
- ☐ ...

Ich möchte mit meinen Nachbarn sprechen.

2 a Sprachlerntypen. Lesen Sie die Texte und ordnen Sie die Bilder zu.

Typ 1 | Typ 2 | Typ 3 | Typ 4

Wie lernt ihr Sprachen?

Eliza12 heute, 19.53
☐ Der Lehrer soll viel vorsprechen. Ich höre genau zu und spreche nach. Neue Wörter spreche ich immer laut. Manchmal sitze ich zu Hause und spreche deutsche Wörter. Mein Mann findet das lustig, aber für mich ist das wichtig, so kann ich die Wörter gut behalten und meine Aussprache wird besser.

Yana heute, 18.44
☐ Schreiben ist für mich viel wichtiger als Sprechen. Ich muss jedes neue Wort zu Hause auf Lernkarten schreiben. Ich lese auch viel. Dann kann ich gut lernen.

JohnnyE 22.09.17, 17.14
☐ Ich finde Lesen und Schreiben nicht so wichtig. Ich möchte immer alles ausprobieren. Ich lerne neue Sätze auswendig und probiere sie mit Deutschen aus. Das macht mir Spaß und so lerne ich am besten. Ich habe auch nicht so viel Zeit für Hausaufgaben und schriftliche Übungen.

TOMXX 22.09.17, 16.26
☐ Ich mache nicht gern Fehler. Ich spreche lieber nicht so viel, aber ich lerne die Regeln und mache die Übungen. Ich lerne auch viele Wörter. Dann kann ich die Sprache richtig gut lernen und dann kann ich auch die Deutschen verstehen.

2 b Lesen Sie die Texte noch einmal. Wer macht was gern? Machen Sie eine Tabelle.

Typ 1	Typ 2	Typ 3	Typ 4
	schreiben,		

3 Welcher Lerntyp ist Ihr Partner / Ihre Partnerin? Schreiben Sie Fragen und machen Sie ein Interview. Stellen Sie ihn/sie dann in der Klasse vor.

Was macht Ihnen Spaß?
Können Sie besser hören oder lesen?
Finden Sie Grammatik wichtig?
Wie lange...?

4a Tipps für Deutschlerner. Hören Sie den Dialog. Über welche Themen sprechen Nezha und Jakub? Kreuzen Sie an.

☐ Grammatik ☐ Wörter lernen ☐ Spiele im Unterricht
☐ Filme sehen ☐ Radio hören ☐ Texte lesen

4b Hören Sie noch einmal und korrigieren Sie die Sätze.

1 Jakub versteht die Grammatik nicht.
2 Er liest gerne Texte.
3 Jakub soll die Grammatikregeln auf Karteikarten schreiben.
4 Nezha hat vor dem Spiegel Sprechen geübt und Tonaufnahmen gemacht.
5 Jakub findet, man darf keine Fehler machen.

4c Wie finden Sie die Tipps von Jakub und Nezha? Sprechen Sie.

4d Geben Sie Lerntipps. Schreiben Sie ein Problem auf einen Zettel. Sammeln Sie die Zettel ein und mischen Sie sie. Jede/-r liest ein Problem vor. Die anderen geben Tipps.

Ich verstehe die Deutschen nicht. Sie sprechen so schnell und so kompliziert.

Ich brauche viele Wörter. Wie kann ich gut neue Wörter lernen?

Ich kann nicht gut schreiben. Ich mache immer so viele Fehler.

Vorschläge machen und Tipps geben

Du kannst (vielleicht) ...	mit den Nachbarn Deutsch sprechen.
	sagen: Bitte sprechen Sie langsam.
	erst die CD hören und dann laut nachsprechen.
Du musst (unbedingt) ...	viel sprechen.
	einen Kurs besuchen, z. B. einen Tanzkurs oder Kochkurs.
	einfach mehr Mut haben.
	jeden Tag ein bisschen schreiben.
Du darfst ...	keine Angst haben.

1 Sprechen aktiv

Wörter sprechen

1a Die Lebensgeschichte von Pia. Betrachten Sie die Bilder und ordnen Sie zu.

studieren • in die Schule kommen • heiraten • ein Kind bekommen • bei der Firma Simtech arbeiten • zu Hause bleiben

mit 6 Jahren

mit 19 Jahren

zwei Jahre

mit 28 Jahren

mit 29 Jahren

ein Jahr

1b Erzählen Sie die Geschichte im Perfekt.

> Mit 6 Jahren ist Pia in die Schule gekommen.

Grammatik sprechen

2a Präsens und Perfekt von unregelmäßigen Verben. Hören Sie und sprechen Sie nach.
1.04

a → a
ich fahre – ich bin gefahren
ich trage – ich habe getragen
ich verlasse – ich habe verlassen
ich fange an – ich habe angefangen

e → e
ich esse – ich habe gegessen
ich vergesse – ich habe vergessen
ich lese – ich habe gelesen
ich sehe – ich habe gesehen
ich gebe – ich habe gegeben
ich gebe auf – ich habe aufgegeben

i → u
ich trinke – ich habe getrunken
ich finde – ich habe gefunden

e → o
ich nehme – ich habe genommen
ich helfe – ich habe geholfen
ich spreche – ich habe gesprochen
ich treffe – ich habe getroffen

ei → ie
ich schreibe - ich habe geschrieben
ich überweise – ich habe überwiesen
ich bleibe – ich bin geblieben
ich steige um – ich bin umgestiegen

i → o
ich beginne – ich habe begonnen
ich schwimme – ich habe geschwommen
ich ziehe um – ich bin umgezogen
ich verliere – ich habe verloren

2b Sprechen Sie zu zweit. A sagt ein Verb, B sagt das Partizip.

> gewinnen …

> gewonnen

2c Wählen Sie drei Verben aus und erzählen Sie eine Minigeschichte.

fahren – treffen – trinken
verlieren – finden – fahren
umziehen – helfen - essen
treffen – sprechen – bleiben

kommen – abholen – besichtigen

> Ich bin nach München gefahren. Ich habe dort meinen Freund getroffen. Wir haben zusammen einen Kaffee getrunken.

Flüssig sprechen

3 Hören Sie zu und sprechen Sie nach.

Arbeitstechniken und Methoden

Wörter lernen und im Gedächtnis behalten

> Meine Lehrerin hat gesagt, dass man schon mit 2000 Wörtern 80 % von allen Texten verstehen kann. Aber ich kann mir neue Wörter nicht gut behalten. Was kann ich machen?

> Also meine Deutschlehrerin hat mir Tipps zum Wörterlernen gegeben. Probiere sie doch mal aus!

1a Lesen Sie die Tipps zum Wörterlernen. Welche kennen Sie? Kreuzen Sie an.

1. ☐ Mit Wortkarten lernen. Schreiben Sie die Wörter mit einem Beispielsatz auf Kärtchen. Nehmen Sie sie zum Lernen überall mit - z.B. im Bus oder in der U-Bahn.

2. ☐ Nomen immer mit Artikel und Plural lernen.

3. ☐ Lernen Sie bei Verben auch die 3. Person Singular und das Partizip 2.

   fahren – fährt – ist gefahren
   Ich bin gestern mit dem Bus nach Hause gefahren.

4. ☐ Lernen und erweitern Sie Wortschatz systematisch mit Wörternetzen.

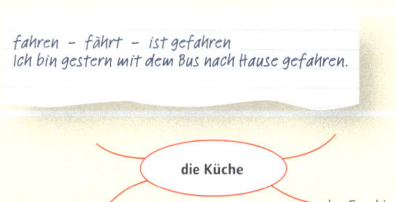

5. ☐ Lernen Sie Wörter in kleinen Portionen, ca. 7 bis 10 Wörter. Wiederholen Sie die Wörter systematisch nach einem Zeitplan:

   1. Neue Wörter zum ersten Mal lernen und nach einigen Stunden wiederholen.
   2. Wiederholung: am nächsten Tag
   3. Wiederholung: nach vier oder fünf Tagen
   4. Wiederholung: nach zwei Wochen
   5. Wiederholung nach einem Monat

1b Arbeiten Sie zu zweit und machen Sie ein Wörternetz zum Thema Schule.

2 Vokabel-Apps. Recherchieren Sie. Welche gibt es? Stellen Sie sie in der Klasse vor.

1 Gewusst wie

Kommunikation

eine Person vorstellen

Er/Sie kommt aus …
Er/Sie wohnt schon seit zwei Jahren in Oldenburg.
Oldenburg liegt im Norden von Deutschland, in der Nähe von Bremen.
Seine/Ihre Freunde wohnen in Bremen.
Er/Sie kennt Bremen und findet die Stadt interessant.

über Erfahrungen in Deutschland sprechen

Ich habe zuerst in der Aufnahmestelle in Braunschweig gewohnt und bin dann ins Flüchtlingsheim nach Hildesheim in der Nähe von Hannover umgezogen.
Am Anfang war es für mich schwer / nicht so schwer / nicht leicht.
Ich hatte viele/fast keine Probleme.
Meine Eltern sind in Deutschland nicht zur Schule gegangen. Sie haben nicht so schnell Deutsch gelernt wie wir.

über das Sprachenlernen sprechen

Für mich ist Schreiben ganz wichtig. Ich schreibe jedes neue Wort immer auf.
Ich spreche viel Deutsch. Ich spreche mit Deutschen oder auch mit Leuten aus meiner Klasse. Dann kann ich am besten lernen.

Lerntipps geben

Sie können sagen: Bitte sprechen Sie langsam.
Sie können vielleicht einen Kurs an der Volkshochschule besuchen, z. B. einen Tanzkurs oder einen Kochkurs.

Grammatik

Partizip 2 ohne *ge-*

Verben mit den Präfixen *be-, emp-, ent-, er-, ge-, ver-, zer-*				Verben auf *-ieren*	
bekommen	– hat bekommen	vergessen	– hat vergessen	telefonieren	– hat telefoniert
erklären	– hat erklärt	verkaufen	– hat verkauft	passieren	– ist passiert
erzählen	– hat erzählt	verlassen	– hat verlassen	studieren	– hat studiert
gefallen	– hat gefallen	…		…	
gewinnen	– hat gewonnen				

Possessivartikel

Personalpronomen	m		n		f		Plural	
ich	mein		mein		meine		meine	
du	dein		dein		deine		deine	
er/es/man	sein		sein		seine		seine	
sie	ihr	Sohn	ihr	Haus	ihre	Tochter	ihre	Kinder
wir	unser		unser		unsere		unsere	
ihr	euer		euer		eure		eure	
sie (Pl.)	ihr		ihr		ihre		ihre	
Sie	Ihr		Ihr		Ihre		Ihre	

Medien 2

Sie lernen
- über Medien sprechen
- etwas begründen
- die eigene Meinung sagen
- Vorschläge machen und auf Vorschläge reagieren
- Nebensätze mit *weil* und *dass*

1 Was machen die Personen auf dem Foto? Beschreiben Sie.
Ü1

eine Zeitung lesen • mit Kopfhörern Musik hören •
am Laptop arbeiten • im Internet surfen •
mit dem Handy/Smartphone telefonieren •
ein E-Book lesen • ein Spiel am Tablet spielen •
mit Freunden chatten • E-Mails checken • …

Ich glaube, der Junge in der Mitte …

2 Wann, wo und warum benutzen Sie diese Medien? Sprechen Sie im Unterricht.
Ü2-3

Wann?	Wo?	Warum?
täglich – morgens – mittags – nachmittags – abends – …	in der Straßenbahn – im Bus – im Zug – zu Hause – in der Schule – bei der Arbeit – …	spannend – interessant – praktisch – entspannend – erreichbar sein – …

Mein Smartphone benutze ich täglich. Ich muss immer erreichbar sein.

Ich lese im Bus gerne ein Buch, meistens ein E-Book. Das finde ich entspannend.

neunzehn 19

2 A Rund ums Internet

1 Was kann man im Internet machen? Sammeln Sie.

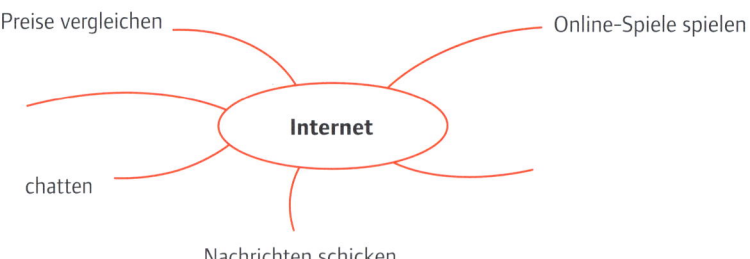

Preise vergleichen — Online-Spiele spielen — chatten — Nachrichten schicken — Internet

2 a Was denken Sie: Was machen die drei Personen im Internet? Sprechen Sie im Unterricht.

Mahdi Samdi, Schüler, 16

Michaela Tanner, Rentnerin, 70

Stefan Merz, Übersetzer, 45

> Ich denke, Mahdi nutzt das Internet häufig. Vielleicht muss er Informationen für die Schule recherchieren.

> Frau Tanner ist Rentnerin und hat ein Tablet. Vielleicht geht sie ins Internet und …

🔊 1.06 **2 b** Hören Sie die Radiointerviews. Was sagen die Personen? Ergänzen Sie die Tabelle und vergleichen Sie mit Ihren Vermutungen in 2a.

	Nutzen sie das Internet im Beruf und/oder in der Freizeit?	Brauchen sie mobiles Internet?	Was machen sie im Internet?
Mahdi Samdi			
Michaela Tanner			
Stefan Merz	Beruf und Freizeit		

2 c Hören Sie die Interviews noch einmal und ordnen Sie die Fragen und Antworten zu.

1 Warum findet Herr Merz das Internet praktisch?
2 Warum ist das Internet für Frau Tanner wichtig?
3 Warum findet Mahdi einen Tag ohne Internet furchtbar?

A Weil man sehr viel im Internet machen kann.
B Weil dann kein Kontakt zu seinen Freunden möglich ist.
C Weil der Kontakt mit Kunden unkompliziert ist.

3 Warum? Lesen Sie den Grammatikkasten. Ergänzen Sie dann die Nebensätze mit *weil*.

Nebensätze mit *weil*
Mahdi nutzt das Internet häufig.   Er chattet oft mit seinen Freunden.
Mahdi nutzt das Internet häufig, **weil** er   oft mit seinen Freunden chattet.

1. Warum ist Mahdi oft im Internet? (Er postet gern Fotos.)
2. Warum hat Mahdi mobiles Internet? (Er möchte immer erreichbar sein.)
3. Warum hat Frau Tanner im Beruf kein Internet gebraucht? (Im Kindergarten waren keine Computer.)
4. Warum geht Frau Tanner jetzt viel ins Internet? (Sie findet das interessant.)
5. Warum muss Herr Merz nicht immer im Büro sitzen? (Er hat mobiles Internet.)
6. Warum arbeitet Herr Merz auch im Zug? (Er verliert dann keine Zeit.)

Mahdi ist oft im Internet,	weil	er gern Fotos	postet.
Mahdi hat mobiles Internet,			.
Frau Tanner hat im Beruf kein Internet gebraucht,			.
Frau Tanner geht jetzt viel ins Internet,			.
Herr Merz muss nicht immer im Büro sitzen,			.
Herr Merz arbeitet auch im Zug,			.

4 Warum ist das Internet wichtig für Sie? Schreiben Sie Sätze. Fragen und antworten Sie dann.

Nachrichten aus der Heimat lesen • es für die Schule brauchen •
immer erreichbar sein • Kontakt mit Freunden haben • Filme im Internet sehen •
gute Informationen finden können • Musik im Internet hören • …

Das Internet ist für mich wichtig, weil ich da E-Mails schreiben kann.

Warum ist das Internet wichtig für dich?

Das Internet ist wichtig für mich, weil …

kontakte.de   Startseite | Freunde finden

Daniel Weber
Ich bin seit gestern in Heidelberg. Super Wetter! Das Konzert im Park war fantastisch! Morgen muss ich wieder zurück.
Gefällt mir • Kommentieren • Teilen • 31 Minuten

6 Personen gefällt das

Elena
Schade, dass ich nicht dabei sein konnte!
Gefällt mir • Kommentieren • Teilen

B Mit dem Computer arbeiten

1a Computersymbole verstehen. Wie heißen die Befehle in Ihrer Sprache? Ergänzen Sie.
Ü10-11

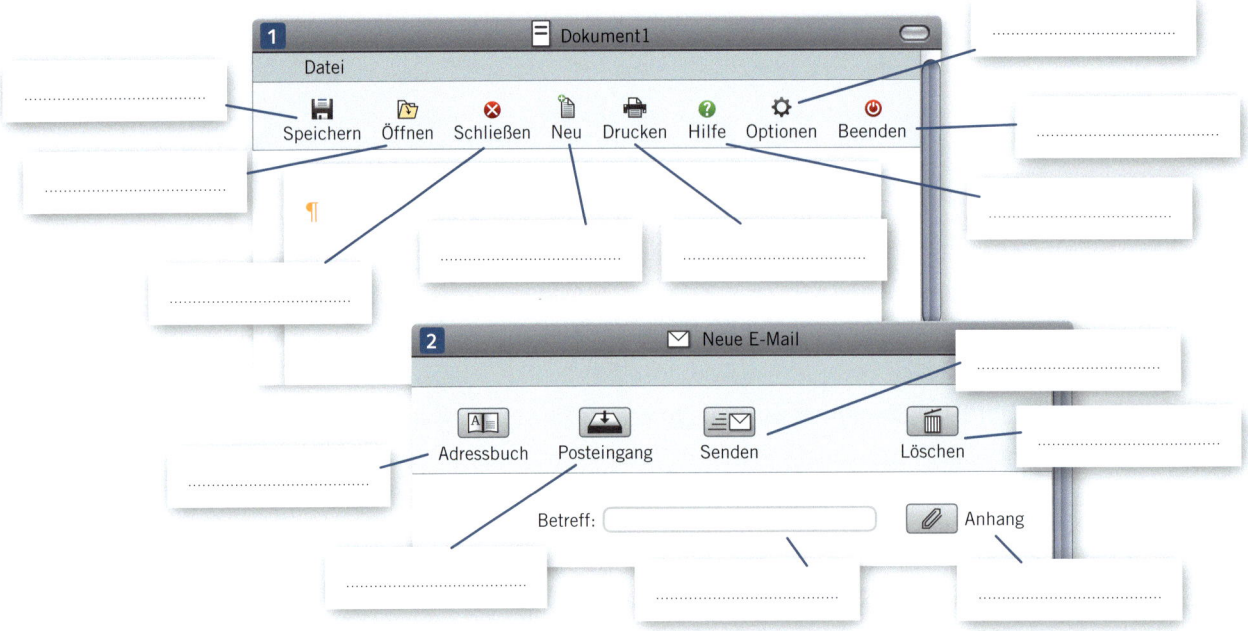

1b Eine E-Mail schreiben. Wie macht man das? Ordnen Sie die Satzteile und erzählen Sie.

Dateien anhängen • den Text schreiben • das E-Mail-Programm schließen • ~~das E-Mail-Programm öffnen~~ • den Betreff schreiben • die E-Mail abschicken • den Empfänger auswählen

Zuerst öffnet man das E-Mail-Programm. Dann wählt ...

2 Projekt: Beantworten Sie die Fragen 1–4. Vergleichen Sie dann Ihre Antworten in der Gruppe und stellen Sie nützliche Informationen auf einem Poster zusammen.

1 Haben Sie mobiles Internet? Wie viel kostet der Internetzugang pro Monat?
2 Welche Software benutzen Sie? Welche Apps finden Sie gut? Warum?
3 Welche sozialen Netzwerke sind nützlich?
4 Welche Probleme gibt es in sozialen Netzwerken?

C Fernsehen und Radio

1a Welche Sendungen sind das? Ordnen Sie zu.

> der Spielfilm • die Castingshow • der Wetterbericht • die Nachrichten • der Krimi • der Tierfilm • die Sportsendung • die Serie • die Talkshow

> Der Fernseher oben in der Mitte zeigt …

> Der Fernseher unten links …

1b Welche Sendungen aus 1a sind das? Hören Sie und vergleichen Sie Ihre Vermutungen.

1c Was sehen Sie gerne? Warum? Welche deutschen Sendungen kennen Sie? Erzählen Sie.

> Ich sehe manchmal die Nachrichten. Aber leider verstehe ich viele Wörter nicht.

> Ich sehe gerne Sportsendungen, weil ich Fußball mag.

> Ich kenne eine deutsche Krimiserie: „Tatort". Ich habe auch schon einmal eine Sendung gesehen.

2 Bringen Sie ein Fernsehprogramm aus dem Internet oder einer Zeitschrift mit. Arbeiten Sie zu dritt und planen Sie einen Fernsehabend. Berichten Sie im Unterricht.

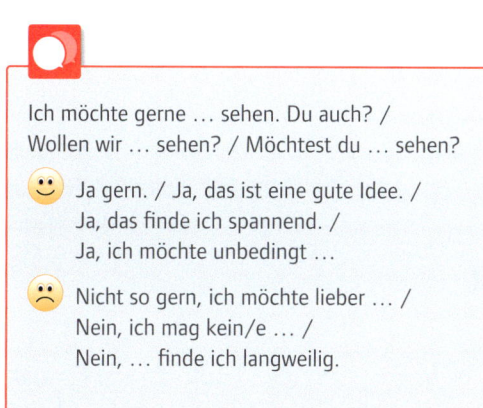

Ich möchte gerne … sehen. Du auch? / Wollen wir … sehen? / Möchtest du … sehen?

☺ Ja gern. / Ja, das ist eine gute Idee. / Ja, das finde ich spannend. / Ja, ich möchte unbedingt …

☹ Nicht so gern, ich möchte lieber … / Nein, ich mag kein/e … / Nein, … finde ich langweilig.

Der Rundfunkbeitrag
In Deutschland muss jeder Haushalt für das Fernseh- und Radioprogramm eine Gebühr bezahlen. 2017 waren das 17,10 € im Monat. Man muss die Gebühr auch zahlen, wenn man keinen Fernseher, kein Radio und keinen Computer hat. Empfänger von Leistungen nach dem Asylbewerbergesetz können sich auf Antrag freistellen lassen, genauso wie Empfänger von Arbeitslosenhilfe, BAföG und viele andere.

2

3 a Hören Sie die Diskussion in der Talkshow. Wer findet das Fernsehen gut, wer findet es schlecht?

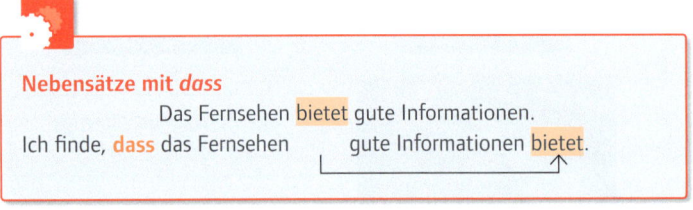

3 b Was sagen die Personen? Hören Sie noch einmal und ordnen Sie zu.

1 Frau Hegel
2 Herr Arndt
3 Frau Gül
4 Herr Mazur

A Es gibt zu viel Werbung.
B Die guten Filme kommen immer zu spät.
C Das Fernsehen bietet gute Informationen.
D Kinder können in Kindersendungen viel lernen.

3 c Lesen Sie den Grammatikkasten und ergänzen Sie die Nebensätze mit *dass*.

> **Nebensätze mit *dass***
> Das Fernsehen bietet gute Informationen.
> Ich finde, **dass** das Fernsehen gute Informationen bietet.

1 Frau Hegel: Ich finde, **dass das Fernsehen gute Informationen bietet**.
2 Herr Arndt: Ich denke, ...
3 Frau Gül: Ich meine, ...
4 Herr Mazur: Es ist gut, ...

4 a Schreiben Sie Ihre Meinung zu den vier Fragen. Schreiben Sie Nebensätze mit *dass*.

1 Finden Sie, dass Kinder zu viel fernsehen?
2 Meinen Sie, dass das Fernsehen schlechter als das Internet informiert?
3 Denken Sie, dass wir heute noch Bücher brauchen?
4 Finden Sie, dass das Internet mehr als andere Medien bietet?

> 1. Ich finde, dass Kinder nicht zu viel fernsehen. Ich denke, dass viele Kindersendungen gut sind.

> **die eigene Meinung sagen**
> Ich meine, dass ..   Ich bin dafür, dass …
> Ich denke, dass …   Ich bin dagegen, dass …
> Ich finde, dass …   Ich finde es gut/schlecht, dass …
>   Es ist gut/schlecht, dass …

4 b Fragen und antworten Sie wie im Beispiel.

> Finden Sie, dass Kinder zu viel fernsehen?

> Nein, ich denke nicht, dass Kinder zu viel fernsehen. Ich finde, dass viele Kindersendungen gut sind. Und Sie?

24 vierundzwanzig

5 Werbung im Radio. Hören Sie, ordnen Sie zu und notieren Sie die Preise.

☐ Fernseher .... €   ☐ Tee .... €

6a Hören Sie den Werbespot. Wie spricht die Sprecherin? Diskutieren Sie.

> langsam • schnell • laut • leise • interessant • energisch • müde

6b Hören Sie noch einmal und sprechen Sie mit.

Top-Aktuell - das neue Notebook TravelStar XP200

Das ideale Notebook für alle Anwendungen. Großes 15-Zoll-Display, nur 20 mm hoch, super leicht (nur 1,2 kg), schneller Prozessor und großer Arbeitsspeicher. Optimal für Online-Spiele und Online-TV! Viel Notebook für wenig Geld. Nur 239,00 € inklusive 24 Monaten Garantie. Nur solange der Vorrat reicht! Besuchen Sie uns auf unserer Internetseite.

Nur 239,- Euro

7a Was glauben Sie: Wie viele Minuten pro Tag nutzen die Menschen in Deutschland die verschiedenen Medien? Ergänzen Sie die Wörter *Fernsehen*, *Internet* und *Radio* in der Grafik in 7b.

7b Lesen Sie den Text und kontrollieren Sie Ihre Zuordnung.

Mediennutzung in Deutschland

Alle sprechen vom Internet und vom Fernsehen, das Radio ist nur selten Gesprächsthema. Aber: Das Radio ist nach dem Fernsehen immer noch die Nummer 2! Die Menschen hören pro Tag im Durchschnitt mehr als drei Stunden Radio. Morgens hören sie Radio beim Frühstück, im Auto hören sie Radio, weil es Verkehrsmeldungen gibt, und oft läuft auch bei der Arbeit das Radio. Es bietet Informationen aus der ganzen Welt, den Wetterbericht und Musik und man hört die Uhrzeit.

Durchschnittliche tägliche Nutzungsdauer in Minuten

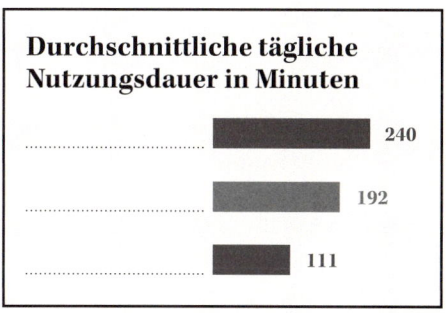

.... 240
.... 192
.... 111

7c Schreiben Sie Fragen zum Text. Fragen und antworten Sie dann in der Klasse.

> Wie lange ...?

7d Wie oft nutzen Sie die Medien? Machen Sie ein Partnerinterview mit dem Fragebogen auf Seite 177 und berichten Sie dann in der Klasse.

2 Sprechen aktiv

Wörter sprechen

1a 🔊 1.11 Englische Wörter im Deutschen. Hören Sie, sprechen Sie nach und markieren Sie den Wortakzent. Gibt es diese Wörter auch in Ihrer Sprache? Vergleichen Sie.

das Smartphone • das Tablet • der Laptop • das Notebook
der Computer • das E-Book • das Internet • der USB-Stick • die Software

1b Was machen Sie mit welchem Gerät? Fragen und antworten Sie.

ins Internet gehen • Filme sehen • Musik hören • Romane lesen • Informationen recherchieren • online shoppen • Texte schreiben • chatten • Nachrichten schicken • telefonieren • …

> Was machen Sie mit dem Laptop?

> Mit dem Laptop sehe ich Filme.

2 Gegenteile. Ordnen Sie die Sätze zu. Sprechen Sie dann zu zweit. A sagt einen Satz. B sagt das Gegenteil.

1 Ich bin dafür.
2 Das finde ich spannend.
3 Ich finde das gut.
4 Das ist für mich wichtig.
5 Ich finde das nützlich.

A Das ist für mich unwichtig.
B Ich bin dagegen.
C Ich brauche das nicht.
D Das finde ich langweilig.
E Ich finde das schlecht.

Grammatik sprechen

3 Gründe finden. Sprechen Sie zu viert. Machen Sie den Satz immer länger wie im Beispiel.

A Ich möchte jetzt nicht fernsehen, …
… weil der Film langweilig ist.
… weil ich wenig Zeit habe.
… weil ich keine Lust habe.
… weil ich Kopfschmerzen habe.

B Ich gehe jetzt nach Hause, …
… weil die Arbeit fertig ist.
… weil meine Familie wartet.
… weil ich Hunger habe.
… weil ich müde bin.

> Ich möchte jetzt nicht fernsehen, weil der Film langweilig ist.

> Ich möchte jetzt nicht fernsehen, weil der Film langweilig ist und weil …

4 Sprechen Sie zu zweit. A sagt eine Meinung und B sagt das Gegenteil.

1 Ich finde, dass Talkshows interessant sind.
2 Ich meine, dass man Filme lieber im Kino sehen soll.
3 Ich meine, dass man im Internet gut einkaufen kann.
4 Ich finde, dass man die Nachrichten regelmäßig sehen muss.
5 Ich denke, dass man beim Fernsehen gut Deutsch lernen kann.
6 Ich denke, dass man Informationen am besten im Internet finden kann.
7 Ich finde, dass die Musik im Internet sehr interessant und günstig ist.

Ich finde, dass Talkshows interessant sind.

Ich finde nicht, dass Talkshows interessant sind.

Flüssig sprechen

5 Hören Sie zu und sprechen Sie nach.

Arbeitstechniken und Methoden

Internetrecherche: Informationen im Internet suchen und finden

Ich möchte mich im Internet über Deutschkurse informieren, aber ich bekomme so viele Links von der Suchmaschine. Wie kann ich genau das Richtige finden?

Da kann ich dir ein paar Tipps von meiner Deutschlehrerin geben.

Tipps für die Internetrecherche:
- Suchmaschine im Internet öffnen (z. B. Google, Bing oder Yahoo).
- Vor der Recherche überlegen, was man sucht, und dann Suchbegriffe auswählen.
- Suchbegriffe (im Singular und kleingeschrieben) in das Suchfenster eingeben. Das Ergebnis wird genauer, wenn man mehr Wörter eintippt. Es wird eine Liste von Internetseiten angezeigt.
- Die Liste kritisch prüfen. Manche Seiten sind nur Werbung, manche Seiten sind nicht aktuell, manche passen nicht.
- Auf die Links klicken, die den besten Eindruck machen.

1 **Projekt: Im Internet recherchieren: Deutschkurse in Ihrer Stadt, das Kinoprogramm oder Ausbildungsplätze für Friseur/Friseurin in Ihrer Stadt. Sammeln Sie Informationen und tauschen Sie sich in der Gruppe über Ihre Recherche-Ergebnisse aus.**

- Welche Suchwörter haben Sie eingegeben?
- Welche Seiten zeigen wichtige Informationen und sind optisch gut gemacht?
- Stellen Sie Ihrer Klasse eine gute Internetseite vor.

Gewusst wie

Kommunikation

über Medien sprechen

💬 Welche Medien nutzen Sie?
🗨 Das Handy benutze ich täglich, weil ich immer erreichbar sein muss. Morgens lese ich immer die Tageszeitung. Mittags höre ich manchmal Radio und abends sehe ich fern. Das Internet ist für mich auch sehr wichtig, weil ich dort viele Informationen finde.

etwas begründen

💬 Warum haben Sie das Smartphone immer dabei?
🗨 Ich habe mein Smartphone immer dabei, weil ich so Kontakt mit meinen Freunden haben kann.
🗨 Ich nutze das Internet oft, weil ich es für die Schule brauche.

die eigene Meinung sagen

Ich bin dagegen, dass Kinder so viel fernsehen.
Es ist gut, dass es im Radio oft Nachrichten gibt.
Ich denke, dass man im Internet leicht Kontakt mit Freunden haben kann.

Vorschläge machen und auf Vorschläge reagieren

Wollen wir den Krimi sehen?

Ja, gerne.	Nicht so gern, ich möchte lieber das Quiz sehen.
Ja, das ist eine gute Idee.	
Ja, das finde ich spannend.	Nein, ich mag kein/keine/keinen …
Ja, ich möchte unbedingt den Krimi sehen.	Nein, das finde ich langweilig.

Grammatik

Nebensätze mit *weil*

Warum finden Herr Merz und Frau Tanner das Internet praktisch?

Er findet das Internet praktisch,	weil	man viele Informationen	bekommt.
Sie findet das Internet nützlich,	weil	man viele Filme sehen	kann.

Nebensätze mit *dass*

Ich finde,	dass	es viele gute Fernsehsendungen	gibt.
Ich meine,	dass	Kinder im Fernsehen viel lernen	können.
Ich bin dagegen,	dass	Kinder viel	fernsehen.

Wochenende

1 Der Leipziger Markt am Samstag

2 Der Leipziger Markt am Sonntag

Sie lernen

- über das Wochenende sprechen
- sagen, wohin man geht/fährt
- eine Kurznachricht schreiben und beantworten
- im Restaurant eine Bestellung aufnehmen und kassieren
- Wechselpräpositionen mit Dativ und Akkusativ
- *ja*, *nein* und *doch*

1 Was machen die Leute auf den Fotos? Sprechen Sie im Unterricht.

Auf dem Foto oben sieht man viele Leute. Ein Mann ...

Auf dem Foto unten sieht man eine Frau mit einem Hund. Sie ...

2 Was machen Sie samstags und sonntags? Erzählen Sie.
Ü1-3

Was machst du samstags?

Ich kaufe am Samstag oft ein und ...

Sonntags gehe ich ...

einkaufen • Eis essen • schwimmen gehen • Sport machen • Freunde treffen • Fußball spielen • ein Picknick machen • tanzen gehen • grillen • lange frühstücken • spazieren gehen • etwas reparieren • mit der Familie telefonieren • lange schlafen • die Wohnung putzen • Deutsch lernen • Ausflüge machen • Verwandte besuchen • in eine Kneipe gehen • arbeiten

3 A Beim Schulfest

1a Auf dem Schulhof. Was sehen Sie auf dem Bild? Schreiben Sie Sätze.

auf dem Tisch • neben dem Teller •
vor der Tür • unter der Bank • am Tisch •
hinter dem Grill • vor dem Haupteingang

*Kathi und Abdi sind beim Schulfest.
Sie sitzen am Tisch. Auf dem Tisch ...*

1b Wo ist/sind ...? Fragen und antworten Sie im Unterricht.

2a Lesen Sie die E-Mail und korrigieren Sie die Sätze 1–3.

Hi Thomas,

ich muss dir unbedingt von gestern erzählen. Ich war mit Kathi am Nachmittag auf dem Schulfest. Wir haben draußen gesessen. Es war sehr gemütlich, das Wetter war schön und wir haben etwas getrunken und Würstchen gegessen. Aber plötzlich ist der Himmel dunkel geworden, ein Sturm ist gekommen und es hat ein Gewitter gegeben. Alles war durcheinander! Der Grill ist auf den Boden gefallen, die Schüler und Gäste sind ganz schnell in die Aula oder in die Klassenräume gerannt. Wir sind auch ins Hauptgebäude gelaufen. Das war das totale Chaos! Wir waren pitschnass. Hoffentlich bekommen wir keine Erkältung! ☹

LG
David

---

1 Abdi und Kathi waren am Nachmittag im Restaurant.
2 Das Wetter war den ganzen Nachmittag schön.
3 Kathi ist erkältet.

2b Was ist passiert? Lesen Sie noch einmal und ergänzen Sie die Sätze.

1 Der Grill ist .... Boden gefallen.

2 Die Schüler und die Gäste sind .... Klassenräume gerannt.

3 Andere Schüler sind .... Aula gerannt.

4 Wir sind auch .... Hauptgebäude gelaufen.

3 a Wohin …? Was ist noch passiert? Lesen Sie den Grammatikkasten und schreiben Sie Sätze mit den Verben *laufen*, *fliegen*, *rennen*, *fallen* und *rollen*.

Wechselpräpositionen mit Dativ und Akkusativ

Wo? + Dativ	Wohin? + Akkusativ
auf **dem** Tisch	auf **den** Tisch
in **der** Aula	in **die** Aula
in **dem** Hauptgebäude	in **das** Hauptgebäude
in **den** Klassenräumen	in **die** Klassenräume

genauso: an, hinter, vor, über unter, neben, zwischen

in das = ins   an das = ans
in dem = im   an dem = am

auf den Boden • unter den Baum •
ins Hauptgebäude • neben den Tisch •
auf den Tisch • auf die Straße •
in die Aula • in die Klassenräume •
in den Himmel • zwischen die Stühle

*Kathi und Abdi laufen ins Hauptgebäude.
Die Gabel fällt …
Der Fußball rollt …*

3 b Wohin …? Fragen und antworten Sie.

Wohin laufen die Schüler?

Die Schüler laufen in die Aula.

4 Wo waren Sie am letzten Wochenende? Wohin sind Sie gegangen oder gefahren? Erzählen Sie.

vom Wochenende erzählen

Wohin? – Ich bin …. gegangen/gefahren.	Wo? – Ich war …
nach Hause – ins Restaurant – an einen See – ans Meer – ins Stadtzentrum – in die Berge – auf eine Party – aufs Land – …	zu Hause – im Restaurant – an einem See – am Meer – im Stadtzentrum – in den Bergen – auf einer Party – auf dem Land – …

B Was machen wir am Sonntag?

1a Lesen Sie die Kurznachrichten und ergänzen Sie die Informationen.

Was? ....

Wann? ....

Wo? ....

Wer kommt? ....

Wer hat keine Zeit? – Warum? ....

1b Hören und lesen Sie den Dialog. Wer kommt zur Feier ins „El Sol"?

– Hallo, Svenja, kommt Abel am Sonntag?
– Nein, er muss arbeiten. Tanja hat auch keine Zeit.
– Schade, kommt Zola auch nicht?
– Doch, sie kommt. Pavel kommt auch.
– Und was ist mit Omar? Hat er Zeit?
– Ja, er hat Zeit und kommt ganz sicher.

2 Fragen und antworten Sie.

1 Kommen Sie heute Abend nicht?
2 Haben Sie die Hausaufgaben gemacht?
3 Haben Sie die Übung nicht verstanden?
4 Haben Sie heute keinen Unterricht?
5 Beginnt der Unterricht heute später?
6 Hast du Hunger?
7 Hast du keinen Durst?
8 Schmeckt dir das Essen?
9 Trinkst du nicht gern Kaffee?
10 Isst du gern Fisch?

3 Schreiben Sie Ja/Nein-Fragen. Fragen und antworten Sie mit *ja*, *nein* oder *doch*.

4a Lesen Sie den Text und ordnen Sie die Sätze und Fotos den Personen zu.

A Sonntag ist Familientag.
B Sonntags arbeite ich oft.
C Ich mag den Sonntag nicht.

> Der Satz ... und das Foto ... passen zu Samir Boussefi.

Sonntag in Deutschland

Ist der Sonntag ein besonderer Tag für Sie? Was machen Sie sonntags?
Das haben wir unsere Leserinnen und Leser gefragt.

Samir Boussefi (18), Hamburg

Am Sonntag mache ich leider nur wenig. Ich bin neu in Hamburg und kenne nicht viele Leute. Meine Schulkameraden haben Freundinnen oder verbringen den Sonntag in ihren Familien. Oft gehe ich nach dem Frühstück spazieren, chatte mit meinen Freunden oder ich fahre ins Stadtzentrum. Am Sonntag ist nicht viel los. Das gefällt mir nicht.

Yasmin Mahamoud (34), Berlin

Am Sonntag laden wir oft Freunde und Verwandte ein und trinken zusammen Tee. Wir besuchen auch gern meine Schwiegereltern. Viele von unseren Verwandten leben in Berlin. Im Sommer grillen wir auch mit Freunden im Park oder wir gehen ins Schwimmbad. Im Winter essen wir gemütlich zusammen und spielen Spiele. Mein Mann und meine Tochter lieben Schach.

Michael Hoffmann (51), Köln

Ich bin Altenpfleger von Beruf und meine Frau ist Krankenschwester. Ich arbeite für einen Pflegedienst und muss auch am Samstag und Sonntag arbeiten. Ich habe nur alle zwei Wochen ein Wochenende frei. Bei meiner Frau ist es genauso. Zum Glück passen unsere Arbeitspläne meistens zusammen und wir haben zusammen frei. Am Samstag machen wir dann den Haushalt, putzen, bügeln oder machen kleine Reparaturen im Haus. Am Sonntag bleiben wir fast immer zu Hause und schlafen lange und frühstücken gemütlich.

4b Ein Jahr später. Schreiben Sie den Text von Herrn Boussefi in der Vergangenheit.

> So war es vor einem Jahr: Am Sonntag habe ich leider nur wenig ...

4c Berichten Sie über Frau Mahamoud und Herrn Hoffmann wie im Beispiel.

> Frau Mahamoud sagt, dass sie oft Freunde und Verwandte einladen.

> Sie erzählt, dass ...

> Sie berichtet, dass ...

5 Wie ist das Wochenende in Ihrem Heimatland? Was ist anders als in Deutschland?

3 C Im Restaurant arbeiten

1 a Einen Job im Restaurant haben. Sehen Sie sich die Fotos an. Was kennen Sie? Sammeln Sie Länder und typische Gerichte.

Nummer 3 ist typisch deutsch. Das ist ein Schnitzel mit Pommes

In welchem Restaurant kann man das essen?

1 b Welches Gericht ist typisch für Ihr Land? Berichten Sie.

2 a (1.14, Ü13–15) Hören Sie die Dialoge 1, 2 und 3. Was passt? Schreiben Sie die Nummer.

☐ eine Reservierung annehmen ☐ eine Bestellung aufnehmen
☐ im Restaurant kassieren

2 b (1.15) Hören Sie die Reservierung noch einmal und ergänzen Sie.

2 c (1.16) Lesen Sie die Speisekarte auf Seite 35. Hören Sie die Bestellung noch einmal und ergänzen Sie.

1 Der Mann bestellt eine .... und Hähnchen mit
   .... und .... Er trinkt ....

2 Die Frau bestellt .... mit Basilikum-Pesto und
   .... Sie trinkt ....

2 d (1.17) Hören Sie die Bezahlung noch einmal. Was ist richtig? Kreuzen Sie an.

1 Die Gäste zahlen
   ☐ getrennt.
   ☐ zusammen.

2 Die Gäste geben
   ☐ kein Trinkgeld.
   ☐ Trinkgeld.

Restaurant im Park

Vorspeisen
Kartoffelsuppe	4,20 €
Tomaten-Basilikum-Suppe	4,40 €
Italienischer Salat	6,50 €

Hauptspeisen
Rindergeschnetzeltes mit Champignons und Reis	14,00 €
Hähnchen mit Reis und Gemüse	11,00 €
Spaghetti mit Basilikum-Pesto und Tomaten	8,50 €
Matjesfilet	9,90 €
Schweineschnitzel mit Gemüse und Kartoffelsalat	9,50 €
Sauerbraten mit grünen Bohnen und Klößen	11,80 €

Nachspeisen
Tiramisu	3,80 €
Apfelstrudel mit Vanilleeis	4,50 €
Zitroneneis mit Früchten	4,40 €

Getränke
Mineralwasser 0,2l	2,20 €
Apfelsaft 0,2l	2,90 €
Orangensaft 0,2l	2,90 €
Fanta/Cola/Sprite 0,2l	2,40 €
Bier 0,3l	3,10 €
Rotwein 0,2l	4,50 €
Weißwein 0,2l	4,50 €
Sekt 0,1l	3,70 €
Kaffee	2,70 €
Cappuccino	3,20 €
Espresso	2,00 €
Tee	2,80 €

3a Ordnen Sie die Redemittel im Heft.
Ü16-17

Ich möchte einen Tisch reservieren. • Möchten Sie bestellen? • Die Rechnung, bitte. • Wann möchten Sie kommen? • Wie viele Personen? • Ich nehme … • Ich hätte gern … • Getrennt oder zusammen? • Am … um … Uhr. • Was möchten Sie trinken? • Getrennt. Ich hatte … • Zusammen, bitte. • Ja, das geht. Bis später. • Das macht dann … • Eine/n …, bitte • Danke, stimmt so.

	reservieren	bestellen	bezahlen
Gast	Ich möchte einen Tisch reservieren.		
Bedienung			Getrennt oder zusammen?

3b Wählen Sie eine Situation aus 3a aus und schreiben Sie einen Dialog.

3c Spielen Sie den Dialog in der Klasse.

3 Sprechen aktiv

Wörter sprechen

1a Ordnen Sie zu.

1b Üben Sie zu zweit. A sagt ein Wort aus der linken Spalte, B ergänzt das Verb.

1c Sprechen Sie Minidialoge mit den Wörtern aus 1a wie im Beispiel.

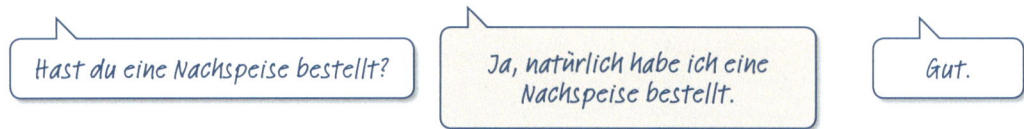

Hast du eine Nachspeise bestellt? — Ja, natürlich habe ich eine Nachspeise bestellt. — Gut.

Grammatik sprechen

2a Wechselpräpositionen mit Akkusativ. Arbeiten Sie zu zweit. Fragen und antworten Sie wie im Beispiel. Das Bild für Partner/-in B finden Sie auf Seite 178.

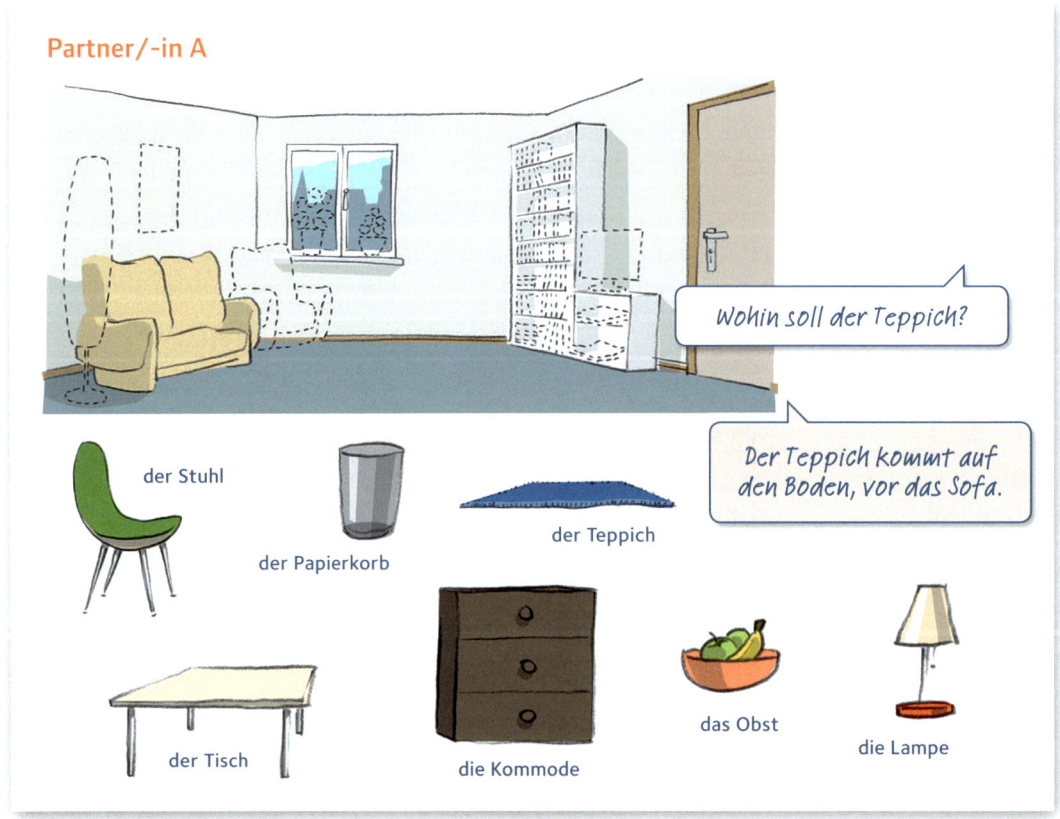

Partner/-in A

Wohin soll der Teppich? — Der Teppich kommt auf den Boden, vor das Sofa.

der Stuhl · der Papierkorb · der Teppich · der Tisch · die Kommode · das Obst · die Lampe

2b Wo ist was? Wechselpräpositionen mit Dativ. Beschreiben Sie das Zimmer.

> Wo steht der Sessel?

> Der Sessel steht links neben dem Sofa.

Flüssig sprechen

3 Hören Sie zu und sprechen Sie nach.

Unsere Sprachen und Kulturen entdecken

1a Gerichte international. Schauen Sie die Bilder und Wörter an. Welche Sprachen erkennen Sie? Schreiben Sie.

Türkisch • Italienisch • Russisch • Deutsch • Griechisch • Deutsch

 imambayıldı | Ιμάμ Μπαϊλντί | Der Imam fiel um

 спагетти | spaghetti | Spagetti

1b Schrift vergleichen. Notieren Sie, was ähnlich und was anders ist. Kann jemand in der Klasse die Wörter aussprechen? – Dann vergleichen Sie auch den Klang.

2a Über typische Gerichte aus Ihrem Land sprechen. Sammeln Sie die Namen der Gerichte von Seite 34, 1b. Welche Gerichte gibt es in mehreren Ländern und wie heißen sie? Machen Sie eine Tabelle wie in 1a.

2b Vergleichen Sie den Klang und die Schrift wie in 1b. Was stellen Sie fest?

3 Eine interkulturelle Speisekarte. Wählen Sie Vor-, Haupt- und Nachspeisen und Getränke aus verschiedenen Ländern. Schreiben Sie eine Speisekarte in mehreren Sprachen.

4 Projekt. Wählen Sie kleine Speisen aus Ihrer interkulturellen Speisekarte aus und machen Sie einen Plan. Wer bringt wann etwas für die ganze Klasse mit?

Wer?	Wann?	Was?
Maria und Halid	Montag, 19.03.2018	Oliven, Brot
Yasmin und Magdalena	Dienstag, 27.03.2018	verschiedene Nüsse

3 Gewusst wie

Kommunikation

über das Wochenende sprechen

💬 Am Sonntag besuchen wir oft unsere Verwandten.
💬 Samstags kaufe ich ein, räume auf und putze die Wohnung. Sonntags schlafe ich immer lange.

sagen, wohin man geht/fährt

💬 Am Wochenende sind wir nach München gefahren. Wir sind erst ins Museum gegangen und nachmittags haben wir im Park gesessen.
💬 Ich bin am Samstag auf eine Party gegangen. Am Sonntag war ich dann zu Hause und habe lange geschlafen.

im Restaurant bestellen und bezahlen

Gast
Die Speisekarte, bitte.
Ich hätte gerne das Steak und einen Salat.
Wir nehmen eine Cola und ein Wasser.
Die Rechnung, bitte.
Zusammen, bitte.
Stimmt so.

Bedienung
Möchten Sie bestellen?
Was nehmen Sie?
Und was möchten Sie trinken?
Zusammen oder getrennt?
Das macht 36,30 Euro.
Vielen Dank.

Grammatik

Wechselpräpositionen: *in, an, auf, unter, über, vor, hinter, neben, zwischen*

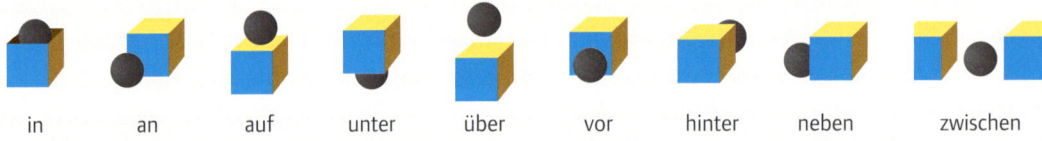

in — an — auf — unter — über — vor — hinter — neben — zwischen

Wohin? → Akkusativ		Wo? → Dativ	
in den Wald		im Wald	
in das Restaurant	in das = ins	im Restaurant	in dem = im
in die Stadt	an das = ans	in der Stadt	an dem = am
in die Geschäfte		in den Geschäften	

💬 **Wo** bist du jetzt gerade?
💬 Ich bin **in der** Schule.

💬 **Wohin** gehst du heute Abend?
💬 Ich gehe **in die** Stadt.

ja – nein – doch

Hast du Zeit? 🙂 Ja, natürlich.
🙁 Nein, leider nicht.

Hast du **keine** Zeit? 🙂 **Doch**, ich habe Zeit.
🙁 Nein, ich habe keine Zeit.

Kommst du **nicht** mit? 🙂 **Doch**, ich komme mit.
🙁 Nein, ich kann leider nicht mitkommen.

Schule

1. referieren/etwas präsentieren
2. sich austauschen/diskutieren
3. sich melden, aufpassen
4. recherchieren
5. ein Zeugnis erhalten
6. einen Test schreiben
7. Fachunterricht Technik
8. Gruppenarbeit/Projektarbeit

Sie lernen

- über die Schule in Deutschland sprechen
- Fragen und Informationen bei einer SV-Sitzung
- über die Vergangenheit sprechen
- Nebensätze mit *wenn*
- Modalverben im Präteritum

1 a Sammeln Sie Wörter und Sätze zum Thema Schule in der Klasse.

Ü1

Schule in Deutschland

- Möbel: Tafel, …
- Aktivitäten: mündlich mitarbeiten, ein Referat halten, …
- Berufe: Hausmeister, …
- Räume: Lehrerzimmer, …
- Fächer: Mathematik, …
- Materialien: das Heft, …
- Interessen der Schüler vertreten: Klassensprecher, Schülervertretung, …

1 b Sehen Sie die Fotos an und hören Sie. Welche Bilder passen zu den Texten?

1.19

2 Schule in Ihrer Heimat. Machen Sie ein Partnerinterview und berichten Sie in der Klasse.

Ü2

über Schule sprechen

Wie war Ihr Lehrer / Ihre Lehrerin?
Was war Ihr Lieblingsfach?
Wann hat die Schule angefangen, wann hat die Schule aufgehört?

Mein Lehrer / Meine Lehrerin war streng/freundlich/beliebt …
Mein Lieblingsfach war …
Die Schule hat bei uns um … Uhr angefangen und um … Uhr aufgehört.

A Schulen in Deutschland

1a Berufliche Schulen und Abschlüsse. Welche Schulen und Abschlüsse in der Grafik kennen Sie? Erzählen Sie.

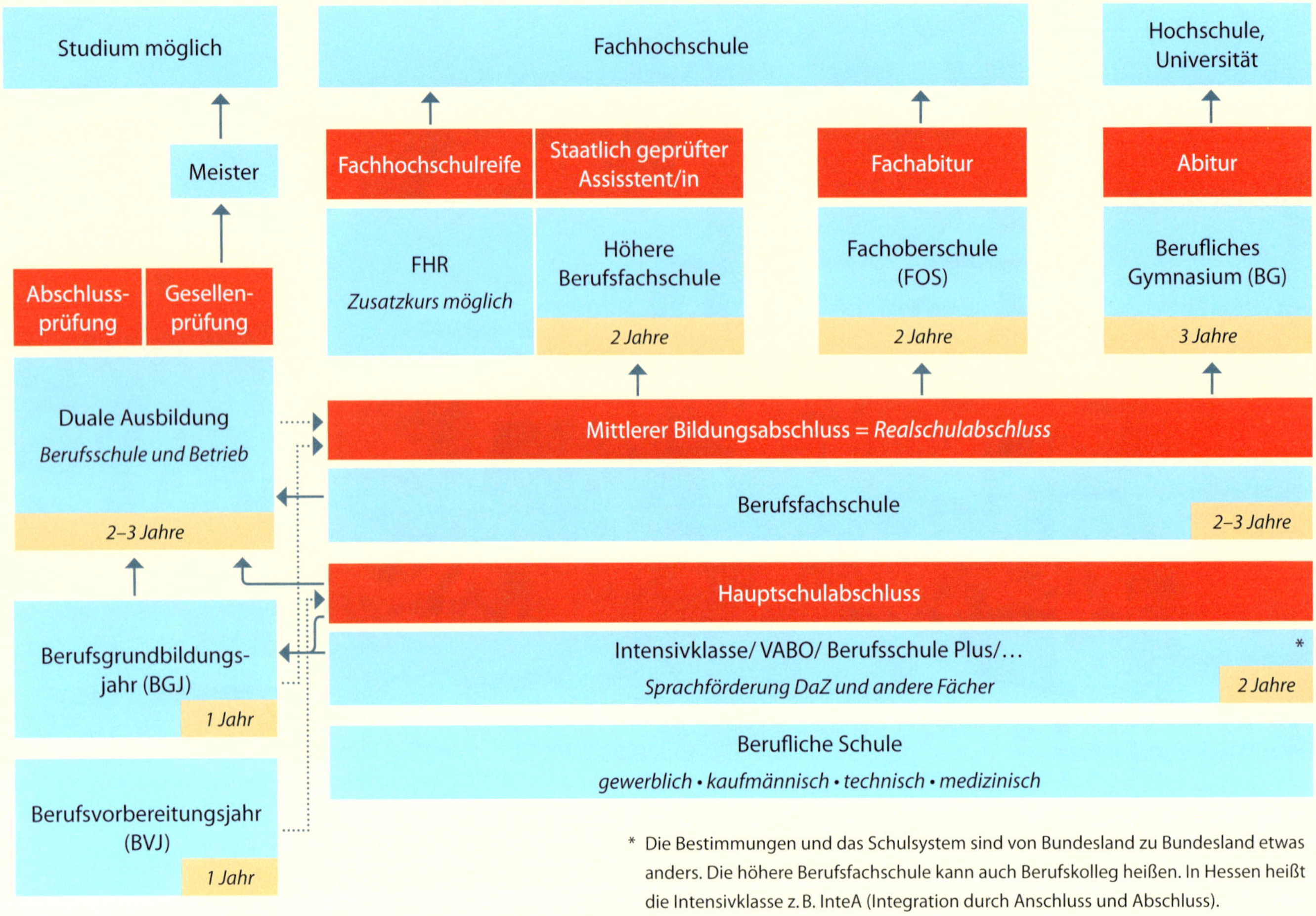

```
Studium möglich              Fachhochschule                          Hochschule,
      ↑                           ↑                                  Universität
      |                ↑                    ↑            ↑                ↑
   Meister    Fachhochschulreife  Staatlich geprüfter  Fachabitur       Abitur
      ↑                           Assisstent/in
      |
Abschluss- | Gesellen-     FHR        Höhere           Fachoberschule   Berufliches
prüfung    | prüfung    Zusatzkurs    Berufsfachschule    (FOS)         Gymnasium (BG)
                         möglich        2 Jahre          2 Jahre         3 Jahre
                                            ↑                ↑               ↑
Duale Ausbildung    ←──  Mittlerer Bildungsabschluss = Realschulabschluss
Berufsschule und Betrieb
                              Berufsfachschule                            2–3 Jahre
  2–3 Jahre
      ↑                           Hauptschulabschluss
      |
Berufsgrundbildungs-        Intensivklasse/ VABO/ Berufsschule Plus/…              *
jahr (BGJ)                   Sprachförderung DaZ und andere Fächer           2 Jahre
  1 Jahr
                                  Berufliche Schule
Berufsvorbereitungsjahr      gewerblich • kaufmännisch • technisch • medizinisch
(BVJ)
  1 Jahr
```

* Die Bestimmungen und das Schulsystem sind von Bundesland zu Bundesland etwas anders. Die höhere Berufsfachschule kann auch Berufskolleg heißen. In Hessen heißt die Intensivklasse z. B. InteA (Integration durch Anschluss und Abschluss).

> Ich besuche eine berufliche Schule. Dort möchte ich … machen.

> Ich kenne die Schulen nicht. Ich finde, dass das Schulsystem kompliziert ist.

Die Schulpflicht: In Deutschland gibt es eine Schulpflicht. Alle Kinder müssen ab dem 6. Lebensjahr die Schule besuchen. Die Schulpflicht dauert mindestens neun Schuljahre.
Ausbildung: Für einige Ausbildungsberufe braucht man in Deutschland einen Hauptschulabschluss oder einen mittleren Bildungsabschluss. Wenn man einen Ausbildungsplatz hat, muss man zwei Tage pro Woche in die Berufsschule gehen.
Duales Ausbildungssystem = Betrieb oder Einrichtung + Berufsschule

1b Lesen Sie die Grafik und die Sätze und kreuzen Sie an: richtig oder falsch.

R   F

1. Nur mit einem Fachabitur kann man in die Fachhochschule gehen. ☐ ☐
2. Mit einer dualen Ausbildung, einer Gesellenprüfung und der Meisterprüfung kann man zum Studium zugelassen werden. ☐ ☐
3. Nach der zehnten Klasse können die Schüler in eine berufliche Schule gehen. ☐ ☐
4. Nach der Berufsfachschule ist man zum Studium zugelassen. ☐ ☐
5. Am Beruflichen Gymnasium und an der Fachoberschule kann man Abitur machen und dann studieren. ☐ ☐

40   vierzig

2a Lesen Sie die Texte und zeigen Sie die Schul- und Ausbildungswege von Ehsan und Paula in der Grafik auf Seite 40.

Schule – Ausbildung – Studium

Ehsan Rahimi
20 Jahre, Frankfurt

Ich bin vor vier Jahren aus Afghanistan nach Deutschland gekommen. Zuerst habe ich in an einer beruflichen Schule in einer Intensivklasse Deutsch gelernt. Dann habe ich dort eine BVJ-Klasse besucht und meinen qualifizierenden Hauptschulabschluss gemacht. Ich habe viel gelernt und meine Noten waren gut. Ich interessiere mich sehr für Technik und Autos. Deshalb habe ich eine Ausbildung zum Kfz-Mechatroniker bei der Firma Auto-Becker begonnen. Jetzt bin ich im zweiten Ausbildungsjahr und die Ausbildung ist super. Wenn ich einen guten Abschluss schaffen möchte, muss ich auch am Wochenende lernen. Drei Tage in der Woche arbeite ich in der Autowerkstatt und zwei Tage gehe ich in die Berufsschule. Wenn ich fleißig bin und die Prüfung gut bestehe, kann ich nach der Ausbildung in der Firma bleiben.

Paula Felde
18 Jahre, Erlangen

Ich wollte schon immer Medizin studieren. Mein Abitur habe ich an einem beruflichen Gymnasium gemacht. Leider durfte ich nicht sofort mit dem Studium beginnen. Meine Noten waren nicht gut genug. Deshalb habe ich zuerst eine Ausbildung als Gesundheits- und Krankenpflegerin am Uni-Klinikum gemacht. Die Arbeit mit den Patienten hat mir sehr gut gefallen. Vor zwei Monaten habe ich endlich hier in Erlangen einen Studienplatz für Medizin bekommen. Ich freue mich sehr, dass ich bei meinen Freunden und meiner Familie bleiben kann. Das Studium ist schwer, aber es macht mir sehr viel Spaß. In meiner Lerngruppe sind noch zwei andere Studentinnen und ein Student. Wir lernen zweimal pro Woche am Abend zusammen. Wenn ich alles schaffe, möchte ich später gern als Allgemeinärztin arbeiten.

2b Was passt? Lesen Sie noch einmal und verbinden Sie die Sätze.

1 Wenn Ehsan die Abschlussprüfung gut besteht,
2 Wenn Ehsan einen guten Abschluss haben möchte,
3 Wenn Paula in Erlangen bleiben möchte,
4 Wenn Paula alles schafft,

A dann kann er nach der Ausbildung in der Firma bleiben.
B kann sie danach als Allgemeinmedizinerin arbeiten.
C muss er auch am Wochenende lernen.
D muss sie dort einen Studienplatz finden.

2c Lesen Sie den Grammatikkasten und unterstreichen Sie die Verben in den Sätzen in 2b.

Nebensätze mit *wenn*
Wenn Ehsan sehr viel lernt, (dann) kann er gute Noten bekommen.

3 a Noten in der Schule. In welchen Fächern ist Ehsan gut, in welchen nicht so gut?
Ü6-8

3 b Hören Sie und korrigieren Sie die Sätze.
1.20

1 Zeynap möchte nach dem Abschluss weiter zur Schule gehen und Abitur machen.
2 Der Traumberuf von Zeynap ist Metalltechnikerin.
3 Wenn Zeynap in Technik eine Vier schreibt, ist sie zufrieden.
4 In Englisch kann Zeynap Chris helfen.
5 Wenn Chris in Mathe eine Zwei schreibt, muss er in den Ferien Nachhilfe nehmen.

3 c Was können oder müssen Schüler und Schülerinnen machen, wenn sie schlechte Noten haben? Schreiben Sie Tipps wie im Beispiel.

> mehr für die Schule lernen • weniger andere Dinge tun •
> mit dem Lehrer / mit der Lehrerin sprechen • Nachhilfe bekommen •

Wenn Schüler in der Schule Probleme haben, können/müssen ...

4 Was machen Sie, wenn …? Schreiben Sie Fragen. Antworten Sie dann mit einem Partner/ einer Partnerin.
Ü9

1 Sie haben Hunger.
2 Sie haben Langeweile.
3 Das Wetter ist gut und die Sonne scheint.
4 Das Wetter ist schlecht und es regnet.

B Schülervertretung

1 a Lesen Sie den Brief vom Schulsprecher der Schule und beantworten Sie die drei Fragen.
Ü10-11

> Liebe Mitschülerinnen und Mitschüler,
>
> das Schuljahr hat begonnen und ich möchte euch herzlich zu einer Info-Veranstaltung unserer Schülervertretung einladen. Ich möchte euch die anderen SV-Mitglieder, mich selbst und unsere SV-Arbeit vorstellen. Ihr bekommt wichtige Informationen über unsere Schule und die Klassensprecherwahl. Schule bedeutet nicht nur Noten, Lehrer und Schulleiter, ihr könnt auch selbst etwas für eure Schule tun. Wenn ihr Fragen habt, können wir sie gern am Mittwoch besprechen.
>
> Wann: Mittwoch, 30.08. um 14:00 Uhr
> Wo: Aula
>
> Herzliche Grüße
>
> *Martin Klein*

Was? ....

Warum? ....

Wo und wann? ....

1 b Über welche Themen sprechen die SV-Mitglieder und die Schülerinnen und Schüler bei der Info-Veranstaltung? Hören Sie und kreuzen Sie an.

- ☐ SV-Kasse
- ☐ Klassenfahrten
- ☐ Schulordnung
- ☐ Schulaktionen
- ☐ Schwimmunterricht
- ☐ Klassensprecherwahl
- ☐ Taschengeld
- ☐ Fotokopien

1 c Hören Sie noch einmal und kreuzen Sie an.

1. Das Geld kommt in die SV-Kasse …
   - A ☐ … mithilfe der Eltern.
   - B ☐ … mithilfe bestimmter Aktionen in der Schule.
   - C ☐ … mithilfe der Lehrkräfte.

2. Die Schülerinnen und Schüler
   - A ☐ … dürfen kein Handy mitnehmen.
   - B ☐ … dürfen das Handy im Unterricht normalerweise nicht benutzen.
   - C ☐ … brauchen immer ein Handy in der Schule.

3. Die Schülervertretung hat schon
   - A ☐ … das Schulgebäude gestrichen.
   - B ☐ … die Toiletten renoviert.
   - C ☐ … den Aufenthaltsraum gestrichen.

4. Bei SV-Aktionen
   - A ☐ … muss sich jeder engagieren.
   - B ☐ … darf sich jeder engagieren.
   - C ☐ … dürfen nur Klassensprecher mitmachen.

C Schule früher und heute

1a Lesen Sie die Texte. Wie war es früher? Wie ist es heute? Sammeln Sie in der Klasse.

Schule früher und heute

War die Schule früher besser? Was war anders? Spannende Antworten von Personen, die vor vielen Jahren in der Schule waren.

Wir sind damals bis zum Abitur in einer Klasse geblieben. Wir durften keine Fächer wählen. Heute dürfen die Kinder viel mehr Kurse auswählen. Früher wollten auch nicht so viele Schüler das Abitur machen. Viele wollten direkt nach der Schule arbeiten und Geld verdienen. Heute ist das anders.

Andrea Sikorra, 67, München

Früher waren wir nicht so lange in der Schule wie die Kinder heute und wir mussten nicht so viel lernen. Meine Nichte bleibt meistens bis 16 Uhr, wir konnten immer schon mittags nach Hause gehen. Nur wenn wir nicht pünktlich waren oder wenn wir die Hausaufgaben nicht hatten, mussten wir länger in der Schule bleiben und nachsitzen.

Thomas Andres, 59, Koblenz

Unsere Schule früher war strenger als die Schule heute. Ein Schüler musste zum Beispiel aufstehen, wenn unser Klassenlehrer eine Frage gestellt hat. Heute dürfen die Kinder sitzen bleiben. Ich habe einen Hauptschulabschluss gemacht. Früher konnte man dann leichter Arbeit finden. Heute ist das für die Jugendlichen schwieriger. Sie müssen viel mehr und länger lernen.

Mario Pellegrini, 75, Dortmund

früher	heute
bis zum Abitur in einer Klasse	Kurse wählen

1b Was schreibt Andrea Sikorra? Berichten Sie.

> Andrea Sikorra sagt, dass sie damals bis zum Abitur ...

2a Modalverben im Präteritum. Lesen Sie die Texte auf Seite 44 noch einmal und ergänzen Sie den Grammatikkasten.

Ü13-17

Modalverben im Präteritum

	müssen	können	dürfen	wollen
ich	musste	konnte	durfte	wollte
du	musstest	konntest	durftest	wolltest
er/es/sie/man		konnte	durfte	wollte
wir				wollten
ihr	musstet	konntet	durftet	wolltet
sie/Sie	mussten	konnten	durften	

2b Ergänzen Sie die Sätze mit den Modalverben im Präsens und Präteritum.

1 Frau Sikorra .... keine anderen Fächer wählen.

2 Heute .... die Schüler viele Kurse wählen.

3 Herr Andres .... nicht so viel für die Schule lernen.

4 Heute .... die Schüler viel lernen.

5 Herr Pellegrini .... mit dem Hauptschulabschluss leicht eine Arbeit finden.

6 Heute .... man mit dem Hauptschulabschluss nicht so leicht eine Stelle finden.

2c Wie war die Schule in Ihrem Land? Schreiben Sie Sätze.

viele/wenige Hausaufgaben machen • in der Schule beten •
zu Mittag essen • viele Fächer wählen • nachsitzen •
nachmittags Freunde oder einen Freund besuchen • den ganzen Tag in der Schule sein

In meiner Schulzeit konnte/musste/durfte ich ...

3 Projekt: Schule international. Sammeln Sie Informationen in der Gruppe und machen Sie ein Plakat. Erzählen Sie dann.

Wo sind Sie zur Schule gegangen?
Wie weit war Ihr Schulweg?
Was waren Ihre Lieblingsspiele in der Pause?
Was haben Sie nach der Schule gemacht?

4 D Ausbildung oder Schule?

1a Lesen Sie den Text.

Mohammed aus Somalia, 21 Jahre

Ich war fast 17, als ich nach Deutschland kam, und habe zuerst einen Intensivkurs für Seiteneinsteiger an einer beruflichen Schule besucht. Dort habe ich vor allem Deutsch gelernt. Wir hatten aber auch Fächer wie PoWi, NaWi, Ethik und natürlich Englisch. Ich wollte unbedingt weiterkommen und habe nach zwei Jahren den qualifizierenden Hauptschulabschluss gemacht. Mit dem „Quali" konnte ich die kaufmännische Berufsfachschule – KBFS – besuchen. Rechnungswesen und Wirtschaftslehre waren ganz okay, aber der Deutschunterricht war wirklich schwer. In der KBFS war ich mit Schülerinnen und Schülern zusammen, die in Deutschland geboren sind. In den zwei Jahren hat sich mein Deutsch weiter verbessert. Den mittleren Bildungsabschluss, das heißt, den Realschulabschluss, habe ich geschafft. Nicht alle Noten waren so toll, aber ich war sehr stolz! Zurzeit besuche ich die Höhere Berufsfachschule für IT. Informatik und Computer sind einfach mein Ding. Das dauert noch einmal zwei Jahre, aber ich habe die Möglichkeit, gleichzeitig einen Zusatzkurs zu besuchen und die Fachhochschulreife-Prüfung abzulegen. Wenn ich die FHR-Prüfung schaffe, darf ich an der Fachhochschule studieren. Wenn Plan A nicht klappt, dann habe ich einen Plan B: Vielleicht mache ich mich mit einem Computerservice selbstständig. Mal sehen …

1b Markieren Sie im Text alle Schulformen und Schulabschlüsse.

1c Zeichnen Sie den Ausbildungsweg von Mohammed in einem Schaubild in Ihr Heft.

1d Sprechen Sie zu zweit. Fragen und antworten Sie.

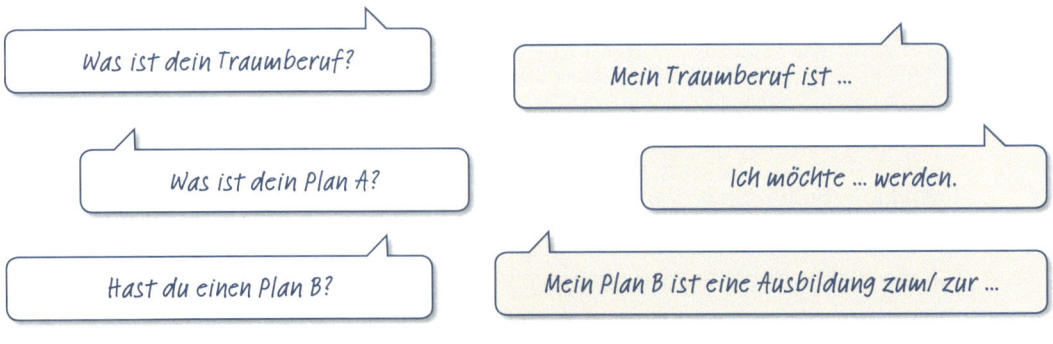

- Was ist dein Traumberuf?
- Mein Traumberuf ist …
- Was ist dein Plan A?
- Ich möchte … werden.
- Hast du einen Plan B?
- Mein Plan B ist eine Ausbildung zum/ zur …

Nennen Sie ein anderes Wort für Plan B: die A _ _ _ _ _ _ _ _ _ _

na • l • ter • ve • ti

2 Mamadou aus Mali spricht über Schule und Ausbildung. Hören Sie zu und kreuzen Sie an: richtig oder falsch.

		R	F
1	Mamadou hat den Realschulabschluss gemacht.	☐	☐
2	Leider hat er den Quali nicht geschafft.	☐	☐
3	Für die Dachdecker-Ausbildung reicht der einfache Hauptschulabschluss nicht.	☐	☐
4	Die Ausbildung dauert zwei Jahre.	☐	☐
5	Mamadou geht jetzt zwei Tage pro Woche zur Berufsschule.	☐	☐

3 a Lesen Sie den Text.

Renas aus dem Irak, 20 Jahre alt

Ich komme aus dem Irak und bin mit meiner zweijährigen Tochter und meinem Mann nach Deutschland gekommen. In Sulaimaniya habe ich neun Jahre die Sekundarschule besucht. Ich hatte Glück, das RP* in Darmstadt hat meinen Realschulabschluss anerkannt. Im Irak habe ich auch Englisch und ein bisschen Deutsch gelernt. Meine Lieblingsfächer sind Biologie und Chemie. Hier in Deutschland habe ich zuerst einen Sprachkurs gemacht und die B1-Prüfung geschafft. Das hat fast zwei Jahre gedauert. Mit Kind ist das nicht so einfach … Aber ich möchte unbedingt medizinische Fachangestellte werden und am liebsten in einer Kinderarztpraxis arbeiten. Das ist mein Traum! Jetzt suche ich einen Ausbildungsplatz. Meine Betreuerin beim Jobcenter hilft mir dabei.

*RP = Regierungspräsidium

3 b Lesen Sie den Text noch einmal und korrigieren Sie die Sätze. Beginnen Sie Ihren Satz mit „Nein, …" oder „Doch, …".

1 Renas hat in Deutschland die Realschule besucht.
2 Mir ihrem Realschulabschluss kann sie in Deutschland keine Ausbildung machen.
3 In Deutschland hat sie die C1-Prüfung bestanden.
4 Renas möchte zahnmedizinische Fachangestellte werden.
5 Sie findet keine Hilfe.

 Normalerweise dauert eine Ausbildung drei Jahre. Mit einem höheren Abschluss kann man die Ausbildungszeit verkürzen. Fragen Sie Ihre Lehrerin, Ihren Lehrer oder bei der Berufsberatung.

4 a Schulabschluss geschafft – und was dann? Für welche Berufe braucht man einen (qualifizierenden) Hauptschulabschluss, wofür einen Realschulabschluss, wofür Abitur? Recherchieren Sie im Internet.

Fleischer • Bäckerin • Lehrerin • Dachdecker • Maler und Lackierer • Maurer • Bankkauffrau • Arzt • medizinische Fachangestellte • Anwalt

4 b Wie sieht Ihr persönlicher Ausbildungsweg aus? Sprechen Sie zu zweit in der Klasse und zeichnen Sie eine Grafik wie in Aufgabe 1c.

4 Sprechen aktiv

Wörter sprechen

1a Was passt? Ergänzen Sie.

> Berufsfachschule • Zeugnis • Abschlussprüfung • Hauptschulabschluss • Test

1 Ihr schreibt am Mittwoch einen .... in Mathe.
2 Er erhält am Ende des Halbjahres ein ....
3 Wir wollen dieses Jahr unseren .... machen.
4 Er hat die .... leider nicht bestanden.
5 Wenn sie den Hauptschulabschluss schafft, geht sie danach zur ....

1b 🔊 1.23 Hören Sie zur Kontrolle und sprechen Sie nach.

Grammatik sprechen

2a Was machen Sie, wenn …? Schreiben Sie sechs Sätze.

> schwarzen Tee trinken • Blumen kaufen • die Wohnung aufräumen •
> lesen • sie zum Essen einladen • ins Kino gehen • Blumen mitbringen •
> spazieren gehen • …

1 Was machen Sie, wenn Sie sehr müde sind?
2 Was machen Sie, wenn Sie am Wochenende Langeweile haben?
3 Was machen Sie, wenn Sie freihaben?
4 Was machen Sie, wenn Sie zum Essen eingeladen sind?
5 Was machen Sie, wenn Sie nette Mitschülerinnen oder Mitschüler haben?
6 Was machen Sie, wenn Sie nicht schlafen können?

Wenn ich sehr müde bin, trinke …

2b Sprechen Sie zu zweit wie im Beispiel.

💬 Was machst du, wenn du sehr müde bist?
💬 Wenn ich sehr müde bin, trinke ich schwarzen Tee.
💬 Ah, wenn du sehr müde bist, trinkst du schwarzen Tee. Das mache ich auch.

> Das ist eine gute Idee. •
> Das mache ich auch gerne. •
> Wirklich? Das habe ich noch
> nie gemacht.

3 Fragen und antworten Sie wie im Beispiel.

1 Heute kann ich ins Kino gehen.
2 Heute kann ich nicht lernen.
3 Heute will ich aufräumen.
4 Heute will ich schwimmen gehen.
5 Heute muss ich arbeiten.
6 Heute muss ich zu Fuß einkaufen gehen.

Heute kann ich ins Kino gehen.
Konntest du gestern auch ins Kino gehen?
Nein, gestern …

Flüssig sprechen

4 Hören Sie zu und sprechen Sie nach.

Arbeitstechniken und Methoden

Fachwörter lernen und behalten

Für die Schule oder für eine Ausbildung müssen Sie Fachwörter (spezielle Wörter) lernen. Jeder Beruf hat einen eigenen „Fachwortschatz". Wie kann man solche Fachwörter am besten lernen und behalten? Hier finden Sie Beispiele.

Situation: Wahid macht eine Ausbildung als Tischler und arbeitet in einer Werkstatt. Er hört viele Fachwörter.

1 Wahid sammelt die Begriffe in einem **Wörternetz.** Jeden Tag kommen neue Wörter dazu.

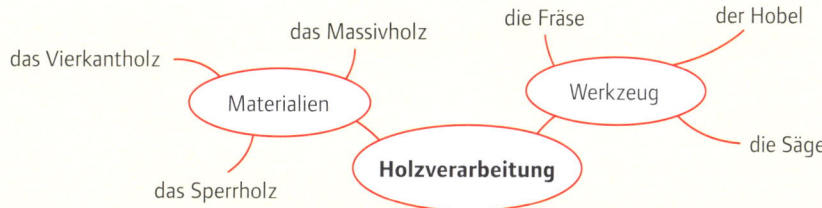

Er schreibt die passenden Verben zu den Nomen.
die Säge – sägen; der Hobel – hobeln; die Fräse – fräsen

2 Wahid sammelt Bilder, macht Fotos oder malt etwas. Er schreibt die Fachwörter in Deutsch und in seiner Sprache dazu. Man nennt das **Visualisierung.**

das Vierkantholz   das Sperrholz   das Massivholz   der Hobel   das Vierkantholz hobeln

3 Wahid hat ein **Vokabelheft** und notiert alles. Das Vokabelheft hat er immer dabei, damit er immer und überall Notizen machen und lernen kann. Hier sehen Sie ein Beispiel:

Deutsch	Beispielsatz	Bild	Übersetzung
der Hobel, hobeln	Er hat das Vierkantholz gehobelt.		
das Vierkantholz			
das Sperrholz	Er sägt das Sperrholz.		

 Lerntipp: Lernen Sie nicht mehr als acht bis zehn neue Vokabeln am Tag. Wiederholen Sie die neuen Wörter regelmäßig zwei- bis dreimal die Woche.

1 Welche Fachwörter müssen Sie zum Beispiel für Mathematik oder für das Praktikum lernen? Arbeiten Sie wie Wahid und ordnen Sie Ihren Fachwortschatz.

4 Gewusst wie

Kommunikation

über die Schule in Deutschland sprechen

In Deutschland gibt es mehrere Wege, die zum Studium führen.
Man kann mit einem guten Berufsfachschulabschluss in eine Fachoberschule gehen.
Nach der zehnten Klasse kann man eine Ausbildung anfangen.
Nach dem Abitur kann man an der Universität studieren.

Fragen und Informationen auf einer SV-Veranstaltung

💬 Welche Schulaktionen sind geplant?
💬 Müssen alle zum Schwimmunterricht gehen?
💬 Die Schüler dürfen in der Schule das Handy nicht benutzen. Sie müssen es ausschalten.
💬 Bei SV-Aktionen darf sich jeder engagieren.

über die Vergangenheit sprechen

In meiner Schule sind wir bis zum Abschluss in einer Klasse geblieben.
Wir konnten keine Fächer wählen.
Wir mussten nicht so viele Hausaufgaben machen wie die Schüler hier.
Ich musste nachmittags meinen Eltern helfen.
Ich durfte mit 16 Jahren noch nicht in die Disco gehen.

Grammatik

Nebensätze mit *wenn*

| Wenn | Paula sehr viel | lernt, | (dann) kann sie gute Noten bekommen. |
| Wenn | ich morgen Zeit | habe, | komme ich gerne. |

Ich komme morgen gerne,	wenn	ich Zeit	habe.
Was machen Sie,	wenn	das Wetter schlecht	ist?
Ich sehe fern,	wenn	das Wetter schlecht	ist.

Modalverben im Präteritum

	müssen	können	dürfen	wollen
ich	mus**ste**	kon**nte**	dur**fte**	woll**te**
du	mus**stest**	kon**ntest**	dur**ftest**	woll**test**
er/es/sie/man	mus**ste**	kon**nte**	dur**fte**	woll**te**
wir	mus**sten**	kon**nten**	dur**ften**	woll**ten**
ihr	mus**stet**	kon**ntet**	dur**ftet**	woll**tet**
sie/Sie	mus**sten**	kon**nten**	dur**ften**	woll**ten**

Musstest du gestern arbeiten?
Ja, und heute **muss** ich auch arbeiten.

Station 1

Drei in einer Reihe – Spielregeln

1. Zwei oder vier Personen spielen zusammen.
2. Sie brauchen neun Spielsteine, zum Beispiel Münzen.
3. Wählen Sie eine Aufgabe aus. Wenn Sie eine Frage richtig beantworten, legen Sie eine Münze auf das Feld.
4. Wenn Sie drei Felder in einer Reihe haben, haben Sie gewonnen.

Nennen Sie drei Städte in Deutschland.

Wie heißt das Perfekt?
telefonieren – …
verlassen – …
studieren – …
einwandern – …

Ergänzen Sie.
Ich finde in Deutschland gut, dass …

Ergänzen Sie.
ich – mein
wir – …
ihr – …

Geben Sie einen Lerntipp.
- Ich kann noch nicht so gut auf Deutsch schreiben.
- …

Warum ist das Internet wichtig für Sie?

Ergänzen Sie.
Er sieht abends manchmal fern, weil …

Ergänzen Sie.
Wenn man eine E-Mail schreiben will, … man zuerst das E-Mail-Programm.

Wie heißen der Artikel und der Plural?
Sendung
Serie
Talkshow

Wo ist die Katze?

Wohin läuft die Katze?

Ja, nein, doch: Antworten Sie.
- Habt ihr heute keine Zeit?
- 🙂
- 🙁

Im Restaurant. Antworten Sie.
- Was möchten Sie trinken?
- …

Was ist das?

Nennen Sie drei Schulabschlüsse.

Ergänzen Sie.
Eine duale Ausbildung macht man in der … und im Betrieb.

Ergänzen Sie.
Wenn ich gut Deutsch spreche, …

Ergänzen Sie.
Ich fahre an den See, wenn …

Wie heißen die Fragen?
Ich musste meinen Eltern nicht helfen.
Mit 6 Jahren konnte ich Fahrrad fahren.

Sagen Sie die Wörter im Singular mit Artikel.
die Jobs   die Dateien
die Universitäten
die Räume

1 Schule und Ausbildung

Berufe im Hotel und in der Gastronomie

1 a Im Hotel Sonnenhof. Betrachten Sie die Fotos. Wo arbeiten die Leute und was machen sie? Erzählen Sie.

☐ das Zimmermädchen

☐ der Koch

☐ der Hotelmanager

☐ die Hotelfachfrau

> **Wo?** im Büro • an der Rezeption • in den Gästezimmern • in der Küche

> **Was?** die Gäste empfangen • das Essen zubereiten • Dienstpläne machen • die Gästezimmer aufräumen • Zimmerreservierungen machen • die Arbeiten im Hotel kontrollieren

Wo arbeitet eine Hotelfachfrau und was macht sie?

Eine Hotelfachfrau arbeitet an der Rezeption. Sie empfängt die Gäste.

Wo arbeitet ein Koch oder eine Köchin?

1 b 🔊 1.25 Veronika Burger, Can Solak, Alexandra Babel, Sven Matschak erzählen von ihrem Beruf und ihrer Arbeit im Hotel. Hören Sie und ordnen Sie die Aussagen den Fotos zu.

1 c Hören Sie die Texte noch einmal. Kreuzen Sie an: richtig oder falsch.

		R	F
1	Veronika Burger ist Hotelmanagerin.	☐	☐
2	Sie hat ein Fachstudium gemacht.	☐	☐
3	Der Auszubildende muss noch zwei Jahre lernen.	☐	☐
4	Er geht jeden Tag in die Berufsschule.	☐	☐
5	Für die Studentin ist die Arbeit im Hotel ein Nebenjob.	☐	☐
6	Alle Mitarbeiter vom Zimmerpersonal haben eine Ausbildung.	☐	☐
7	Der Hotelmanager hat den Beruf Hotelfachmann gelernt.	☐	☐
8	Er arbeitet seit fünf Jahren als Hotelmanager.	☐	☐

Ausbildung in Hotels und in der Gastronomie
Die Ausbildung in Hotels und in der Gastronomie dauert drei Jahre. In der Gastronomie gibt es auch eine zweijährige Ausbildung. Wenn man Fortbildungen oder ein Fachstudium macht, hat man gute Karrieremöglichkeiten und kann zum Beispiel Hotelmanager/-in werden.

2a An der Rezeption. Hören Sie den Dialog. Lesen Sie dann den Dialog zu zweit.

▢ Guten Tag, mein Name ist Jannis Cordalis. Ich habe für drei Nächte ein Zimmer reserviert.
▢ Können Sie bitte dieses Formular ausfüllen und unterschreiben?
▢ Ja, gerne.
▢ Sie bekommen das Zimmer Nummer 327. Hier ist der Schlüssel.
▢ Wann gibt es bei Ihnen Frühstück?
▢ Frühstück gibt es von 7.00 bis 10.00 Uhr im Restaurant. Ich wünsche Ihnen einen angenehmen Aufenthalt.
▢ Vielen Dank.

2b Lesen Sie den Dialog in 2a und variieren Sie die Wörter in Gelb.

Der Gast hat zwei Zimmer für fünf Nächte reserviert.
Zimmer: Nummer 511 und 512
Frühstück: 8.00 bis 11.00 Uhr im Frühstücksraum

3a Die Gäste haben viele Fragen. Was antwortet Veronika Burger? Ordnen Sie zu und hören Sie zur Kontrolle.

1 Wann kommt das Taxi?
2 Ich wollte ein Nichtraucherzimmer, aber ich habe ein Raucherzimmer bekommen.
3 Wie lange hat das Restaurant geöffnet?
4 Ich möchte gerne zwei Tage länger bleiben. Geht das?
5 Haben Sie Postkarten?
6 In der Mini-Bar ist kein Mineralwasser.

A Oh, entschuldigen Sie bitte. Sie bekommen natürlich ein anderes Zimmer.
B Moment, da muss ich nachsehen … Nein, tut mir leid, wir haben kein Zimmer mehr frei.
C Bis 23.00 Uhr.
D Entschuldigung, ich sage sofort dem Zimmerservice Bescheid.
E Ja, Sie können sich hier eine aussuchen.
F Ich denke, es ist in fünf Minuten hier.

3b Spielen Sie Dialoge. Die Informationen für Partner/-in B finden Sie auf Seite 178.

Situation 1 Partner/-in A
Gast: Beim Frühstück war der Kaffee nicht heiß.

Situation 2 Partner/-in A
Gast: Die Gäste im Nebenzimmer waren in der letzten Nacht sehr laut. Sie möchten ein anderes Zimmer.

Situation 3 Partner/-in A
Gast: Im Zimmer fehlen Handtücher.

1 Schule und Ausbildung

Schulordnung

Frankfurter Wirtschaftsschule - Schulordnung

An unserer Schule möchten wir harmonisch und erfolgreich lernen, arbeiten und zusammenleben. Deshalb haben wir uns auf folgende Regeln geeinigt.

1. Schülerinnen und Schüler sowie Lehrerinnen und Lehrer achten darauf, dass Schulhof, Treppenhaus und Unterrichtsräume sauber sind.
2. Für vorsätzliche Beschädigungen und Verschmutzungen haftet der Verursacher.
3. Zwei- und Motorräder sind auf dem Schulhof mit großer Vorsicht zu schieben.
4. Das Mitbringen von Waffen, auch von Taschenmessern, ist verboten.
5. Das Konsumieren von Alkohol und Drogen ist untersagt.
6. Das Rauchen im Bereich des Schulgeländes ist nicht gestattet.
7. Während der Pausen müssen alle Schülerinnen und Schüler die Klassenräume verlassen.
8. Das Trinken von Getränken ist an PC-Arbeitsplätzen und in Fachräumen nicht erlaubt. Das Essen von Speisen ist während des Unterrichts nicht gestattet.
9. Die Verwendung von Smartphones oder Tablets ist im Unterricht nur mit ausdrücklicher Erlaubnis der Lehrkraft erlaubt. Die Geräte sind generell lautlos zu schalten.
10. Die vom Land Hessen zur Verfügung gestellten Lernmittel sind gut zu behandeln. Bei Beschädigung oder Verlust muss der Verursacher die Lernmittel bezahlen.
11. Schülerinnen und Schüler der Klassen 11 und 12 dürfen in Pausen oder Freistunden das Schulgelände verlassen. In diesem Fall entfällt die Aufsichtspflicht der Schule und der Unfallschutz.
12. Für Geld- und Wertsachen übernimmt die Schule keine Haftung. Fundsachen sind abzugeben.
13. Sämtliche Fehlzeiten sind schriftlich mit Angabe des Grundes und der Zeitdauer zu entschuldigen, auch versäumte Einzelstunden oder Verspätungen.
14. Bei Krankheit ist innerhalb von drei Tagen ein ärztliches Attest abzugeben.

Wer diese Schulordnung nicht respektiert, muss mit Maßnahmen vom Unterrichtsausschluss bis zum Schulverweis rechnen.

Katharina Jost, Schulleiterin, 2017

1 Lesen Sie den Text und kreuzen Sie an: richtig oder falsch.

R F
1. Wer in der Schule etwas kaputt oder schmutzig macht, bekommt eine Strafe. ☐ ☐
2. Im Unterricht darf man essen und trinken. ☐ ☐
3. Wenn die Lehrkraft es erlaubt, dann darf man das Handy benutzen. ☐ ☐
4. Wenn man seine Schulbücher kaputt macht, muss man nichts bezahlen. ☐ ☐
5. Man darf nicht mehr am Unterricht teilnehmen, wenn man sich nicht an die Regeln hält. ☐ ☐

2 „Das ist verboten" – wie kann man das anders sagen? Schreiben Sie in Ihr Heft.

3 Wie müssen sich die Schülerinnen und Schüler verhalten? Sprechen Sie zu zweit.

Auf dem Schulhof dürfen sie nicht …   *Sie müssen …, wenn … .*

4 Wie finden Sie die Regeln der Schule? Gibt es in Ihrem Land auch Schulordnungen? Wenn ja, wie sehen sie aus? Tauschen Sie sich aus.

Am Arbeitsplatz

der Physiotherapeut

die Berufskraftfahrerin

der Kfz-Mechatroniker

die Tischlerin

Sie lernen

- über Berufe sprechen
- Gespräche am Arbeitsplatz führen
- eine Mitteilung schreiben (höfliche Bitten)
- ein Gerät erklären
- einen Praktikumsbericht schreiben
- indirekte Fragen
- Personalpronomen im Dativ
- Demonstrativartikel *dies-*

1a Was machen die Leute? Sprechen Sie in der Klasse.
Ü1

> Übungen mit Patienten machen • die Reifen kontrollieren • Waren transportieren • Möbel bauen • Holz sägen • Autos reparieren

1b Typische Männer- und Frauenberufe. Wie ist das in Ihrem Land? Machen Sie eine Liste und vergleichen Sie in der Klasse.

Präposition *als*
Sie arbeitet **als** Tischlerin.

> *In meinem Heimatland arbeiten nur wenige Frauen als Tischlerin.*

> *Bei uns sind die meisten Polizisten Männer.*

2 Haben Sie schon Berufserfahrung? Welchen Beruf finden Sie interessant? Warum?
Ü2

> *Der Beruf Arzt gefällt mir, weil man viel Geld verdienen kann.*

> *Mein Bruder möchte Pilot werden. Ich finde das interessant, aber die Ausbildung ist sehr teuer.*

5 A In der Firma

1 a Sehen Sie das Bild an. Was sagen die Personen vielleicht? Sammeln Sie.

1 b Welche Situationen hören Sie? Schreiben Sie die Nummern ins Bild.
1.28

2 a Lesen Sie den Dialog zu zweit und markieren Sie: Wo steht das Verb *kommt*?
Ü3

💬 Können Sie mir sagen, wann der Chef kommt?
👍 Ich glaube, um zehn.
💬 Okay, danke!

> **indirekte Frage**
> Wann kommt der Chef?
> Können Sie mir sagen, **wann** der Chef **kommt**?

2 b Formulieren Sie die Fragen um und lesen Sie die Minidialoge zu zweit.

> Wie heißt der neue Kollege? • Wann kommt der Chef? •
> Warum ist die Rechnung so hoch? • Wo steht mein Auto?

💬 Können Sie mir sagen, *wann* ....?
👍 Ich glaube, um zehn.

💬 Können Sie mir sagen, ...?
👍 Sein Name ist Friesinger.

💬 Können Sie mir sagen, ...?
👍 Ja, auf dem Parkplatz hinten links.

💬 Können Sie mir erklären, ...?
👍 Tut mir leid. Die Bremsen waren kaputt.

3a Fragen in der Firma. Lesen Sie die Dialoge und ergänzen Sie den Grammatikkasten.
Ü4-7

formell
- Wissen Sie, warum der Chef angerufen hat?
- Tut mir leid, das weiß ich nicht. Fragen Sie doch mal Herrn Schlüter.
- Gut, das mache ich. Danke.

informell
- Weißt du, was es heute zum Mittagessen gibt?
- Ja, Fisch. Gehen wir zusammen um 12 Uhr?
- Ja, gerne.

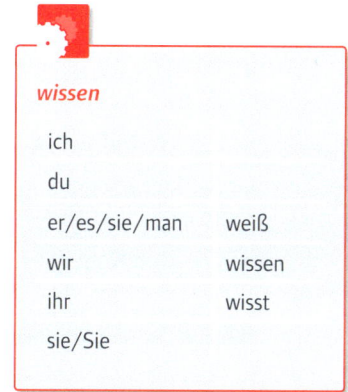

wissen	
ich	
du	
er/es/sie/man	weiß
wir	wissen
ihr	wisst
sie/Sie	

3b Schreiben Sie indirekte Fragen.

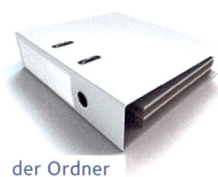
der Ordner

die Rechnung

das Passwort

der Drucker

Wo sind die Überweisungen von heute? • Wer hat den Ordner mit den Rechnungen? • Wo ist das Papier für den Drucker? • Wann kommt der Kunde? • Wie heißt das Passwort? • Wer hat den Schlüssel für den Schrank? • Wann kann ich in die Pause gehen? • Wie spät ist es? • Warum ist Lina Schwarze heute nicht da?

3c Sprechen Sie Minidialoge mit den Fragen aus 3b.

Fragen	Antworten
Wissen Sie, …? / Weißt du, …?	Tut mir leid, das weiß ich auch nicht.
Entschuldigung, darf ich fragen, …?	Tut mir leid, ich habe keine Ahnung. Fragen Sie doch …
Können Sie mir bitte sagen, …? / Kannst du mir bitte sagen, …?	Ja, hier drüben.
	Ja, da. Bitte schön.

4a Wie fragen die Personen? Hören Sie die Fragen und kreuzen Sie an.
 1.29

1 ☐ höflich ☐ nicht höflich
2 ☐ höflich ☐ nicht höflich
3 ☐ höflich ☐ nicht höflich
4 ☐ höflich ☐ nicht höflich

4b Spielen Sie die Dialoge aus 3c einmal höflich und einmal nicht höflich.

B Mitteilungen

1 Lesen Sie die Mitteilungen. Was passt? Ordnen Sie die Sätze zu.

1 ☐ Die neue Kollegin braucht einen Schlüssel.

2 ☐ Die Mitarbeiter sollen am Freitagvormittag in die Kantine kommen.

3 ☐ Ein Arbeitskollege muss einen Termin verschieben.

4 ☐ Eine Kollegin hat einen Anruf bekommen und war gerade nicht da.

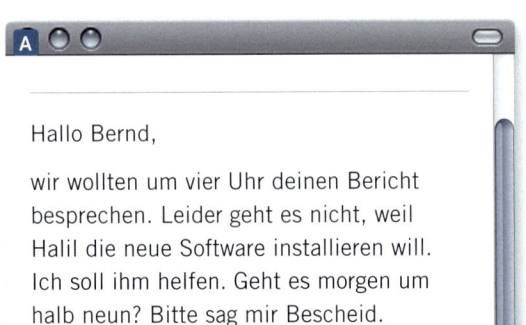

A

Hallo Bernd,

wir wollten um vier Uhr deinen Bericht besprechen. Leider geht es nicht, weil Halil die neue Software installieren will. Ich soll ihm helfen. Geht es morgen um halb neun? Bitte sag mir Bescheid.

Gruß Micha

C

Liebe Frau Seiler,

Herr Volkan hat angerufen. Frau Messi und er haben den neuen Prospekt bekommen. Er gefällt ihnen sehr gut. Könnten Sie ihn bitte zurückrufen (3487)?

Anna Gomez

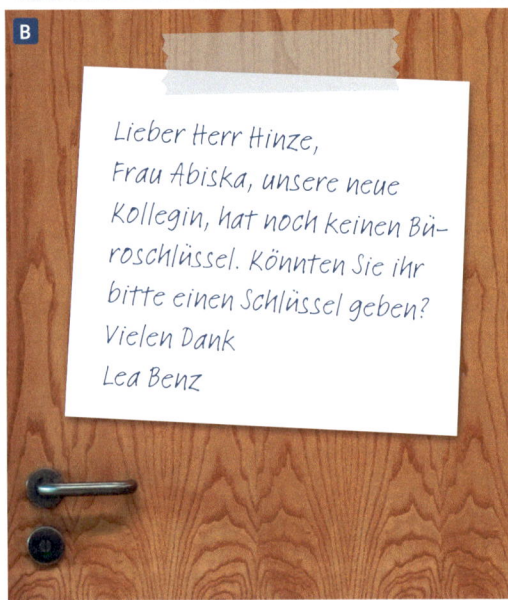

B

Lieber Herr Hinze,

Frau Abiska, unsere neue Kollegin, hat noch keinen Büroschlüssel. Könnten Sie ihr bitte einen Schlüssel geben?

Vielen Dank

Lea Benz

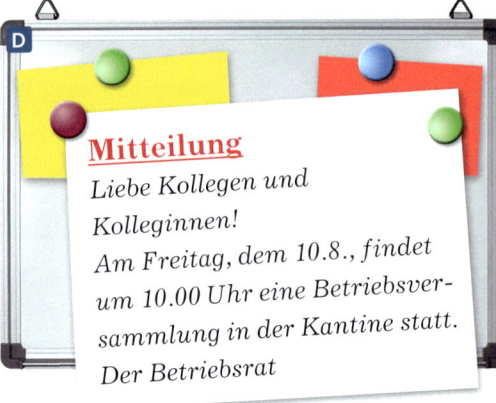

D

Mitteilung

Liebe Kollegen und Kolleginnen!
Am Freitag, dem 10.8., findet um 10.00 Uhr eine Betriebsversammlung in der Kantine statt.
Der Betriebsrat

2 Formulieren Sie höfliche Bitten für die vier Bilder.

> **höfliche Bitten**
> Für höfliche Bitten benutzt man oft die Formen *Könntest du …?* / *Könnten Sie …?*
>
> **Könntest du** mir bitte helfen?
>
> **Könnten Sie** Frau Abiska bitte einen Schlüssel geben?

3a Wer sind die Personen? Suchen Sie die Sätze in den Mitteilungen auf Seite 58 und schreiben Sie den Namen.

1 Ich soll ihm helfen.   ihm = ...
2 Er gefällt ihnen sehr gut.   ihnen = ...
3 Könnten Sie ihr bitte einen Schlüssel geben?   ihr = ...

3b Ergänzen Sie den Grammatikkasten.

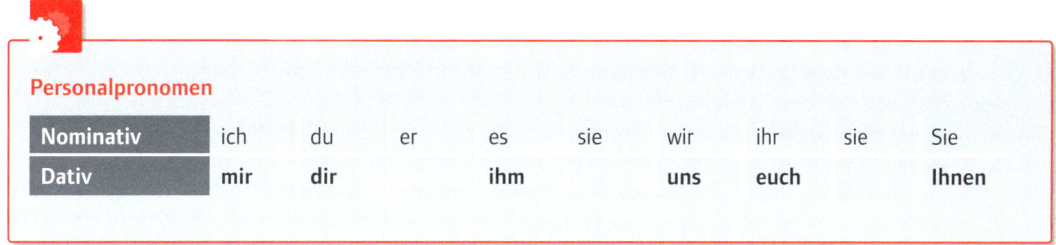

Personalpronomen

Nominativ	ich	du	er	es	sie	wir	ihr	sie	Sie
Dativ	mir	dir		ihm			uns	euch		Ihnen

4 Neue Kollegen. Herr Sodan und Frau Veit sind neu in Ihrer Firma. Wie können Sie ihnen helfen? Sprechen Sie wie im Beispiel.

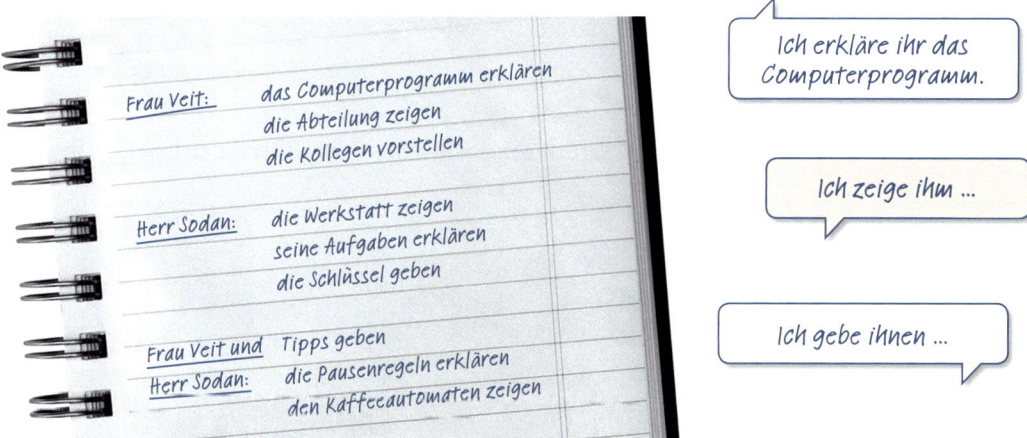

Frau Veit: das Computerprogramm erklären
die Abteilung zeigen
die Kollegen vorstellen

Herr Sodan: die Werkstatt zeigen
seine Aufgaben erklären
die Schlüssel geben

Frau Veit und Herr Sodan: Tipps geben
die Pausenregeln erklären
den Kaffeeautomaten zeigen

> Ich erkläre ihr das Computerprogramm.

> Ich zeige ihm …

> Ich gebe ihnen …

5a Eine Mitteilung schreiben. Ordnen Sie die Mitteilung und schreiben Sie sie in Ihr Heft.

Vielen Dank • ich bin von Montag bis Mittwoch unterwegs. • Liebe Frau Hansen, • Leonidas Moras • Könnten Sie bitte die Post in mein Büro bringen?

5b Wählen Sie eine Situation aus und schreiben Sie eine Mitteilung.

A Sie sind von Montag bis Freitag im Urlaub. Ihr Kollege (Herr Meksis) soll am Dienstag und am Donnerstag die Blumen gießen.

B Sie haben morgen einen Arzttermin und kommen erst um 11 Uhr in die Firma. Schreiben Sie Ihrer Chefin (Frau Bilgin) eine E-Mail.

C Der Drucker hat kein Papier mehr. Schreiben Sie eine Nachricht an den Hausmeister (Herr Schweikert).

> Lieber Herr Meksis,
> …

5 C Wie funktioniert das?

1a Was machen Frau Fischer und Herr Harris? Beschreiben Sie das Foto.
Ü14-15

Diese hier.

1b Hören Sie den Dialog und kreuzen Sie an: Was ist richtig?
1.30

A ☐ Frau Fischer denkt, dass der Kopierer kaputt ist.

B ☐ Frau Fischer findet, dass der alte Kopierer komplizierter war.

Welche Taste muss ich drücken?

1c Lesen Sie den Grammatikkasten und ergänzen Sie im Dialog *dieser*, *dieses*, *diese*.

💬 Der alte Kopierer war wirklich besser. .... Kopierer ist so kompliziert.

💬 .... Taste ist die Start-Taste. Der Kopierer hat drei Fächer. .... Fächer sind für A4-Papier und .... Fach ist für A3-Papier.

💬 Ja, aber .... Kopierer hat noch so viele andere Tasten.

dies- (Nominativ/Akkusativ)		
m	diese**r**/diese**n**	Kopierer
n	diese**s**	Fach
f	diese	Taste
Pl.	diese	Fächer

2a Der neue Getränkeautomat. Ordnen Sie die Fotos den Sätzen zu.
Ü16

☐ Werfen Sie hier 50 Cent ein.
☐ Nehmen Sie diesen kleinen Becher.
☐ Drücken Sie auf diese Taste.
☐ ☐ Wenn Sie das Getränk mit Milch oder Zucker möchten, drücken Sie diese beiden Tasten.
☐ Stellen Sie den Becher hierhin.

2b Erklären Sie, wie man an dem Getränkeautomaten einen Kaffee bekommt. Benutzen Sie *zuerst*, *dann*, *danach*.

Zuerst müssen Sie ...

2c Kennen Sie einen Getränkeautomaten? Erklären Sie, wie er funktioniert.

Könnten Sie mir erklären, wie dieser Automat funktioniert?

Ja, gerne. Was möchten Sie wissen?

ein Gerät erklären
Wo schaltet man das Gerät ein/aus? – Hier.
Wohin muss man den Becher stellen? – Hierhin.
Wie viel Geld muss man einwerfen? ... Euro.
Wo muss man das Geld einwerfen? – Man muss ... hier einwerfen.
Welche Taste muss man drücken, wenn man ...? – Diese hier.

D Situationen am Arbeitsplatz

1 a Hören Sie und ordnen Sie die Dialoge den Fotos zu.

1 b Hören Sie die Dialoge noch einmal und beantworten Sie die Fragen.

1 Wann geht Herr Frei zum Arzt?
2 Warum hat Frau Siegmann das Regal nicht eingeräumt?
3 Seit wann arbeitet Herr Heitmeyer in der Firma?

2 a In der Kantine. Ordnen Sie den Dialog.

Herr Heitmeyer
- Entschuldigung, ist hier noch frei?
- In der Werkstatt. Und Sie?
- Ja, ich habe vor drei Tagen hier meine Ausbildung begonnen. Mein Name ist Lars Heitmeyer.
- Ja, sehr gut. Die Kollegen sind nett und die Arbeit ist interessant.

Frau Obermann
- In welcher Abteilung arbeiten Sie?
- In der Buchhaltung.
- Ich heiße Martina Obermann. Gefällt es Ihnen bei uns?
- Natürlich. Nehmen Sie Platz … Sie sind neu hier in der Firma, richtig?

Herr Heitmeyer: Entschuldigung, ist hier noch frei?
Frau Obermann: …

2 b Hören Sie zur Kontrolle und lesen Sie den Dialog zu zweit.

2 c Spielen Sie Dialoge. Die Informationen für Partner/-in B finden Sie auf Seite 179.

Situation 1
Partner/-in A

Sie machen eine Ausbildung als Speditionskaufmann/-frau im Büro der Spedition Michalak. Ein/Eine Mitarbeiter/-in ruft an.

Situation 2
Partner/-in A

Sie sind Marktleiter/-in im Supermarkt. Sie möchten wissen: Hat Ihr Mitarbeiter / Ihre Mitarbeiterin schon die Milch ins Kühlregal gestellt?

einundsechzig

E Mein Praktikum

1 Lesen Sie den Text und sammeln Sie Informationen in einer Tabelle.

Was?	Warum?	Wo?	Wie lange?	Wie?
Schüler-praktikum				

2a Naima macht ein Schülerpraktikum. Lesen Sie die SMS und überlegen Sie gemeinsam, wie Sie Naima helfen können.

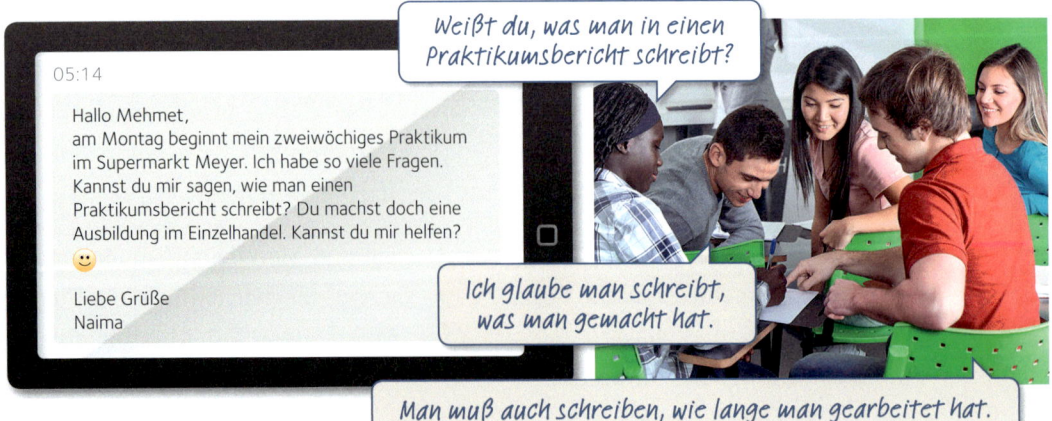

2b
Naima berichtet. Lesen Sie, schauen Sie die Bilder an und ordnen Sie die Tätigkeiten zu.

> Also am Montag war es ziemlich langweilig. Mein Betreuer hat mir zuerst alles erklärt und dann habe ich den ganzen Tag an der Bodenreinigungsmaschine gearbeitet. Ich habe echt gedacht, dass ich den Job nicht lange mache. Aber am Dienstag...

Mo 8–10 Uhr

Mo 10–16 Uhr
Sa 7.30–8 Uhr

Mo 13–13.30 Uhr

Di 7.30–16 Uhr
Mi 13–16.00 Uhr

Mi 7.30–10 Uhr

Di–Fr
10.00–10.15 Uhr

Mi 10–13 Uhr
Do 9–17.30 Uhr

Fr 9–17.30 Uhr
Sa 8–13 Uhr

Regale einräumen • die Kasse bedienen • an der Bodenreinigungsmaschine arbeiten • in der Obst- und Gemüseabteilung arbeiten • Mittagspause machen • Waren aus dem Lager holen • mit dem Praktikumsbetreuer sprechen • Pause machen

2c
Ergänzen Sie Naimas Tagesbericht im Heft.

Wochentag	Stunden	Tätigkeit / Unterweisung	Tag/ Gesamt h
Montag	2	Unterweisung durch den Praktikumsbetreuer	
	5	an der Bodenreinigungsmaschine gearbeitet	
	0,5	Mittagspause gemacht	7,5

2d
Arbeiten Sie zu zweit. Was hat Naima wann gemacht? Fragen und antworten Sie wie im Beispiel. Benutzen Sie Strukturwörter wie *zuerst*, *dann* und *danach*.

> Was hat Naima am Montag gemacht?

> Also am Montag war Naima sehr unzufrieden. Sie hat zuerst ...

3
Haben Sie schon ein Praktikum gemacht? Berichten Sie.

5 Sprechen aktiv

Wörter sprechen

1a Was passt zusammen? Ordnen Sie zu.

1b Üben Sie zu zweit. A sagt das Nomen, B ergänzt das Verb.

1c Schreiben Sie Fragen mit den Nomen und Verben. Fragen und antworten Sie.

> Wann können Sie mir Bescheid sagen?
>
> Ich kann Ihnen morgen Bescheid sagen.

Grammatik sprechen

2 Pronomen im Dativ. „Kein Problem, ich helfe …" Sprechen Sie Dialoge wie im Beispiel.

1. Frau Richter kennt das Computerprogramm noch nicht.
2. Herr Grossmann kennt das Passwort noch nicht.
3. Max und Henner wissen noch nicht, wie der Kopierer funktioniert.
4. Ich weiß nicht, wie der Drucker funktioniert.
5. Wir wissen nicht, wo man einen Kaffee bekommt.
6. Frau Meier findet die Toiletten nicht.
7. Herr Hansen findet die Kantine nicht.
8. Anna und Maria finden den Hausmeister nicht.

> Frau Richter kennt das Computerprogramm noch nicht.
>
> Kein Problem, ich helfe ihr.

3 Formulieren Sie indirekte Fragen. Fragen und antworten Sie.

> Laden/Öffnungszeiten? • Name? • Adresse? • Uhrzeit? • Lampen/Wo? • Hose/Preis?

> Können Sie mir sagen, wann der Laden geöffnet hat?

> Gerne, Dienstag bis Sonntag von 8 bis 20 Uhr.

Flüssig sprechen

🔊 1.34 **4** Hören Sie zu und sprechen Sie nach.

Arbeitstechniken und Methoden

Mit W-Fragen Texte knacken und verstehen

> Wenn ich lese, stelle ich beim Lesen immer W-Fragen zum Text. Dann verstehe ich ihn besser. Wer? Was? Wo? Wann? Warum?

Wenn Sie einen Text lesen, achten Sie zunächst auf die Informationen, die Sie verstehen. Sie müssen nicht alles sofort verstehen. Offene Verständnisfragen können Sie später klären. Verschaffen Sie sich im ersten Schritt einen Überblick über den Text. Sie fragen, auf welche Fragen gibt der Text Antworten? Dabei helfen W-Fragen wie z. B.:

- **Was** ist das Thema? **Was** geschieht?
- Für **wen** ist der Text?
- **Wer** hat den Text geschrieben und **warum**?
- **Wer** tut etwas?
- **Wie viele** und **welche** Personen gibt es im Text?
- **Welche** Zeitangaben gibt es?
- **Welche** Orte kommen im Text vor?

Wenn Sie nur einige dieser Fragen beantworten können, haben Sie schon viel verstanden. Sie können dann den Text noch einmal sorgfältig durchlesen und dabei wichtige Informationen unterstreichen. Markieren Sie aber nicht zu viel. Wenn Ihnen etwas unklar ist, können Sie ein kleines Fragezeichen an die Textstelle setzen. Unbekannte Wörter können Sie jetzt im Wörterbuch nachschlagen.

1 Lesen Sie die Mitteilungen auf Seite 58 noch einmal und beantworten Sie die Fragen.

1. Wer hat die Notizen geschrieben?
2. Was sind die Themen?
3. Welche Probleme gibt es?
4. Wer soll was machen?

5 Gewusst wie

Kommunikation

über Berufe sprechen

Ich habe als Tischlerin gearbeitet.
In meinem Heimatland sind die meisten Polizisten Männer.
Mein Bruder möchte Pilot werden. Ich finde das interessant, aber die Ausbildung ist teuer.

eine Mitteilung schreiben

*Hallo Anna,
Herr Mauritz hat angerufen.
Du sollst zurückrufen.
Viele Grüße
Marie*

höfliche Bitten

Könnten Sie mir bitte einen Schlüssel geben?
Könntest du mir bitte helfen?

etwas erklären

Hier schaltet man den Kopierer ein.
Diese Fächer sind für Papier.

Gespräche am Arbeitsplatz führen

💬 Sind Sie neu in der Firma?
💬 Gefällt Ihnen die Arbeit?

💬 In welcher Abteilung arbeiten Sie?

💬 Ja, ich arbeite seit einer Woche hier.
💬 Ja, sie ist sehr interessant und die Kollegen sind nett.
💬 In der Elektroabteilung.

Grammatik

indirekte Fragen

Wann kommt der Chef?
Wissen Sie, **wann** der Chef **kommt**?

höfliche Bitten

Könntest du mir helfen?
Könnten Sie Frau Abiska einen Schlüssel geben?

wissen

ich	**weiß**
du	**weißt**
er/es/sie/man	**weiß**
wir	**wissen**
ihr	**wisst**
sie/Sie	**wissen**

Demonstrativartikel *dies-*

	Nominativ	Akkusativ
m	diese**r** Kopierer	diese**n** Kopierer
n	diese**s** Fach	diese**s** Fach
f	diese Taste	diese Taste
Pl.	diese Fächer	diese Fächer

Welche**r** Kopierer ist neu?
Diese**r** Kopierer.

Personalpronomen im Dativ

Nominativ	Dativ
ich	mir
du	dir
er/es	ihm
sie	ihr
wir	uns
ihr	euch
sie/Sie	ihnen/Ihnen

Wohnen

1 in der Innenstadt
2 in einem Vorort 
3 auf dem Land 

Sie lernen

- über Wohnformen sprechen
- Wohnungsanzeigen verstehen
- eine Wohnung suchen
- über den Umzug sprechen
- Nachbarn kennenlernen
- das Verb *lassen*
- reflexive Verben
- die Verben *legen/liegen* und *stellen/stehen*

1a Was sehen Sie auf den Fotos? Beschreiben Sie die Fotos.

> Auf dem Foto rechts unten ist ein Dorf.
> Man sieht keine Menschen. Vielleicht ...

1b Wie wohnt man hier? Sammeln Sie Wörter zu den Fotos und schreiben Sie Sätze.

> zentral • außerhalb • verkehrsgünstig • teuer • günstig • ruhig • ...

2 Wo und wie möchten Sie gern wohnen? Warum? Berichten Sie.
Ü1-4

> viel/wenig Kontakt mit Nachbarn haben • leichter Arbeit finden •
> viele Geschäfte • in einer WG (Wohngemeinschaft) wohnen • mit öffentlichen
> Verkehrsmitteln fahren • Ruhe haben • ausgehen • ein Einzelzimmer haben

> Ich wohne in der Innenstadt, aber ich
> möchte lieber außerhalb wohnen.

> Ich wohne gern in einer Großstadt,
> weil ich da kein Auto brauche.

siebenundsechzig 67

6 A Eine Wohnung suchen

1 a Wo und wie kann man eine Wohnung finden? Sammeln Sie.

1 b Lesen Sie die Anzeigen und ergänzen Sie die Informationen in der Tabelle.

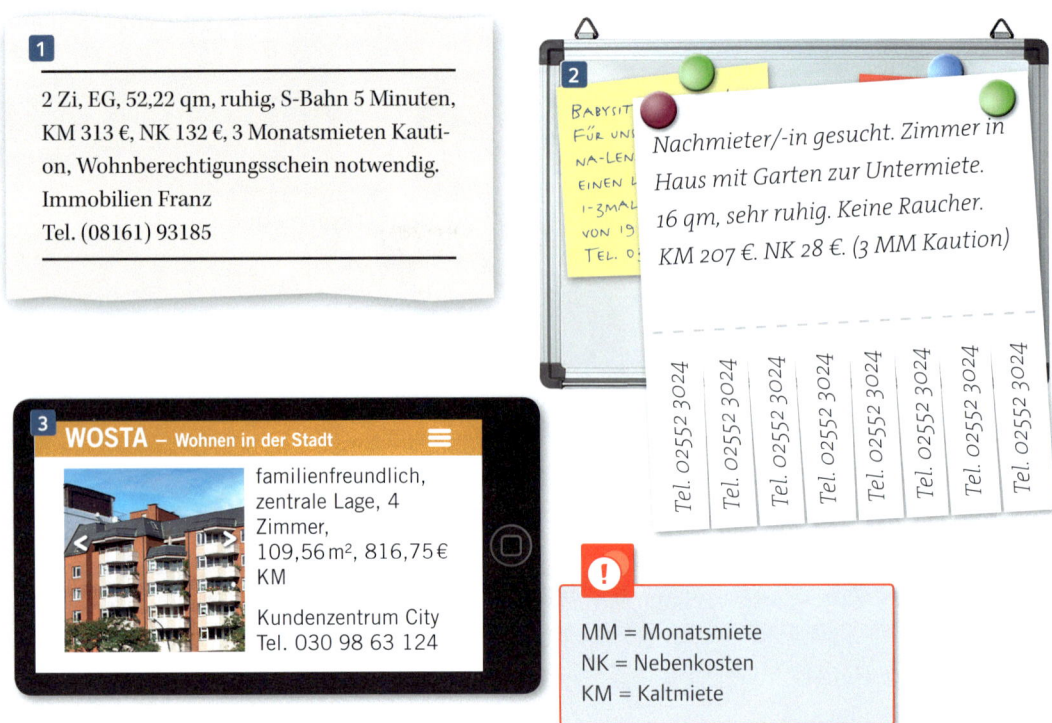

1
2 Zi, EG, 52,22 qm, ruhig, S-Bahn 5 Minuten, KM 313 €, NK 132 €, 3 Monatsmieten Kaution, Wohnberechtigungsschein notwendig.
Immobilien Franz
Tel. (08161) 93185

2
Nachmieter/-in gesucht. Zimmer in Haus mit Garten zur Untermiete. 16 qm, sehr ruhig. Keine Raucher. KM 207 €. NK 28 €. (3 MM Kaution)
Tel. 02552 3024

3 WOSTA – Wohnen in der Stadt
familienfreundlich, zentrale Lage, 4 Zimmer, 109,56 m², 816,75 € KM
Kundenzentrum City
Tel. 030 98 63 124

MM = Monatsmiete
NK = Nebenkosten
KM = Kaltmiete

	Wie groß?	Wie viele Zimmer?	Wie teuer?
Wohnung 1			
Wohnung 2			
Wohnung 3			

1 c Hören Sie das Telefongespräch. Welche Anzeige hat Herr Sharaf gelesen?

1 d Lesen Sie den Dialog zu zweit und variieren Sie ihn mit den Anzeigen in 1b.

💬 Seelig.
💬 Guten Tag, meine Name ist Adnan Sharaf. Ich habe Ihre Anzeige gelesen, ein ruhiges Zimmer. Ist es noch frei?
💬 Ja, es ist noch nicht vermietet.
💬 Auf dem Zettel steht „Kaution 3 MM". Was heißt das?
💬 Sie müssen eine Kaution von drei Monatsmieten bezahlen. Das sind 621 Euro.
💬 Ach so, verstehe. Kann ich das Zimmer besichtigen?
💬 Ist das Zimmer für Sie?
💬 Ja, ich suche ein Zimmer für mich.
💬 Sie können am Mittwochabend um 20 Uhr vorbeikommen.
💬 Moment, ja, das geht. Wie ist die genaue Adresse?
💬 Die Wohnung ist in der Blücherstraße 12. Wissen Sie, wo das ist?
💬 Ja, in der Nähe vom Eisstadion. Das finde ich sicher.

2a
Eine Wohnungsbesichtigung. Hören Sie das Gespräch. Worüber sprechen Frau Seelig und Herr Sharaf? Kreuzen Sie an.

- ☐ Küche
- ☐ Balkon
- ☐ Garten
- ☐ Miete
- ☐ WC
- ☐ Keller
- ☐ Wohnberechtigungsschein
- ☐ Kühlschrank
- ☐ Wände
- ☐ Boden

2b
Hören Sie noch einmal und kreuzen Sie an: richtig oder falsch.

		R	F
1	Das Zimmer ist groß und hell.	☐	☐
2	Es gibt keinen Balkon.	☐	☐
3	Viele Krankenwagen und Notarztwagen fahren mit Alarm vorbei.	☐	☐
4	Adnan kann die Küche mit einer Studentin mitbenutzen.	☐	☐
5	Das Zimmer ist nicht renoviert.	☐	☐
6	In der Küche darf man rauchen.	☐	☐

2c
Lesen Sie den Satz von der Vermieterin. Welches Bild passt? Kreuzen Sie an.

> Ich mache die Renovierung nicht selbst. Ich habe keine Zeit. Ich lasse die Wohnung renovieren. Ich habe einer Firma den Auftrag gegeben.

lassen

ich	lasse
du	lässt
er/es/sie/man	lässt
wir	lassen
ihr	lasst
sie/Sie	lassen

Die Vermieterin renoviert die Wohnung nicht selbst.
Sie **lässt** die Wohnung **renovieren**.

3a
Beim Umzug. Was machen Sie selbst? Was lassen Sie machen? Fragen und antworten Sie.

die Möbel abbauen
renovieren 
die Möbel transportieren 
die Lampen aufhängen 

> Lässt du die Küche einbauen?
> Nein, das mache ich selbst.
> Ja, ich lasse die Küche einbauen.
> Und du? Lässt du …?

3b
Was machen Sie zu Hause selbst? Was lassen Sie machen? Erzählen Sie.

6 B Der Umzug

1 Adnan Sharaf spricht mit einer Freundin. Was will er machen? Hören Sie und ordnen Sie zu.

1 Am Samstag
2 Am Sonntag
3 Am nächsten Wochenende

A kocht er für seine Freunde.
B geht er früh schlafen.
C baut er mit Freunden die Möbel auf.

2 a Am Samstag: Wo stehen die Sachen? Beschreiben Sie das Bild.

Der Teppich liegt auf einem Tisch.

Das Zimmer am Samstag

Die Lampe steht auf einem Umzugskarton.

2 b Am Sonntag: Wohin kommen die Sachen? Lesen Sie den Grammatikkasten und schreiben Sie Sätze wie im Beispiel.

Das Zimmer am Sonntag

Er legt die Bücher auf den Boden.
Sie stellen den Tisch auf den Teppich.
Sie hängt ...

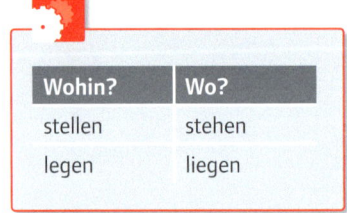

Wohin?	Wo?
stellen	stehen
legen	liegen

2 c Arbeiten Sie zu zweit. Fragen und antworten Sie wie im Beispiel.

Wohin stellen sie den Tisch?

Sie stellen den Tisch auf den Teppich.

3a Im Baumarkt. Hören Sie zu und markieren Sie: Was kauft Herr Musawi?

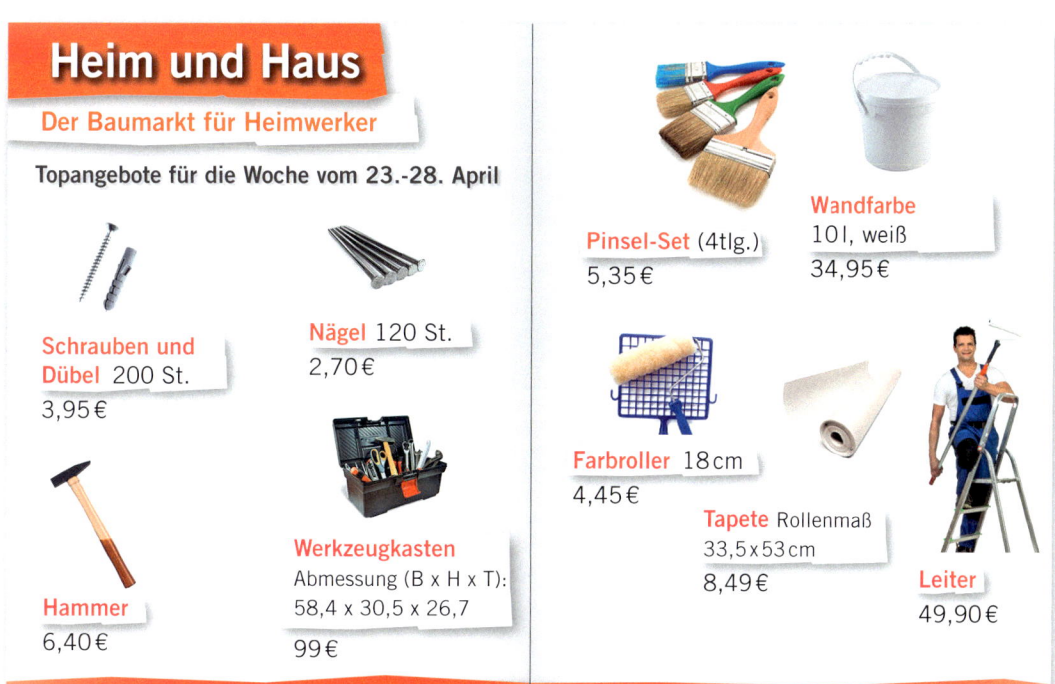

Heim und Haus
Der Baumarkt für Heimwerker

Topangebote für die Woche vom 23.-28. April

- Schrauben und Dübel 200 St. 3,95 €
- Nägel 120 St. 2,70 €
- Hammer 6,40 €
- Werkzeugkasten Abmessung (B x H x T): 58,4 x 30,5 x 26,7 99 €
- Pinsel-Set (4tlg.) 5,35 €
- Wandfarbe 10 l, weiß 34,95 €
- Farbroller 18 cm 4,45 €
- Tapete Rollenmaß 33,5 x 53 cm 8,49 €
- Leiter 49,90 €

3b Variieren Sie den Dialog und spielen Sie ihn in der Klasse.

💬 Guten Tag, können Sie mir helfen?
💬 Ja gern, was brauchen Sie?
💬 Ich möchte …
💬 …

Gegenstände messen
In der Mathematik misst man bei Gegenständen die Breite, die Tiefe und die Höhe. Man benutzt die Abkürzungen B, H und T.

die Wohnung streichen • die Wohnung tapezieren •
ein Bild aufhängen • eine Lampe aufhängen

4 Projekt: Sie haben 300 Euro und können Ihren Klassenraum renovieren. Wie renovieren und dekorieren Sie den Raum? Diskutieren Sie und schreiben Sie eine Liste. Informieren Sie sich in einem Baumarkt und berechnen Sie dann Ihre Ausgaben.

Ich finde, wir brauchen mehr Bilder an der Wand.

Vorschläge machen	zustimmen	ablehnen
Ich finde gut, wenn wir …	Das ist eine gute Idee.	Ich denke, es ist besser, wenn …
Können wir nicht auch …?	Das finde ich auch.	Nein, da habe ich eine andere
Wie findest du …?	Ja, das gefällt mir.	Meinung. Ich möchte lieber …
	Einverstanden.	Nein, das gefällt mir nicht.

C Die neuen Nachbarn

1a Sehen Sie sich die Fotos an und hören Sie die Dialoge. Warum gehen Aheda und Nihad zu den Nachbarn?

1b Hören Sie noch einmal: Wie finden Sie die Reaktionen der Nachbarn?

> sympathisch • unsympathisch • freundlich • unfreundlich • nett • nicht nett

1c Welche Erfahrungen haben Sie mit Nachbarn? Erzählen Sie.

2a Lesen Sie den Dialog und den Grammatikkasten. Ergänzen Sie die Sätze 1–3.

💬 Guten Tag, wir möchten uns vorstellen. Wir sind die neuen Nachbarn. Ich bin Nihad Basil und das ist meine Schwester Aheda.
💬 Hallo, das ist aber nett, dass Sie vorbeikommen. Oder darf ich „du" sagen?
💬 Wir können uns gerne duzen.
💬 Ich bin Erwin und wohne hier mit meiner Frau Lisa. Hoffentlich fühlt ihr euch hier wohl. Seid ihr Studenten?
💬 Nein, Aheda geht noch zur Schule und ich mache eine Ausbildung zum Mechatroniker bei der Bahn.
💬 Das ist ja interessant. Ich bin auch bei der Bahn und arbeite schon seit zehn Jahren als Zugbegleiter. Wie gefällt euch eure Wohnung?
💬 Sehr gut! Wir haben vorher in der Nähe vom Stadtzentrum gewohnt und unsere Wohnung war laut und klein. Hier haben wir mehr Platz. Das ist wunderbar.
💬 Na dann, herzlich willkommen. Ich freue mich, dass ihr die Wohnung bekommen habt.

reflexive Verben	
ich	freue mich
du	freust dich
er/es/sie/man	freut sich
wir	freuen uns
ihr	freut euch
sie/Sie	freuen sich

1 Guten Tag, wir möchten .... vorstellen.

2 Hoffentlich fühlt ihr .... hier wohl.

3 Ich freue ...., dass Sie diese Wohnung bekommen haben.

2b Reflexive Verben üben. Würfeln Sie und sagen Sie das Verb in der richtigen Form.

⚀ ich ⚁ du ⚂ er/es/sie/man ⚃ wir ⚄ ihr ⚅ sie/Sie

> sich freuen • sich wohlfühlen • sich vorstellen

 *wir freuen uns*

3a
Aheda schreibt Tagebuch. Die Tinte ist an manchen Stellen verwischt. Rekonstruieren Sie den Eintrag.

> Liebes Tagebuch, heute ist mein erster Tag in der neuen Wohnung. Ich fühle mich total erschöpft und matt, aber ich bin auch glücklich. Wir haben uns bei den neuen Nachbarn vorgestellt. Die meisten haben sich gefreut und gesagt: „Wir hoffen, dass ihr euch hier im Haus wohlfühlt." Das war super! Am nächsten Wochenende bekommen wir schon Besuch. Dann können wir uns ein bisschen besser kennen lernen. Nur ein Mann im ersten Stock hat sich nicht für uns interessiert. Ich hoffe, dass wir uns hier nicht einsam fühlen und dass ich mich gut mit Nihad verstehe und wir uns nicht streiten.

3b
Haben Sie auch schon einmal Tagebuch geschrieben? Schreiben Sie einen Tagebucheintrag.

4a
Pavel und Luise. Eine romantische Geschichte. Ordnen Sie die Verben zu.

> sich verlieben • sich entschuldigen • sich kennenlernen • sich streiten • sich küssen • sich trennen

4b
Wo? Wann? Was? Schreiben Sie die Geschichte.

> sie haben sich kennengelernt • sie haben sich verliebt • sie haben sich geküsst • sie haben sich gestritten • sie haben sich getrennt • er hat sich entschuldigt

> Pavel und Luise haben sich vor einem Supermarkt kennengelernt.

4c
Erzählen Sie die Geschichte dann in der Klasse.

6 Sprechen aktiv

Wörter sprechen

1 a Ordnen Sie die Adjektive zu.

> erschöpft • prima • allein • krank • gut

Tim fühlt sich …   Bea fühlt sich …   Asim fühlt sich …   Jenny fühlt sich …   Aya fühlt sich …

1 b Arbeiten Sie zu zweit. Fragen und antworten Sie.

> Denkst du, Asim fühlt sich krank?

> Nein, ich denke, er fühlt sich …

Grammatik sprechen

2 Was lässt Wakur machen? Arbeiten Sie zu zweit. Fragen und antworten Sie.

die Hemden bügeln • Formulare ausfüllen • sein Zimmer putzen • Handy reparieren • Wakur • einkaufen • Zeugnisse übersetzen • Wäsche waschen • Essen kochen

> Was lässt Wakur machen?

> Er bügelt die Hemden nicht selbst. Er lässt sie bügeln.

3a Reflexive Verben üben. Was passt zusammen? Ordnen Sie zu.

1 Freust du dich nicht?
2 Freut Martin sich nicht?
3 Freut ihr euch nicht?
4 Freuen Lea und Tim sich nicht?

A Doch, wir freuen uns.
B Doch, er freut sich.
C Nein, sie freuen sich nicht.
D Doch, ich freue mich.

3b Sprechen Sie zu zweit. Fragen und antworten Sie.

> Freust du dich nicht?

Flüssig sprechen

4 Hören Sie zu und sprechen Sie nach.

Arbeitstechniken und Methoden

Diagramme verstehen, auswerten und erklären

Das Lesen und Erklären von Grafiken, Schaubildern und Diagrammen ist eine Technik, die Sie in der Schule und Ausbildung immer wieder brauchen. Gehen Sie wie folgt vor:

1. **Schritt:** Lesen Sie die Überschrift bzw. den Titel. Was ist das Thema vom Diagramm?
2. **Schritt:** Lesen Sie den Text unter dem Diagramm. Von wann ist das Diagramm?
3. **Schritt:** Schauen Sie die x-Achse und dann die y-Achse an. Welche Zahlenangaben gibt es? Welche Werte werden dargestellt? Was wird verglichen?

Liniendiagramme verwendet man, wenn man einen Sachverhalt in Abhängigkeit von einem anderen Sachverhalt darstellen möchte.

Wenn man Werte miteinander vergleichen möchte, benutzt man oft Säulendiagramme. Bei Säulendiagramm werden die y-Werte als Säulen dargestellt.

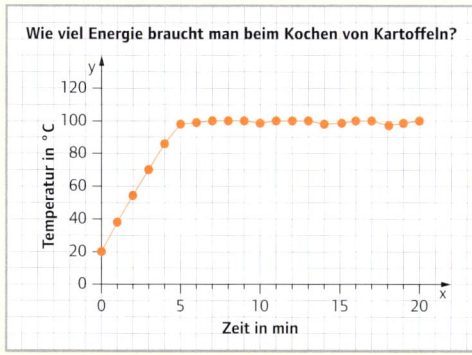
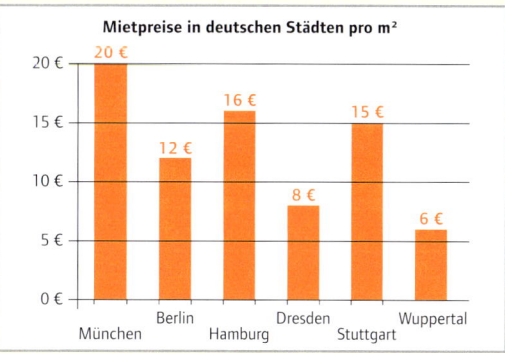

So können Sie über Diagramme sprechen:
Das Diagramm gibt Informationen über …
Das Diagramm zeigt …
Die Zahlen stammen aus dem Jahr …

So können Sie über die Zahlen sprechen:
Die Angaben sind in Prozent / Celsius / Euro / …
Am teuersten / billigsten ist / sind … in …
Ich finde interessant, dass …

1 Arbeiten Sie zu zweit und werten Sie das Säulendiagramm über Mietpreise aus.

6 Gewusst wie

Kommunikation

über die eigene Wohnung sprechen

Wir wohnen zentral. Das ist praktisch. Wir brauchen kein Auto und können mit Bussen und Straßenbahnen fahren.
Ich möchte lieber in einer Kleinstadt wohnen, da sind die Mieten günstiger.

eine Wohnung suchen

Ich habe Ihre Anzeige gelesen. Ist die Wohnung noch frei?
Ich möchte die Wohnung gern besichtigen. Wann ist das möglich?

über Arbeiten beim Umzug sprechen

Die Möbel bauen wir selbst ab und transportieren sie selbst. Auch die Lampen hänge ich selbst auf. Aber wir renovieren die alte Wohnung nicht selbst. Wir lassen sie renovieren.
Ich kann die Küche nicht selbst einbauen. Das macht ein Freund von uns.

Nachbarn kennenlernen

🗨 Guten Tag, wir möchten uns vorstellen. Wir sind die neuen Nachbarn. Wir heißen Aheda und Nihad.
🗨 Hallo, mein Name ist Jonas. Hoffentlich fühlt ihr euch hier wohl.
🗨 Wir haben vorher in der Stadt gewohnt. Wir freuen uns, dass wir diese Wohnung bekommen haben.

Grammatik

das Verb *lassen*

	lassen
ich	lasse
du	**lässt**
er/es/sie/man	**lässt**
wir	lassen
ihr	lasst
sie/Sie	lassen

Ich	lasse	meine Wohnung	reparieren.
Sie	**lässt**	ihre Haare vom Friseur	schneiden.

Ich lasse meine Wohnung reparieren.
(= Ich renoviere meine Wohnung nicht selbst).

reflexive Verben

	sich freuen
ich	freue mich
du	freust dich
er/es/sie/man	freut sich
wir	freuen uns
ihr	freut euch
sie/Sie	freuen sich

Wir freuen uns, weil wir eine gute Wohnung gefunden haben.
ebenso: sich fühlen, sich vorstellen, sich verlieben, sich streiten, sich trennen, sich entschuldigen

die Verben *legen/liegen* und *stellen/stehen*

Wohin? → *legen/stellen* (Präposition + Akkusativ)	Wo? → *liegen/stehen* (Präposition + Dativ)
Sie legen den Teppich **auf den Boden**.	Der Teppich liegt **auf dem Boden**.
Sie stellen den Tisch **auf den Teppich**.	Der Tisch steht **auf dem Teppich**.

Feste feiern

1 a Welche Feste auf den Fotos kennen Sie? Erzählen Sie.

> Ich glaube, das Foto oben links ist Weihnachten.

> Oben in der Mitte, das ist …

1 b Was machen die Leute? Was ist typisch für die Feste?

> ein Feuerwerk machen • gut essen • etwas schenken • Spaß haben • sich verkleiden • auf die Straße gehen • zu Hause feiern • Verwandte/Freunde einladen • …

Sie lernen

- über Feste und Geschenke sprechen
- Einladungen und Glückwünsche verstehen und darauf reagieren
- Komplimente machen
- Kleidung beschreiben
- ein Klassenfest organisieren
- das Datum
- Adjektivdeklination nach dem unbestimmten Artikel
- Verben mit Dativ und Akkusativ

2 a Welche deutschen Feiertage kennen Sie? Sammeln Sie.

> Am 25. und 26. Dezember ist Weihnachten. Die Geschäfte sind geschlossen.

> Am dritten Oktober haben die meisten Leute frei. Das ist ein Feiertag.

2 b Welche Feiertage gibt es in Ihrer Heimat? Erzählen Sie.

7 A Einladungen

1 Lesen Sie die Einladungen und beantworten Sie die W-Fragen: Wer? Was? Wann? Wo?
Ü4

Wir heiraten

Eva Roth und Tobias Sedlmayr
Die Trauung ist am
14.5.2017 um 14 Uhr im
Standesamt Freising,
Ruppertstraße 11.

Die Hochzeitsfeier findet im
Hotel Zur Post statt.

Um Antwort wird gebeten bis
30.4.2017.

Weidigschule Hamm

Sommerfest

Einladung zum Sommer-
fest auf dem Schulhof

Freitag, 14.07.,
10:00 bis 14:30 Uhr

vormittags: sportliche
Wettbewerbe
mittags: Salate, Getränke
und Brötchen

Liebe Freunde!

Am 26. Juni werde ich 21!
Wollt ihr mit mir feiern?

Kommt ab 16.00 Uhr in
den Auen-Park, Grillhütte
am kleinen See.

Sagt bitte Bescheid, falls
ihr nicht kommen könnt.
Ich freue mich auf euch!

Zola

2a Am Telefon einladen. Hören Sie und beantworten Sie die Fragen: Wer? Was? Wann? Wo?
1.41 Ü5-7

2b Lesen Sie den Grammatikkasten. Lesen Sie dann den Dialog zu zweit und variieren Sie die Wörter in Orange (Datum und Uhrzeit).

💬 Marquardt.
💬 Hallo, hier ist Susanne.
💬 Hi, Susanne, wie geht's dir?
💬 Danke, gut. Ich möchte dich gern zu meinem Geburtstag einladen. Hast du nächste Woche am Samstag Zeit?
💬 Ist das der achte Oktober?
💬 Ja, richtig. Ich habe ja am fünften Oktober Geburtstag, aber das ist mitten in der Woche und alle müssen am nächsten Tag früh zur Schule.
💬 Ja klar, ich komme gern. Wann beginnt die Feier?
💬 Ab 18.00 Uhr. Du kannst aber auch etwas später kommen.
💬 Ja, ich muss noch für eine Prüfung lernen. Ich denke, ich kann so um sieben Uhr da sein.
💬 Wunderbar! Bis Samstag.
💬 Bis Samstag und danke für die Einladung!

Datum	
Welcher Tag …?	Wann …?
der erst**e** Januar	**am** erst**en** Januar
der erst**e** Erst**e**	**am** erst**en** Erst**en**

2c Schreiben und spielen Sie einen weiteren Dialog.

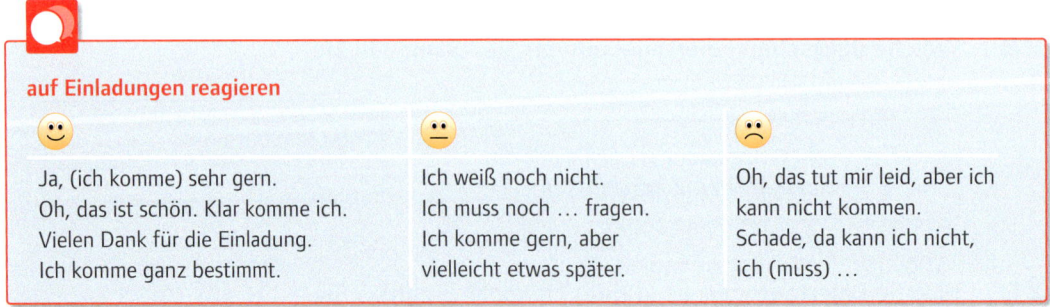

auf Einladungen reagieren

🙂 Ja, (ich komme) sehr gern.
Oh, das ist schön. Klar komme ich.
Vielen Dank für die Einladung.
Ich komme ganz bestimmt.

😐 Ich weiß noch nicht.
Ich muss noch … fragen.
Ich komme gern, aber
vielleicht etwas später.

🙁 Oh, das tut mir leid, aber ich
kann nicht kommen.
Schade, da kann ich nicht,
ich (muss) …

3 Geschenke. Lesen Sie die Einladungen in 1 noch einmal. Was kann man wem schenken? Sammeln Sie und vergleichen Sie.

die DVD, der Wein, die Kerze, der Gutschein, der Blumenstrauß, das Buch, das Handtuch, die Rose, das Geschirr, der Teddy, die Decke, der Kinderwagen, der Obstkorb, die Schachtel Pralinen, der Koffer, der Schmuck, die Kette, die Katze, das Parfüm, die Krawatte

Eva:
Tobias:
Eva und Tobias:
Zola:

Verben mit Dativ und Akkusativ

	Dativ (Person)	Akkusativ (Sache)
Ich schenke	meinem Vater	ein Buch.
Ich schenke	ihm	ein Buch.

Man kann Zola keine Katze schenken.

Man kann ihr aber ein Parfüm schenken.

4 Was schenken Sie wem? Schreiben Sie Sätze wie im Beispiel.

| Ich schenke | meiner Freundin / meinem Freund
meinem Vater / meiner Mutter
meinen Freunden
meiner Schwester / meinem Bruder
meinem … / meiner … | ein …
eine …
einen …
… | zum Geburtstag.
zur Hochzeit.
zur Abschlussfeier.
… |

Ich schenke meiner besten Freundin einen Rosenstrauß zum Valentinstag.

5 Was schenken Sie, wenn …? Was kann man in Ihrem Land nicht schenken? Erzählen und vergleichen Sie.

1 Was schenken Sie, wenn ein Freund / eine Freundin Geburtstag hat?
2 Was bringen Sie mit, wenn Sie bei einem Freund zum Essen eingeladen sind?

Bei uns darf man keinen Alkohol schenken. Das macht man nicht.

Normalerweise schenkt man in unserer Heimat …

7 B Hochzeit

1a Eva und Tobias heiraten. Welche Adjektive passen? Beschreiben Sie das Foto.
Ü11-12

elegant • schick • schwarz • weiß • eng • wunderschön • toll • romantisch • teuer • lecker

Der Anzug ist ...

der Schleier
Das Brautkleid ist wunderschön.
die Ringe (Pl.)
die Hochzeitstorte

1b Lesen Sie den Grammatikkasten und ergänzen Sie die Endungen. Hören Sie dann und sprechen Sie mit.
1.42

Da kommt das Brautpaar vom Standesamt. Die Braut trägt ein romantisch......, weiß...... Kleid, eine wunderschön...... Kette, einen weiß...... Schleier und sehr elegant...... Schuhe. Sie sieht fantastisch aus!

1c Beschreiben Sie den Bräutigam, die Ringe, die Hochzeitstorte und das Auto.

Adjektivendungen nach dem unbestimmten Artikel

Nominativ	Akkusativ
Das ist/sind ...	Er/Sie trägt ...
(d**er**) ein/kein grau**er** Anzug.	(d**en**) einen/keinen grau**en** Anzug.
(d**as**) ein/kein weiß**es** Kleid.	(d**as**) ein/kein grau**es** Kleid.
(d**ie**) eine/keine grau**e** Hose.	(d**ie**) eine/keine grau**e** Hose.
Pl. klein**e** Ohrringe.	Pl. klein**e** Ohrringe. / keine klein**en** Ohrringe

Der Bräutigam trägt einen ... Anzug.

Sie tragen ... Ringe.

Es gibt eine ... Hochzeitstorte.

2 a Hochzeitskleidung. Fragen und antworten Sie.

1 Was für ein Kleid tragen viele Frauen bei ihrer Hochzeit? Was trägt der Bräutigam?
2 Was trägt ein Brautpaar in Ihrem Land?
3 Was haben Sie bei Ihrer Hochzeit getragen?

Bei der Hochzeit trägt die Frau oft ein weißes Kleid.

Was für ein … trägt man?
Was für ein Kleid? – Ein weißes (Kleid).
Was für einen Anzug? – Einen schwarzen (Anzug).
Was für eine Kette? – Eine elegante (Kette).
Was für Schuhe? – Schwarze (Schuhe).

2 b Hochzeit weltweit. Wie feiert man in Ihrem Land? Erzählen Sie. Wenn Sie möchten, bringen Sie Hochzeitsfotos mit.

3 Machen Sie Komplimente und reagieren Sie darauf.

Auf dem Foto siehst du echt toll aus!

Sie sprechen schon so gut Deutsch!

Komplimente machen
Du bist immer so freundlich/fröhlich/hilfsbereit.
Sie haben immer so tolle Ideen.
Das Kleid auf dem Foto sieht toll aus.

auf Komplimente reagieren
Wirklich? Das ist nett von dir.
Meinen Sie? / Meinst du?
Danke schön, Sie/du auch.

4 a Eine Hochzeit mit Pannen. Hören Sie die Geschichte und ordnen Sie die Bilder.

4 b Ordnen Sie die Sätze den Bildern zu und erzählen Sie dann die Geschichte.

A Die Freunde und Verwandten werfen Reis.
B Sie gehen zum Restaurant.
C Sie feiern.
D Das Restaurant ist geschlossen.
E Das Brautpaar tauscht Ringe.
F Sie suchen ein anderes Restaurant.

C Feiern interkulturell

1 Einladung zu einer Party oder zu einem Essen. Lesen Sie die Sätze und kreuzen Sie an: stimmt oder stimmt nicht. Was meinen Sie? Diskutieren Sie.

	Party stimmt	Party stimmt nicht	Essen stimmt	Essen stimmt nicht
1 Ich komme pünktlich.	☐	☐	☐	☐
2 Ich bringe etwas zu essen/trinken mit.	☐	☐	☐	☐
3 Ich bringe einen Freund mit.	☐	☐	☐	☐
4 Ich kaufe ein Geschenk für die Gastgeber.	☐	☐	☐	☐
5 Ich ziehe schöne Kleidung an.	☐	☐	☐	☐

2a Luiz Fernando, Leyla Sönmez und Benoit Ahoua erzählen über ihre Erfahrungen. Lesen Sie die Texte und sammeln Sie Informationen in einer Tabelle.

Ü16–17

Feiern in Deutschland

1 Ich bin Student und war schon auf einigen Partys bei deutschen Freunden. Meistens bringe ich etwas zu essen mit, am besten eine Spezialität aus meinem Land oder auch eine Flasche Wein. Das ist ganz unkompliziert. Das gefällt mir. Man unterhält sich über das Studium, die Arbeit oder auch über Filme und es gibt natürlich Wein und Bier.
Luiz Fernando, 24, Brasilien

2 Ich habe viele deutsche Freunde und bin oft eingeladen und lade auch ein. Was mir auffällt? Die Deutschen kommen bei Einladungen zum Essen immer pünktlich. Das ist höflich in Deutschland. Bei uns ist das nicht so. Hier bringt man meistens auch etwas mit, z. B. Getränke oder Blumen. Und die Kinder sind oft nicht dabei. Das ist bei uns anders.
Leyla Sönmez, 36, Türkei

3 Vorgestern war ich auf einer Party bei deutschen Freunden. Da war eine gute Stimmung, aber es war auch ganz anders als bei uns. Die Leute waren ganz normal angezogen, bei uns zieht man immer schicke Kleidung an, wenn man zu einer Party geht. Die Leute haben sich viel unterhalten, aber wenig getanzt. Ich war der einzige Mann auf der Tanzfläche.
Benoît Ahoua, 19, Republik Côte d'Ivoire

25

Kleidung	Essen/Trinken	Kinder	Geschenke	Gespräche
	Man bringt etwas mit.			

82 zweiundachtzig

2b Formulieren Sie die Texte 1 und 2 in der dritten Person.

2c Berichten Sie über Text 3 wie im Beispiel.

> Benoît Ahoua sagt, dass er vorgestern auf einer Party war. Er erzählt, dass …

2d Waren Sie schon einmal auf einer deutschen Party? Was ist Ihnen aufgefallen? Wie ist das in Ihrem Heimatland? Vergleichen Sie.

3a Ein Klassenfest organisieren. Was passt? Ordnen Sie zu.

1 Wer besorgt — A wollen wir feiern?
2 Wer bringt — B die Getränke?
3 Welche Lehrer — C laden wir ein?
4 Wollen wir auch — D tanzen?
5 Wann — E auf dem Fest?
6 Was machen wir — F feiern?
7 Wo wollen/können wir — G Essen mit?

3b Gemeinsam etwas planen. Arbeiten Sie zu zweit und planen Sie eine Party.

> Wollen wir übermorgen eine Party machen?

> Ja, das ist eine gute Idee. Ich habe einen großen Garten. Wir …

4 Feste und Feiertage. Was sagt man wann? Ordnen Sie zu.

1 Herzlichen Glückwunsch zum Geburtstag!
2 Alles Gute zum neuen Jahr! / Prosit Neujahr!
3 Frohe Ostern!
4 Alles Gute zur Hochzeit!

5 Schreiben Sie eine Glückwunschkarte.

> Liebe Eva, lieber Tobias,
> herzlichen Glückwunsch zur Hochzeit. Ich wünsche euch …

eine Glückwunschkarte schreiben
Liebe …, / Lieber …,
herzlichen Glückwunsch zum/zur …
Ich wünsche dir/euch viel Glück! / alles Gute für das neue Lebensjahr! / ein schönes Fest!
Liebe Grüße / Alles Liebe / Herzliche Grüße
dein/deine …

7 D Festtage

Chinesisches Frühlingsfest

Songkran

Simchat Tora

Interkulturelle

Januar	Februar	März	April	Mai	Juni
1 Neujahr, Chanukka letzter Tag	1	1 Aschermittwoch	1	1 Tag der Arbeit	1 Schauwu Int. Kind
2	2	2	2	2	2
3	3	3	3	3	3 Karneva Kulturer
4	4	4 Christliche Fastenzeit 1.3.–15.4.	4	4	4
5	5	5	5	5	5 Pfingstf
6 Hl. 3 Könige	6	6	6	6 St. Georgsfest der Roma	6
7 Orthodoxes Weihnachtsfest nach julian. Kal.	7	7	7	7	7
8	8	8 Internationaler Frauentag	8 Internationaler Romatag	8 Ende 2. Weltkrieg in Europa, Europatag	8
9	9	9	9 Palmsonntag	9	9
10	10	10	10	10 Buddh. Neujahr Wesak 2561	10
11	11	11	11 Pessachfest bis 18.4.	11	11
12	12	12 Purimfest	12	12	12
13	13	13 Holifest	13 Gründonnerstag, Songkran Thai	13	13
14 Pongalfest der Tamilen	14 St. Valentin	14	14 Karfreitag, Baisakhi Sikh	14 Muttertag	14
15	15	15	15	15	15 Fronleic
16	16	16	16 Osterfest Ev./Kath./Orth.	16	16
17	17	17 St. Patrick	17	17	17
18	18	18	18	18	18
19	19	19	19 Roter Mittwoch der Jesiden	19	19
20	20	20 Neujahrsfest Iran./Afgh. 1396 Baha'i 174	20 Ridvanfest der Baha'i bis 1.5.	20	20 Weltflü UNO
21	21	21 Newroz der Kurden 2629	21	21	21 Interna Human
22	22	22	22	22	22
23	23	23	23 Türkisches Kinderfest	23	23
24	24	24	24 Shoah-Gedenktag	24	24 St. Joha
25	25	25	25	25 Christi Himmelfahrt	25 Ramad
26	26	26	26	26	26
27 Gedenktag für die Opfer des Nationalsozialismus, Neujahrsfest Vietnam/China	27	27	27	27 Beginn des Ramadan	27
28	28 Fastnacht	28	28	28	28 Christo Street örtl. un
29		29	29	29	29
30		30	30	30	30
31		31		31 Schawuot	

Der Beauftragte für Integration und Migration | Senatsverwaltung für Arbeit, Integration und Frauen | be Berlin | Christlich | Islamisch (Daten k um 1–2 Tage differ

1 Wer feiert was? Sehen Sie sich den Kalender an und sammeln Sie in der Klasse.

Christen feiern … | Hindus … | Buddhisten … | Juden … | Moslems feien …

Kalender 2017

Opferfest

Juli	August	September	Oktober	November	Dezember
1	1	1 Antikriegstag, Opferfest	1 Erntedankfest	1 Allerheiligen	1 Muhammads Geburtstag
2	2 Ged.tag Genozid an den Roma	2	2 Tag d. Dt. Einheit, Offene Moschee, Ashure d. Aleviten	2 Allerseelen	2
3	3	3	3	3	3 1. Advent, Int. T. d. m. Behinderungen
4 Independence Day USA	4	4	4 Mondfest	4 Guru Nanaks Geburtstag	4
5	5	5 Verstorbenen-Gedenktag	5 Sukkot bis 11.10.	5	5
6	6 Hiroshima-Gedenktag	6	6	6	6 St. Nikolaus
7	7	7	7	7	7
8	8	8	8	8	8
9	9	9	9	9 Pogromnacht 1938, Fall der Berliner Mauer 1989	9
10	10	10	10	10	10 2. Advent, Erklärung der Menschenrechte
11	11	11 Kopt.-/Äth.-Orth. Neujahr	11	11 St. Martin	11
12	12	12	12 Schmini Azeret	12	12
13 Tag der Französischen Revolution	13	13	13 Simchat Tora	13	13 Chanukka –20.12., Fest der Lucia
14	14	14	14	14	14
15	15 Mariä Himmelf., Bonfest Japan	15	15	15	15 Êzîdfest der Jesiden
16	16	16	16	16	16
17	17	17	17	17	17 3. Advent
18	18	18	18	18	18 Int.Tag der Migranten
19	19	19	19 Divalifest	19 Volkstrauertag	19
20	20	20 Weltkindertag	20	20	20
21	21	21 Rosch Haschana, Islam. Nj. 1439	21	21	21
22	22	22	22 Baha'u'llahs Geburtstag	22 Buß- und Bettag	22
23	23	23	23	23 Thanksgiving USA	23
24	24	24 Muharrem-Fasten der Aleviten 21.9.–2.10.	24	24	24 4. Advent, Heiligabend
25	25 Ganeshafest	25	25	25	25 Weihnachtsfest Ev./Kath./Orth. n. gregorian. Kal.
26	26	26	26	26 Totensonntag	26
27	27	27	27	27	27
28	28	28	28	28	28
29	29	29 Tag des Flüchtlings	29	29	29
30	30	30 Jom Kippur, Aschuratag, Dussehrafest	30	30 Muhammads Geburtstag	30
31	31		31 Reformationstag, Halloween		31 Silvester

Holifest

Buddhistisch Hinduistisch Sikh Baha'i

Die Helltönung von Daten bezeichnet nicht unbedingt eine Religion, sondern den Kulturkreis, zu dem sie gehören.

4. Advent

2 Wann ist das? Fragen und antworten Sie.

> Wann beginnt das Pessachfest?

> Am elften April.

3 Welche Feste feiern Sie? Erzählen Sie.

fünfundachtzig 85

7 Sprechen aktiv

Grammatik sprechen

1 Arbeiten Sie zu zweit. Die Bilder für Partner/-in B finden Sie auf Seite 179. Fragen und antworten Sie wie im Beispiel.

Wörter sprechen

2a Geschenke. Ordnen Sie zu.

der Gutschein • die Kerze • der Blumenstrauß •
der Obstkorb • das Geschirr • der Teddy • der Schmuck • das Parfüm

2b Hören Sie zu und sprechen Sie nach.

2c Was schenken Sie gerne? Berichten Sie.

Meinen Eltern schenke ich gerne ...

Flüssig sprechen

3 Hören Sie zu und sprechen Sie nach.

Unsere Sprachen und Kulturen

Ein interkulturelles Missverständnis

Katrins neue Freundin Pamela kommt aus der Karibik. Sie gibt Katrin eine Einladung für die ganze Familie. „Das ist sehr nett", sagt Katrins Vater. „Wir kommen gerne zu eurer Feier." Als sie ein paar Tage später bei Pamelas Familie ankommen, ist die ganze Wohnung voller Leute. Erst dort erfährt Katrins Familie, dass Pamelas kleine Schwester Geburtstag hat. Zwei Monate später: Katrin hat bald Geburtstag. Sie lädt nur ihre besten Freundinnen ein. Auch Pamela ist eingeladen, aber sie darf nicht kommen. Das versteht Katrin nicht. Sie ist sehr enttäuscht.

1a Lesen Sie den Text und beantworten Sie die Fragen in Ihrem Heft.

1. Was feiert Pamelas Familie?
2. Wer ist eingeladen?
3. Wen lädt Katrin zu ihrer Feier ein?
4. Warum kommt Pamela nicht? Was glauben Sie?

1b Wie ist das in Ihren Ländern? Wer ist zum Geburtstag, zur Hochzeit, ... eingeladen? Diskutieren Sie.

2 Andere Länder, andere Sitten. Lesen Sie die Sätze und ordnen Sie zu.

1. In den arabischen Ländern schenkt
2. In China schenkt man keine Scheren oder Messer,
3. In Deutschland soll man Geschenke
4. In Japan müssen Geschenke so verpackt sein,
5. In Griechenland schenkt man dem Brautpaar Geld und steckt
6. In Südafrika verpacken die Leute Geschenke nicht,

A. immer schön verpacken.
B. damit alle sehen können, was man dem anderen schenkt.
C. man keinen Alkohol.
D. die Geldscheine an das Kleid der Braut.
E. denn das bedeutet: Ich zerschneide unsere Beziehung.
F. dass man den Inhalt nicht erkennt.

3a Arbeiten Sie zu dritt. Machen Sie eine Liste: Was schenkt man in Ihrem Land, was nicht? Soll man Geschenke verpacken oder nicht? Schreiben Sie ganze Sätze.

3b Wählen Sie die drei besten Sätze in Ihrer Gruppe aus. Trennen Sie die Sätze und schreiben Sie die Sätze auf zwei Zettel wie in 2. Die anderen Gruppen ordnen die Zettel zu.

7 Gewusst wie

Kommunikation

über Feste und Geschenke sprechen

Welches Fest ist für Sie besonders wichtig?
Was schenkt man in Ihrer Heimat zur Hochzeit?
Was bringen Sie mit, wenn Sie bei einem Kollegen zum Essen eingeladen sind?

Einladungen verstehen und darauf reagieren

▫ Ich mache am Freitagabend eine Party. Wollt ihr auch kommen?
▫ Ja, vielen Dank für die Einladung. Ich komme gern.
▫ Schade, da kann ich leider nicht, ich muss arbeiten.

eine Party organisieren

Wo können wir die Party machen?
Wer besorgt die Getränke?
Wollen wir auch tanzen?

Kleidung beschreiben

▫ Was für ein Kleid hast du auf der Hochzeit/Party getragen?
▫ Ein langes, rotes Kleid und rote, elegante Schuhe.

Glückwünsche äußern

Herzlichen Glückwunsch zum Geburtstag!
Alles Gute zum neuen Jahr! / Prosit Neujahr!
Frohe Ostern!
Alles Gute zur Hochzeit!

Komplimente machen und darauf reagieren

▫ Du bist immer so fröhlich!
▫ Wirklich? Das ist nett von dir.
▫ Sie sprechen schon so gut Deutsch!
▫ Meinen Sie? Danke schön.

Grammatik

das Datum

▫ Welcher Tag ist das?
▫ Das ist der dritte Zehnte.

▫ Wann ist das?
▫ Das ist am dritten Zehnten.

Verben mit Dativ und Akkusativ

	Dativ (Person)	Akkusativ (Sache)
Ich schenke	meiner Mutter	einen Blumenstrauß.

ebenso: geben, mitbringen, zeigen …

Adjektivdeklination nach dem unbestimmten Artikel

	Nominativ	Akkusativ
m	Das ist ein/kein grau**er** Anzug.	Er trägt einen/keinen grau**en** Anzug.
n	Das ist ein/kein weiß**es** Kleid.	Sie trägt ein/kein weiß**es** Kleid
f	Das ist eine/keine rot**e** Rose.	Sie trägt eine/keine rot**e** Rose.
Pl.	Das sind schön**e** Ohrringe. Das sind keine schön**en** Ohrringe.	Sie trägt schön**e** Ohrringe. Sie trägt keine schön**en** Ohrringe.

Was für ein …?

Was für ein Anzug ist das? – Ein blauer (Anzug).
Was für einen Anzug trägt er? – Er trägt einen blauen (Anzug).

Station 2

Dialoge spielen

1 Acht Situationen. Arbeiten Sie zu zweit. Wählen Sie drei Situationen aus, machen Sie Notizen und spielen Sie die Dialoge mit Ihrem Partner / Ihrer Partnerin.

1 Bitten Sie Ihren Nachbarn höflich um sein Wörterbuch.

2 Sie wollen am Samstagabend essen gehen. Rufen Sie im Restaurant an und reservieren Sie einen Tisch.

3 Ihre Klasse plant eine Klassenfahrt. Fragen Sie den Lehrer, wie viel Taschengeld Sie brauchen.

4 Sie machen ein Praktikum und treffen sich in der Mittagspause mit Kolleginnen. Beginnen Sie ein Gespräch.

5 Sie haben diese Anzeige in einer Zeitung gelesen. Rufen Sie bei dem Vermieter an.

Bahlingen, 3 Zi., 90 m², EG, EBK, KM 600 € + NK, 2 Monatsmieten Kaution.
Heinz Weber, Tel.: 07664/94009

6 Sie haben eine neue Wohnung. Stellen Sie sich bei den Nachbarn vor.

7 Sie sind im Baumarkt. Sie wollen wissen, wo es Farben und Werkzeug gibt, weil Sie Ihre Wohnung tapezieren wollen.

8 Sie wollen einen Freund / eine Freundin zum Geburtstag einladen. Rufen Sie an.

neunundachtzig

2 Arbeit und Beruf

Handwerksberufe

1a Wo arbeiten diese Handwerker und Handwerkerinnen? Sprechen Sie in der Klasse.

die Elektrikerin

der Installateur

der Maler

die Gärtnerin

der Schreiner

die Augenoptikerin

> im Park • in der Werkstatt • in einer Wohnung •
> in der Gärtnerei • auf der Baustelle • in einem Geschäft • …

1b Was machen die Handwerker? Ordnen Sie zu und erzählen Sie.

> Parks pflegen • Möbel herstellen • Elektroleitungen legen • tapezieren •
> Türen einbauen • Wände streichen • Pflanzen verkaufen • Brillen verkaufen •
> Bäume schneiden • den Herd anschließen • Wasserleitungen reparieren •
> Brillen reparieren • Heizungen montieren

1c (1.46) Hören Sie zu. Welchen Beruf haben die Personen? Notieren Sie.

Katharina Straube: .... Dan Molino: ....

Eva Pfeiffer: ....

2a (1.47) Hören Sie das Interview mit Herrn Reimann und kreuzen Sie an: richtig oder falsch.

		R	F
1	Herr Reimann hat einen Handwerksbetrieb.	☐	☐
2	Seine Frau macht die Büroarbeiten.	☐	☐
3	In dem Betrieb arbeiten sieben Angestellte.	☐	☐
4	Herr Reimann hat Lehrgänge besucht und ist Malermeister.	☐	☐
5	Nach der Gesellenprüfung muss man die Meisterprüfung machen.	☐	☐

2b (1.47) Hören Sie das Interview noch einmal und ordnen Sie zu.

1. Ein Auszubildender / Eine Auszubildende (Lehrling)
2. Ein Geselle / Eine Gesellin
3. Ein Meister / Eine Meisterin

A hat einen Handwerksberuf gelernt und eine Prüfung gemacht.
B darf nach einer Prüfung auch Leute ausbilden.
C lernt einen Beruf.

3a Ein Kundengespräch. Hören Sie den Dialog und kreuzen Sie an: Welches Bild passt?

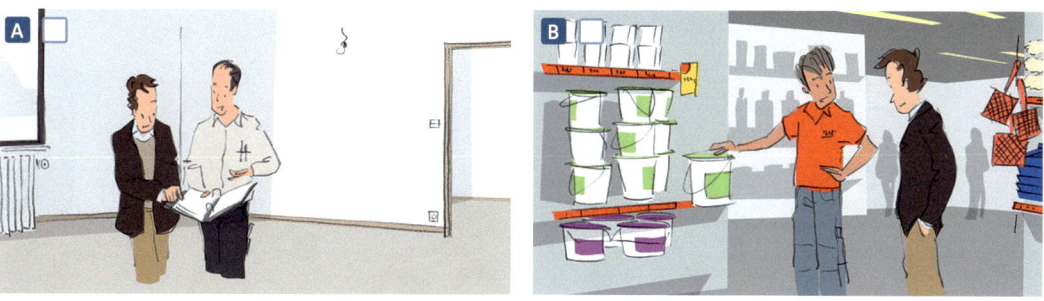

3b Hören Sie noch einmal und ergänzen Sie den Dialog.

> Vielleicht 800 bis 1000 Euro. Ich mache Ihnen noch ein genaues Angebot. •
> Ich habe hier einige Muster. Sie können sich eine Farbe aussuchen. •
> Ich denke, wir können in einem Tag fertig sein. • Wenn wir die Arbeiten anfangen,
> können wir an der Wand zuerst Probeanstriche machen.

👉 Wir ziehen hier bald ein, aber die weiße Farbe an den Wänden gefällt uns nicht.

👉 ....

👉 Na ja, Blau gefällt mir nicht, aber vielleicht Gelb oder Orange?

👉 ....

👉 Einverstanden. Wie teuer sind die Arbeiten?

👉 ....

👉 Und wie lange dauert das?

👉 ....

3c Variieren Sie den Dialog in 3b.

Situation 1

Ein Kunde möchte an den Türen eine andere Farbe. Die Arbeiten kosten 1.400 bis 1.800 Euro und dauern drei Tage.

Situation 2

Ein Mieter zieht aus seiner Wohnung aus. Die Wände sind grün, aber sie müssen weiß sein, wenn der Mieter auszieht. Die Arbeiten kosten 1.700 Euro und dauern drei Tage.

4 Projekt: Sammeln Sie Adressen und Telefonnummern von Handwerksbetrieben in Ihrem Wohnort.

2 Arbeit und Beruf

Sicherheit am Arbeitsplatz

1a Was bedeuten die Sicherheitszeichen? Ordnen Sie zu.

    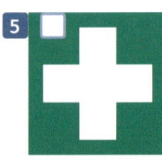

a   Hier muss man die Hände waschen.
b   Vorsicht, Stolpergefahr!
c   Hier gibt es einen Brandmelder.
d   Hier muss man einen Schutzhelm tragen.
e   Hier darf man Feuer nicht mit Wasser löschen.
f   Hier findet man Erste Hilfe.
g   Hier darf man nicht rauchen.
h   Vorsicht, gefährlicher Strom!
i   Hier findet man den Notausgang.
j   Hier gibt es einen Feuerlöscher.

1b Lesen Sie. Ordnen Sie aus 1a zu und ergänzen Sie die Formen und Farben.

> dreieckig • quadratisch • rund • blau • gelb • grün • rot

Darf ich hier rauchen? Muss ich einen Schutzhelm tragen? Am Arbeitsplatz gibt es oft Hinweisschilder, Warnschilder und Verbotsschilder. Sie haben jeweils eine bestimmte Form und Farbe.

Sicherheitszeichen	Form	Farbe
☐ ☐ Verbotszeichen		
☐ ☐ Warnzeichen		
☐ ☐ Rettungszeichen	*quadratisch*	
☐ ☐ Brandschutzzeichen		
☐ ☐ Gebotszeichen		*blau*

1c Was bedeuten die Schilder? Recherchieren Sie. Sprechen Sie.

2 Projekt. Machen Sie Fotos von Sicherheitszeichen an Ihrer Schule und in öffentlichen Gebäuden in Ihrer Stadt. Präsentieren Sie Ihre Sicherheitszeichen in der Klasse.

Wo ist das Sicherheitszeichen?   Was bedeutet es?   Warum ist es wichtig?

Neue Chancen

! BiZ

Das **Berufsinformationszentrum** (BiZ) bietet allen Bürgerinnen und Bürgern Informationen rund um Bildung, Beruf und Arbeitsmarkt. Sie können auch online nach Ausbildungs- oder Arbeitsstellen suchen und Sie können Hilfe beim Schreiben professioneller Bewerbungsunterlagen bekommen.

→ Ein Berufsinformationszentrum gibt es in allen größeren Städten.

Sie lernen

- über die eigenen Ziele sprechen
- sich über Weiterbildungsmaßnahmen informieren
- über Stärken und Schwächen sprechen
- sich für einen Kurs anmelden
- ein eigenes Kursangebot schreiben
- Nebensätze mit *damit*
- Verben mit Präpositionen Teil 1

1a Was machen die Leute auf den Fotos? Was kann man im Berufsinformationszentrum machen? Sprechen Sie.

sich informieren • Broschüren lesen • am Computer recherchieren • sich beraten lassen • nach Fortbildungsmöglichkeiten fragen • Stellen suchen • Ausbildungsangebote suchen

1b Waren Sie schon einmal in einem Berufsinformationszentrum? Was haben Sie dort gemacht? Was möchten Sie dort machen?

über eigene Erfahrungen sprechen
Ich war schon einmal … Ich habe mich über … informiert.
Bei der Berufsberatung habe ich die Erfahrung gemacht, dass …
Ich war noch nie in einem BiZ, aber das Angebot interessiert mich.

Ich war schon einmal im BiZ in Bremen. Das war sehr interessant, aber …

dreiundneunzig 93

8 A Ich interessiere mich für …

1a 2.02 Ü2-3 Hören Sie den Dialog und kreuzen Sie an: Was ist richtig?

A ☐ Halid will nach der Schule Koch werden.
B ☐ Halid will nach der Schule bei seinem Onkel kochen lernen.

1b 2.03 Hören Sie den Dialog zwischen Halid Al-Saud und der Berufsberaterin und beantworten Sie die Fragen.

1 Welchen Beruf will Halid lernen?
2 Was macht Halid gern in seiner Freizeit?
3 Welche Berufe passen zu den Interessen von Halid?
4 Wo kann Halid Informationen über Berufe finden?
5 Warum soll Halid sich noch einmal bei der Berufsberaterin melden?

1c Die Wörter verstehen. Lesen Sie den Dialog und ordnen Sie zu.

1 die Ausbildung
2 die Bestandsaufnahme
3 die Gesellenprüfung

A Man überlegt, was man gut kann und gerne macht.
B Wenn man die Prüfung am Ende der Ausbildung besteht, ist man Geselle in seinem Beruf.
C Man geht drei Jahre lang in einen Betrieb und auch in die Berufsschule und lernt einen Beruf.

💬 Herr Al-Saud, Sie suchen einen Ausbildungsplatz. Interessieren Sie sich für einen bestimmten Beruf?
💬 Das weiß ich noch nicht. Mein Onkel ist Koch. Ich habe manchmal bei ihm gearbeitet. Aber es hat mir nicht gefallen.
💬 Gut, dann beginnen wir mit einer Bestandsaufnahme. Das bedeutet, Sie überlegen: Was kann ich? Was mag ich? Und so weiter. Was machen Sie gern in Ihrer Freizeit?
💬 Ich arbeite gern mit den Händen, am liebsten mit Holz.
💬 Es gibt viele Berufe, in denen Sie mit Holz arbeiten können, zum Beispiel Schreiner oder Zimmermann. Da kann man Möbel bauen, Fenster, Türen usw.
💬 Wo kann ich mich genauer über die Berufe informieren?
💬 Ich gebe Ihnen eine Broschüre zu Berufen mit Holz. Da gibt es auch Internetadressen.
💬 Und wenn ich einen Beruf gefunden habe, was mache ich dann?
💬 Dann müssen Sie sich in einem Meisterbetrieb um einen Ausbildungsplatz bewerben.
💬 Wie lange dauert eine Ausbildung?
💬 Die Ausbildung dauert drei Jahre. In dieser Zeit arbeiten Sie als Lehrling in einem Betrieb und gehen jede Woche auch in die Berufsschule. Am Ende machen Sie eine Prüfung. Wenn Sie die Prüfung bestehen, sind Sie Geselle.
💬 Verdiene ich während der Ausbildung schon Geld?
💬 Ja. Das steht alles in der Broschüre. Wenn Sie wissen, was Sie lernen möchten, melden Sie sich noch mal bei mir. Ich kann Ihnen dann bei der Bewerbung helfen.

2a Verben mit Präpositionen. Unterstreichen Sie diese Verben im Dialog in 1c.

beginnen • sich melden • sich interessieren • sich informieren • sich bewerben • helfen • arbeiten

2b Lesen Sie den Dialog noch einmal und ergänzen Sie die Präpositionen.

1 Halid hat manchmal .... seinem Onkel gearbeitet.

2 Halid soll .... einer Bestandsaufnahme beginnen.

3 Halid möchte wissen, wo er sich .... die Berufe informieren kann.

4 Er muss sich in einem Meisterbetrieb .... einen Ausbildungsplatz bewerben.

5 Halid soll sich noch einmal .... der Berufsberaterin melden.

6 Die Berufsberaterin kann Halid .... der Bewerbung helfen.

3a Lesen Sie den Grammatikkasten. Arbeiten Sie dann zu zweit. Fragen und antworten Sie.
Ü4-6

Verben mit Präpositionen

sich ärgern über (+ Akk)
sich bewerben um (+ Akk)
denken an (+ Akk)
sich informieren über (+ Akk)
sich interessieren für (+ Akk)
sprechen über (+ Akk)
warten auf (+ Akk)

arbeiten bei (+ Dat)
beginnen mit (+ Dat)
helfen bei (+ Dat)
skypen mit (+ Dat)
teilnehmen an (+ Dat)
telefonieren mit (+ Dat)
träumen von (+ Dat)

sich freuen auf (+ Akk)
Sie freut sich auf die Gäste.
(= Die Gäste sind noch nicht da.)

sich freuen über (+ Akk)
Sie freut sich über die Gäste.
(= Die Gäste sind da.)

1 Interessieren Sie sich für Musik?
2 Interessieren Sie sich für Fußball?
3 Sprechen Sie gerne über Politik?
4 Ärgern Sie sich über den Verkehr?
5 Skypen Sie oft mit Freunden?
6 Freuen Sie sich über Geschenke?
7 Freuen Sie sich über Schnee?

Interessieren Sie sich für Musik?

Ja, natürlich, ich interessiere mich für ...

Verkehr

Schnee

3b Berichten Sie über Ihren Partner / Ihre Partnerin.

4 Schreiben Sie mit den Verben Sätze über sich selbst.

Ich interessiere mich für ...   Ich spreche nicht gerne über ...

fünfundneunzig 95

B Stärken und Schwächen

1a Stärken und Schwächen erkennen. Lesen Sie die Fragen und überlegen Sie. Ergänzen Sie dann die Tabelle in Ihrem Heft.

1 Was können Sie gut und mögen es?
2 Was können Sie gut, mögen es aber nicht?
3 Was können Sie nicht, mögen es aber?
4 Was können Sie nicht und möchten es auch nicht gern machen?

	Das kann ich gut.	Das kann ich nicht so gut.
Das mag ich gerne.	Mit fremden Leuten telefonieren. Aufgaben in der Gruppe lösen.	Mehrere Dinge gleichzeitig tun.
Das mag ich nicht.	Geduldig zuhören. Streit schlichten.	Briefe schreiben. Stress aushalten.

1b Arbeiten Sie zu dritt. Vergleichen Sie Ihre Ergebnisse in der Klasse.

Kannst du …?

Ja, das kann ich gut.

Du magst … nicht so gerne?

Nein, das ist nicht meine Stärke.

Stimmt, das mag ich überhaupt nicht.

1c Lesen Sie die Sätze und ergänzen Sie. Hören Sie dann zur Kontrolle.

2.04

> kreativ • lernbereit • selbstständig • kommunikativ • handwerklich geschickt • kritikfähig • ~~unkonzentriert~~ • nervös

1 In der Schule und bei der Arbeit soll man gut aufpassen, denn wer *unkonzentriert* ist, macht auch leicht Fehler.

2 Wer gern mit anderen Menschen spricht und diskutiert, ist _____ .

3 Chefs erwarten von Auszubildenden, dass sie gern Neues ausprobieren, also _____ sind.

4 Wer gut nähen, mit Holz arbeiten oder Fahrräder reparieren kann, ist auch _____ _____ .

5 Am Tag vor einer Prüfung soll man zu Hause entspannen. Dann ist man in der Prüfung nicht so _____ .

6 In schwierigen Situationen hilft es, wenn man _____ ist und neue Ideen hat.

7 Manchmal ist es wichtig, dass man _____ Entscheidungen trifft. Man muss nicht jedes Mal andere Leute fragen.

8 Wer keine Fehler macht, kann auch nichts Neues lernen. Deshalb kann man entspannt zuhören, wenn jemand erklärt, was man besser machen kann. Dann ist man _____ .

2a Was meinen Sie? Welche Eigenschaften passen zu Ihnen? Diskutieren Sie in der Klasse.

2b Stärken und Schwächen in der Schule. Arbeiten Sie zu zweit. Schreiben Sie Stärken und Schwächen auf Karten und sortieren Sie sie.

GUT

kann sehr gut erklären

liest langsam

ist unsicher mit Powerpoint

verrechnet sich oft

hat einen großen Wortschatz

kann Textaufgaben gut lösen

findet schnell Informationen im Internet

versteht schwierige Textaufgaben nicht sofort

hat eine gute Aussprache

redet nicht gern vor anderen

macht wenig Rechtschreibfehler

ist sehr gut in Geometrie

NICHT SO GUT

3a Überlegen Sie. Wie schätzen Sie sich selbst ein? Was meint Ihr Partner/Ihre Partnerin?

> Ich glaube, mein Wortschatz ist nicht so groß, aber ich mache nur wenig Rechtschreibfehler.

> Ja, das stimmt! Du machst wenig Fehler. Aber dein Wortschatz ist viel größer als meiner.

3b Analysieren Sie Ihre Stärken und Schwächen. Benutzen Sie die Eigenschaften aus 1a, 1c und 2b. Schreiben Sie einen Text.

> Mein Deutsch ist schon ganz gut. Ich habe eine gute Aussprache und kenne viele Wörter. Leider bin ich manchmal unkonzentriert, ...

4 Lernstrategien. Lesen Sie den Text. Welche benutzen Sie? Welche sind neu für Sie? Kreuzen Sie an.

	Mache ich schon.	Mache ich noch nicht.
Lernstrategien sind Methoden und Techniken, mit denen Sie besser lernen können. Hier finden Sie Strategien für die Schule:		
• Hören Sie deutsches Radio. Sie lernen nicht nur neue Wörter, sondern hören auch die richtige Aussprache.	☐	☐
• Schreiben Sie neue Wörter auf Karteikarten. Nehmen Sie jeden Tag zehn Karten mit in den Bus und lernen Sie die Wörter auf dem Schulweg.	☐	☐
• Sprechen Sie die neuen Wörter vor dem Spiegel laut aus. Nehmen Sie sich selbst mit dem Smartphone auf und kontrollieren Sie Ihre Aussprache.	☐	☐
• Bilden Sie Lerntandems. Wählen Sie einen Partner/eine Partnerin und lernen Sie nach der Schule regelmäßig zusammen.	☐	☐
• Kommen Sie pünktlich zur Schule und machen Sie im Unterricht aktiv mit.	☐	☐

C Etwas Neues lernen

1a Lesen Sie die Anzeigen. Für welches Angebot interessieren Sie sich?

> **Schiedsrichter werden**

Du bist mindestens 14 Jahre alt, Mitglied in einem Verein und interessierst dich für Fußball? Wenn du auch noch kontaktfreudig, selbstbewusst und sportlich bist, dann werde Schiedsrichter! Die theoretische Schulung dauert zwei Wochen und findet abends statt. Nach der Ausbildung kannst du zu jedem Fußballspiel in der Bundesliga kostenlos gehen.

1. Termin: 16. 01. 2018 von 18:30 bis 20:30 Uhr
Preis: nur Materialkosten, 25,– €

> **Ausbildung zum Rettungsschwimmer oder zur Rettungsschwimmerin**

In der Ausbildung lernen Sie Techniken kennen, wie man Menschen in Not im Wasser transportieren und sicher ans Land bringen kann.

Das Deutsche Rettungsschwimmabzeichen gibt es in Bronze, Silber und Gold. Mit dem Abzeichen in Silber können Sie auch Badeaufseher/-in in einem Schwimmbad werden.

Kursbeginn: 17. 01. 2018, mittwochs 19:30 bis 20:15 Uhr, 12 x Praxis, 2 x Theorie
Preis: Bronze 40,– €, Silber 50,– €

> **Die E-Learning-Angebote der Bundesagentur für Arbeit**

E-Learning gehört heute zur Aus- und Weiterbildung. Die Bundesagentur für Arbeit hat deshalb eine LERNBÖRSE eingerichtet, in der Sie sich online weiterbilden können.

Zu den Themen gehören Bewerbungstraining, interkulturelle Kompetenzen entwickeln, Kommunikation verbessern, Office 2010 und viele andere.

Informationen über die Online-Trainings finden Sie auf unserer Website.

> **Selbstsicherheitstraining für junge Menschen**

Sie haben Angst, wenn Sie vor anderen Menschen sprechen oder etwas präsentieren sollen?

Keine Angst! Jeder kann lernen, wie man selbstsicher und überzeugend vor anderen Menschen auftreten kann. In kleinen Gruppen denken Sie über Ihre Stärken und Schwächen nach und lernen etwas über Körpersprache und Stimme. So bekommen Sie mehr Selbstbewusstsein.

Termine: 06./13./20./27. 02. und 06. 03. 2018, 17:30 bis 19:00 Uhr • Preis: 45,– €
Information und Anmeldung: 0123/4567890

1b Hören Sie. Was lernt Polina? Wo lernt sie? Was gefällt ihr besonders gut?

1c Arbeiten Sie zu zweit. Lesen Sie die Anzeigen. Fragen und antworten Sie.

Wann beginnt ...? *Wie viel kostet ...?* *Was macht man in dem Kurs?*

1d Suchen Sie für jede Person einen passenden Kurs.

1. Yasin will sich um einen Ausbildungsplatz bewerben. Er weiß aber nicht, wie man das Anschreiben formuliert.
2. Hafida ist ziemlich schüchtern. Sie will sich mehr trauen.
3. Saba kann gut schwimmen. Sie möchte gern Menschen helfen, wenn sie im Wasser in Not geraten.
4. Mojo spielt nicht gut Fußball. Er möchte sich aber mit dem Sport in seiner Freizeit beschäftigen.

2 Was meinen Sie? Was sind die Ziele der Personen? Schreiben Sie Sätze und markieren Sie *damit* und das konjugierte Verb wie im Beispiel.

> … damit er kostenlos Bundesligaspiele besuchen kann. • … damit sie selbstsicher vor anderen Menschen auftreten kann. • … damit sie Menschen in Not retten kann. • … ~~damit er bessere Chancen auf dem Ausbildungsmarkt hat.~~ • … damit er auf Fragen im Vorstellungsgespräch gut vorbereitet ist.

1 Yasin möchte ein Online-Bewerbungstraining machen, …
2 Hafida möchte ein Selbstsicherheitstraining machen, …
3 Saba möchte eine Ausbildung zur Rettungsschwimmerin machen, …
4 Mojo möchte Schiedsrichter werden, …

1. Yasin möchte ein Online-Bewerbungstraining machen, damit er bessere Chancen auf dem Ausbildungsmarkt hat.

Nebensätze mit *damit*

Wozu? – Was ist sein Ziel?

Er macht ein Online-Bewerbungstraining. → Er hat bessere Chancen auf dem Ausbildungsmarkt.
Er macht ein Online-Bewerbungstraining, **damit** er bessere Chancen auf dem Ausbildungsmarkt **hat**.

---

3 Wozu machen Sie das? Wozu brauchen Sie das? Fragen und antworten Sie in der Klasse.

> Leute kennenlernen und Bewegung haben • bessere Berufschancen haben • mit dem Computer arbeiten können • als Lkw-Fahrer arbeiten können • nicht verschlafen • neue Kochideen bekommen • immer erreichbar sein •

Wozu macht man einen Kochkurs?   Wozu macht man einen Tanzkurs?
Wozu macht man einen Computerkurs?   Wozu braucht man einen Wecker?
Wozu macht man den Lkw-Führerschein?   Wozu hat man immer ein Handy dabei?

4 Schreiben Sie auf einen Zettel: Welchen Kurs möchten Sie gerne machen? Wozu? Mischen und verteilen Sie die Zettel und erzählen Sie. Die anderen raten die Person.

8 D Sich für einen Kurs anmelden

1 Lesen Sie die Internetseite und beantworten Sie die Fragen.

1 Welche Kurse kann man in dem Erste-Hilfe-Zentrum machen?
2 Wann ist das Büro geöffnet?
3 Wann kann man anfangen?

Erste-Hilfe – unsere Kursangebote

Der klassische Kurs für Führerscheinbewerber: Lebensrettende Sofortmaßnahmen

(4 Doppelstunden)
Der Kurs ist Voraussetzung für den Führerschein der Klassen A, A1, B, BE, L, M, S und T.

Weitere Informationen finden Sie hier.

Erste-Hilfe-Kurs

(8 Doppelstunden)
Der Kurs ist für Ersthelfer in Betrieben. Er ist Voraussetzung für z. B. den Lkw-Führerschein und den Personenbeförderungsschein.

Weitere Informationen finden Sie hier.

Kurse für Kindernotfälle

(2 Doppelstunden)
Zielgruppen sind u. a. interessierte Eltern und Babysitter.

Weitere Informationen finden Sie hier.

Einstieg jederzeit möglich.

Zu unserem kompletten Kursangebot **Online-Anmeldung**

Kontakt:
Erste-Hilfe-Zentrum Unterrode
Tel. 07772 - 98 76 47

Öffnungszeiten:
Montag – Freitag
9.00–18.00 Uhr

2a (2.06) Telefonisch Informationen bekommen. Hören Sie das Telefongespräch. Wann möchte Frau Tavakoli mit dem Kurs anfangen?

2b Hören Sie noch einmal und korrigieren Sie die Sätze.

1 Frau Tavakoli braucht einen Kurs mit acht Doppelstunden.
2 Sie hat schon viel Fahrpraxis.
3 Sie kann sich für den Kurs nur im Internet anmelden.

2c Ü13–16 Schreiben und spielen Sie Dialoge zu den Erste-Hilfe-Kursen und zu den Kursangeboten auf Seite 98.

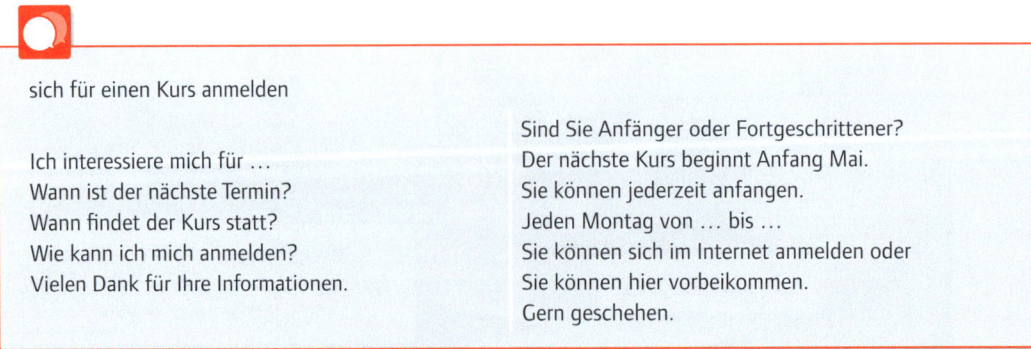

sich für einen Kurs anmelden

Ich interessiere mich für …
Wann ist der nächste Termin?
Wann findet der Kurs statt?
Wie kann ich mich anmelden?
Vielen Dank für Ihre Informationen.

Sind Sie Anfänger oder Fortgeschrittener?
Der nächste Kurs beginnt Anfang Mai.
Sie können jederzeit anfangen.
Jeden Montag von … bis …
Sie können sich im Internet anmelden oder Sie können hier vorbeikommen.
Gern geschehen.

3 Frau Sagne und Herr Arekhi erzählen. Lesen Sie und beantworten Sie die Fragen.

Schon als Kind habe ich in meinem Dorf im Senegal oft mit den anderen zusammen gesungen und getanzt. Dort haben die Männer den Rhythmus getrommelt, aber mein Vater hat es mir auch beigebracht. Seit ein paar Jahren biete ich Trommelkurse für Frauen und Mädchen an unserer VHS an. Ich unterrichte einmal pro Woche. Manchmal singen wir auch afrikanische Lieder dazu. Das macht allen Spaß und ich verdiene ein bisschen Geld.

Leonie Sagne

Ich komme aus dem Iran. Dort habe ich im Lokal meiner Eltern kochen gelernt. In Deutschland habe ich oft für unsere Straßenfeste gekocht. Da hat mich eine Frau von der Familienbildungsstätte gefragt, ob ich Kochkurse anbieten möchte. Das mache ich nun schon seit zehn Jahren. Die Kochkurse kommen sehr gut an. Ich kann sie fast an jedem Samstag anbieten. Leider kann ich nicht mehr Kurse in dem Küchenstudio machen, weil pro Kurs nur Platz für acht Personen ist und an den normalen Wochentagen keine Kurse möglich sind.

Djamal Arekhi

1 Was hat Frau Sagne als Kind oft gemacht?
2 Bei wem hat sie trommeln gelernt?
3 Für wen gibt sie heute Kurse?
4 Was machen die Kursteilnehmer in ihren Kursen?
5 Wo hat Herr Arekhi früher gearbeitet?
6 Wo hat er regelmäßig gekocht?
7 Wie lange bietet er schon Kochkurse an?
8 Warum kann er nicht mehr Kurse anbieten?

4 Projekt: Angebote für das Schwarze Brett

Haben Sie ein Hobby, besondere Kenntnisse oder Fähigkeiten? Schreiben Sie ein Angebot für einen Kurs und machen Sie ein Plakat.

Fußball • schwimmen • backen • Hip-Hop • kochen • Computerspiele • Power-Point • nähen • Handball • Fotografie • Fahrräder reparieren • Webdesign • schminken • Breakdance

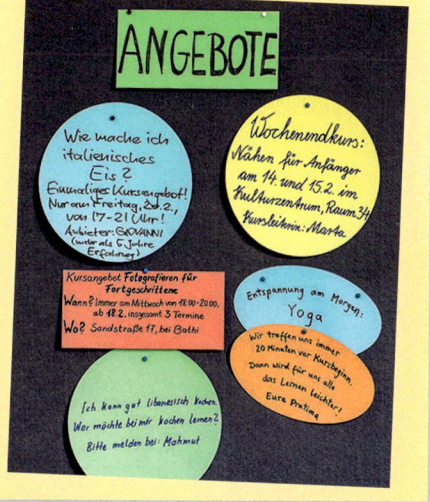

8 Sprechen aktiv

Wörter sprechen

1 Arbeiten Sie zu zweit. Die Sätze für Partner/-in B finden Sie auf Seite 180. Ergänzen Sie zuerst „Ihre" Präpositionen und fragen Sie sich dann gegenseitig ab.

Partner/-in A

1. Ich interessiere mich … Musik.
2. Er wartet … die Straßenbahn.
3. Wir nehmen … dem Ausflug teil.
4. Es ist Mai. Die Schülerinnen und Schüler freuen sich … die Ferien.
5. Es ist August. Die Schülerinnen und Schüler freuen sich … die Ferien.
6. Er träumt … einer Reise.
7. Sie sprechen … die Schule.
8. Ärgert ihr euch auch … den Lärm?

Ich interessiere mich ✋ Musik.

Ich interessiere mich für Musik.

Richtig.

Grammatik sprechen

2 Arbeiten Sie zu zweit. A liest einen Satz, B schaut nicht ins Buch und wiederholt den Satz wie im Beispiel.

1. Ich kaufe ein, damit ich am Wochenende kochen kann.
2. Ich habe ein Fahrrad gekauft, damit ich besser zur Schule komme.
3. Ich mache Sport, damit ich gesund bleibe.
4. Ich besuche einen Erste-Hilfe-Kurs, damit ich den Führerschein machen kann.
5. Ich schaue die Nachrichten, damit ich informiert bin.
6. Ich gehe früh aus dem Haus, damit ich pünktlich in der Schule bin.

Ich kaufe ein, damit ich am Wochenende kochen kann.

Aha, du kaufst also ein, damit du am Wochenende kochen kannst.

3a Wozu machen die Leute das? Ordnen Sie zu und schreiben Sie die Antworten.

> Sie hat ein schönes Geschenk für ihre Schwester. • Sie bleibt fit. •
> Er arbeitet schneller. • Sie kann Power-Point-Präsentationen machen. •
> Er kann im Internet recherchieren. • Sie ist immer gut informiert.

1. Wozu fährt Katerina Fahrrad?
2. Wozu braucht Elias einen Computer?
3. Wozu macht Yasmin einen Online-Kurs?
4. Wozu hört Aline morgens Radio?
5. Wozu kauft Samira ein T-Shirt?

Katerina fährt Fahrrad, damit sie …

3 b Arbeiten Sie zu zweit. Fragen und antworten Sie. Lesen Sie die Antworten nicht.

Wozu fährt Katerina Fahrrad?

Sie fährt Fahrrad, damit sie …

Flüssig sprechen

4 Hören Sie zu und sprechen Sie nach.

Arbeitstechniken und Methoden

Selektives Lesen

Selektiv lesen heißt: Sie lesen nicht den ganzen Text, sondern Sie suchen nur bestimmte Informationen und Schlüsselbegriffe. Deshalb müssen Sie zuerst die Fragen beantworten: „Was will ich wissen?" und „Welche Informationen benötige ich?" Wenn Sie zum Beispiel einen Kurs besuchen wollen und erst ab 19.00 Uhr Zeit haben, suchen Sie im Kursprogramm zuerst die Uhrzeiten. Wenn Sie einen Sport-Kurs suchen, lesen Sie die Überschriften und markieren die Sport-Themen. Bei den Anzeigen auf S. 98 sind zum Beispiel *Schiedsrichter* und *Rettungsschwimmen* die Schlüsselbegriffe für einen Sport-Kurs. Selektives Lesen hilft Ihnen, wichtige Informationen in einem Text schnell zu finden.

Selektives Lesen ist z. B. auch wichtig, wenn man im Internet Informationen sucht. Man überfliegt zuerst die Suchergebnisse in Google oder Bing und sucht nach Schlüsselbegriffen oder Daten. Wenn man dann einen Text gefunden hat, kann man ihn schnell überfliegen und gezielt nach bestimmten Informationen suchen.

1 Sie suchen einen Ausbildungsplatz. Überfliegen Sie die Anzeigen und notieren Sie Informationen zu den Fragen.

1 Welchen Schulabschluss brauche ich?
2 Wie lange dauert die Ausbildung?
3 Wann beginnt sie?

Tischler / Schreiner (m/w)

Sie arbeiten in unserer Lehrwerkstatt und lernen, wie man Möbel, Türen und Fenster baut, Parkett verlegt und noch viel mehr.

Sie arbeiten genau, interessieren sich für Technik und lieben Holz? Dann sind Sie bei uns richtig.

Voraussetzung: Guter Hauptschulabschluss

Ausbildungsbeginn: 1. Oktober
Ausbildungsdauer: 3 Jahre

Vergütung
1. Lehrjahr: 650,- €
2. Lehrjahr: 740,- €
3. Lehrjahr: 850,- €

Gesundheits- und Krankenpfleger (w/m)

Die Ausbildung hat einen theoretischen und einen praktischen Teil. Die Theorie lernen Sie an der Gesundheitsakademie, die Praxis im Krankenhaus.

Wir erwarten

- einen Realschulabschluss (oder höher)
- eine positive Lebenseinstellung
- Verständnis für Menschen in schwierigen Situationen
- Verantwortungsbewusstsein, Teamfähigkeit

Die Ausbildung beginnt am 1. September und dauert drei Jahre.

Vergütung
1. Lehrjahr: 950,- €
2. Lehrjahr: 1.050,- €
3. Lehrjahr: 1.130,- €

einhundertdrei

8 Gewusst wie

Kommunikation

über die eigenen Ziele sprechen

Ich möchte einen Computerkurs machen, damit ich bessere Berufschancen habe.
Ich möchte eine Weiterbildung in neuen Softwareprogrammen machen, damit ich einen guten Ausbildungsplatz bekomme.
Ich möchte Schiedsrichter werden, weil mir Fußball gut gefällt.
Ich kann gut Hip-Hop und möchte einen Kurs anbieten.
Ich will lernen, wie man gut kocht.

sich über Weiterbildungsmaßnahmen informieren

Ich möchte mich weiterbilden. Wer kann mich über Möglichkeiten informieren?
Wo kann ich mehr Informationen über Ihre Kurse bekommen?
Von wem kann ich eine Förderung für den Kurs bekommen?
Wie lange muss man auf den Kursbeginn warten?

sich für einen Kurs anmelden

Guten Tag, ich interessiere mich für den Computerkurs.
Wann findet der Kurs statt?
Wie lange dauert der Kurs?
Wie viele Termine hat der Kurs?
Wie hoch ist die Kursgebühr?
Wie viel kostet der Kurs?
Wo kann ich mich für den Kurs anmelden?
Vielen Dank für die Informationen.

Grammatik

Verben mit Präpositionen

Verben mit Präposition + Akkusativ	Verben mit Präposition + Dativ
sich ärgern über (+ Akk)	skypen mit (+ Dat)
sich bewerben um (+ Akk)	teilnehmen an (+ Dat)
denken an (+ Akk)	telefonieren mit (+ Dat)
sich informieren über (+ Akk)	träumen von (+ Dat)
sich interessieren für (+ Akk)	
sprechen über (+ Akk)	
warten auf (+ Akk)	

sich freuen auf (+ Akk)

Sie freut sich auf die Gäste.
(= Sie sind noch nicht da.)

sich freuen über (+ Akk)

Sie freut sich über die Gäste.
(= Sie sind schon da.)

Sie finden eine Liste mit allen Verben mit Präpositionen aus Pluspunkt Deutsch A2 auf Seite 236.

Nebensätze mit *damit*

Wozu machen sie den Kurs? – Was ist ihr Ziel?

Sie macht einen Heimwerkerkurs,	damit	sie Handwerkerkosten	spart.
Er macht einen Computerkurs,	damit	er bessere Chancen auf dem Arbeitsmarkt	hat.

Gesund leben

1a Welche Wörter passen zu welchem Foto?
Ordnen Sie zu und beschreiben Sie das Foto.

> Sorgen haben • sich entspannen •
> sich bewegen • an der frischen Luft sein • fit sein •
> gemütlich zusammensitzen • spazieren gehen •
> sich gesund ernähren • lachen • Stress haben •
> abnehmen • zunehmen • schlank/dick sein •
> schlechte Luft • (die Muskeln) trainieren

Auf Foto 3 sind zwei Männer im Fitnesscenter. Ein Mann trainiert und ein anderer hilft ihm.

Sie lernen

- über ein gesundes Leben sprechen
- über Arztbesuche sprechen
- ein Gespräch mit einem Arzt führen
- Gespräche in der Apotheke führen
- über den Erste-Hilfe-Kasten sprechen
- über Gesundheitstipps sprechen
- Empfehlungen mit *sollte* + Infinitiv

 1b Welche Fotos passen zu Faraj und Mojo? Hören Sie und berichten Sie.

1c Was tun Sie für Ihre Gesundheit? Was ist wichtig für Sie?

über ein gesundes Leben sprechen

Für mich ist wichtig, dass …
Wenn ich Stress habe, …
Ich möchte gerne mehr Sport machen, aber …

Ich finde nicht so wichtig, dass …
Zur Entspannung gehe ich gerne joggen.
Ich wohne gerne auf dem Land / in der Stadt, weil …

einhundertfünf 105

9 A In der Arztpraxis

1a Sehen Sie die Fotos an. Welcher Arzt macht das? Sprechen Sie in der Klasse.
Ü3-5

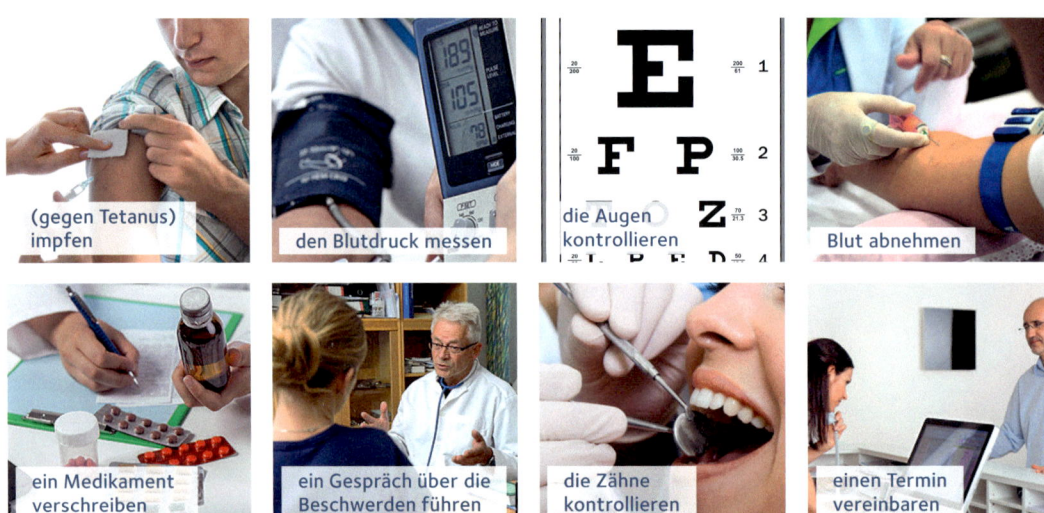

(gegen Tetanus) impfen — den Blutdruck messen — die Augen kontrollieren — Blut abnehmen

ein Medikament verschreiben — ein Gespräch über die Beschwerden führen — die Zähne kontrollieren — einen Termin vereinbaren

1b Hören Sie die drei Dialoge. Bei welchem Arzt sind die Personen? Was macht der Arzt / die Ärztin, der Arzthelfer / die Arzthelferin?
2.09

> Dialog 1 ist vielleicht bei einem Hausarzt. Die Arzthelferin ...

2a Beim Gesundheits-Check. Hören Sie den Dialog und kreuzen Sie die Checkliste an.
2.10 Ü6-7

💬 Guten Tag, Herr Gholami. Nehmen Sie doch bitte Platz.
🗨 Guten Tag, Herr Doktor Westhoff. Danke.
💬 Sie kommen zur Erstuntersuchung für das Jugendarbeitsschutzgesetz. Sie wollen eine Ausbildung zum Bodenleger anfangen?
🗨 Ja, im September will ich mit der Ausbildung beginnen.
💬 In Ordnung. Haben Sie gesundheitliche Probleme?
🗨 Nein, ich fühle mich ganz gesund.
💬 Das ist gut. Ich muss Sie jetzt einmal abhören. Bitte machen Sie den Oberkörper frei. ... Ja, es ist alles in Ordnung. Mit dem Rücken und den Knien haben Sie keine Probleme? Machen Sie Sport?
🗨 Ja, ich gehe ins Fitnesscenter. Ich fühle mich ganz fit. Wie ist das Ergebnis der Laboruntersuchung?
💬 Einen Moment ... der Urin ist in Ordnung, der Blutdruck, die Blutwerte und die Cholesterinwerte auch. Hm, die Leberwerte sind zu hoch. Das müssen wir einmal untersuchen lassen. Ich gebe Ihnen eine Überweisung zum Facharzt.
🗨 Danke.

CHECKLISTE

☐ Herr Gholami ist krank.
☐ Er hat Probleme mit dem Rücken.
☐ Er macht regelmäßig Sport.
☐ Die Urin-Untersuchung ist in Ordnung.
☐ Sein Blutdruck ist in Ordnung.
☐ Seine Blutwerte sind gut.
☐ Seine Leberwerte sind in Ordnung.

2b Lesen Sie den Text und kreuzen Sie an: richtig oder falsch.

Vorsorgeuntersuchungen

Die Krankenkassen zahlen regelmäßige Vorsorgeuntersuchungen, einmal pro Jahr die Kontrolle beim Zahnarzt und ab dem Alter von 35 Jahren eine Gesundheitsuntersuchung zur Früherkennung von Krankheiten (Gesundheits-Check). Außerdem gibt es Vorsorgeuntersuchungen für spezielle Krankheiten und auch für einige Berufe. Zum Beispiel gibt es für Personen, die in der Produktion oder im Straßenbau arbeiten, eine Vorsorgeuntersuchung für das Gehör. Denn in ihrem Beruf ist es sehr laut. Für Menschen, die in einem Labor oder in einem medizinischen Beruf arbeiten, gibt es Vorsorgeuntersuchungen für Infektionskrankheiten.

	R	F
1 Man muss die Vorsorgeuntersuchungen selbst bezahlen.	☐	☐
2 Die Krankenkasse zahlt einmal jährlich eine Zahnkontrolle.	☐	☐
3 Es gibt auch Vorsorgeuntersuchungen für Babys und kleine Kinder.	☐	☐

2c Welche Vorsorgeuntersuchungen kennen Sie? Welche Vorsorgeuntersuchungen gibt es in Ihrem Heimatland? Vergleichen Sie.

2d Wie oft … ? Schreiben Sie Fragen wie im Beispiel.

> eine Vorsorgeuntersuchung machen • die Zähne kontrollieren •
> die Zähne reinigen • die Augen kontrollieren • die Ohren untersuchen •
> gegen Tetanus impfen

Wie oft lassen Sie eine Vorsorgeuntersuchung machen?

Wie oft lassen Sie sich …

2e Sprechen Sie mit Ihrem Partner / Ihrer Partnerin. Fragen und antworten Sie.

Wie oft lässt du eine Vorsorgeuntersuchung beim Zahnarzt machen?

Ich lasse jedes Jahr eine Vorsorgeuntersuchung beim Zahnarzt machen. Die nächste ist in zwei Wochen. Und du?

3a Beim Arzt. Hören Sie. Was macht und sagt der Arzt?

3b Hören Sie noch einmal und korrigieren Sie die Sätze.

1 Frau Mohammadi geht es gut.
2 Der Arzt untersucht Frau Mohammadi.
3 Frau Mohammadi bekommt Medikamente gegen Halsschmerzen.
4 Der Arzt möchte, dass Frau Mohammadi eine Therapie in der Gruppe macht.

B Medikamente

1a Hören Sie vier Dialoge. Zu welchem Dialog passt das Foto? Ordnen Sie zu.

1b Hören Sie noch einmal und kreuzen Sie an: Was ist richtig?

1 Die Jugendliche muss
   A ☐ für das Rezept bezahlen.
   B ☐ für das Rezept nichts bezahlen.
   C ☐ das Medikament morgen abholen.

2 Der Mann kann das Medikament
   A ☐ in der Apotheke bestellen.
   B ☐ sofort mitnehmen.
   C ☐ beim Arzt bekommen.

3 Die Frau
   A ☐ kann das Medikament sofort mitnehmen.
   B ☐ muss erst zum Arzt gehen.
   C ☐ kann das Medikament heute Nachmittag abholen.

4 Die Tabletten haben
   A ☐ keine Nebenwirkungen.
   B ☐ meistens Kopf- und Magenschmerzen als Nebenwirkungen.
   C ☐ selten Kopfschmerzen als Nebenwirkungen.

In der Apotheke

1c Lesen Sie den vierten Dialog und ergänzen Sie. Lesen Sie dann den Dialog zu zweit.

> Welche Nebenwirkungen • Wie oft • Haben Sie • wie viel

💬 Guten Tag, ich habe hier ein Rezept. .... dieses Medikament?
💬 Ja, das haben wir. Hier, bitte schön.
💬 .... muss ich die Tabletten einnehmen?
💬 Moment, ich lese den Beipackzettel. Sie müssen die Tabletten dreimal täglich nehmen. Wenn Sie einen empfindlichen Magen haben, empfehle ich Ihnen, dass Sie die Tabletten nach dem Essen einnehmen.
💬 Wieso? .... haben die Tabletten denn?
💬 Meistens keine, aber es kann schon mal zu Magenschmerzen kommen. Selten haben die Patienten auch Kopfschmerzen. Aber die meisten Patienten haben keine Probleme.
💬 Gut, ... kostet das?
💬 Fünf Euro bitte.

❗ Rezeptgebühr
Für die Rezepte muss man in der Apotheke zwischen fünf und zehn Euro zahlen. Rezepte für Personen unter 18 Jahren sind gebührenfrei.

2 Schreiben Sie Fragen und spielen Sie Dialoge in der Apotheke.

Wie oft …?   Wie lange …?   Welche Nebenwirkungen …?
Was kostet/kosten …? Wann …?

108   einhundertacht

3a Der Erste-Hilfe-Kasten im Betrieb. Lesen Sie den Text und beantworten Sie die Fragen.

1 Was sollte in einem betrieblichen Erste-Hilfe-Kasten sein?
2 Was sollte man einmal pro Jahr tun?
3 Wohin sollte man alte Medikamente bringen?

> **>>> Tipps für den betrieblichen Erste-Hilfe-Kasten**
>
> Jeder Betrieb sollte einen Erste-Hilfe-Kasten haben. Im Erste-Hilfe-Kasten sollten die wichtigsten Verbandsmaterialien und Medikamente sein. Der Erste-Hilfe-Kasten sollte in einem trockenen Raum sein, damit die Medikamente und Verbandsmaterialien lange haltbar bleiben.
> Einmal pro Jahr sollte man den Erste-Hilfe-Kasten kontrollieren und dann alte Medikamente zur Apotheke zurückbringen oder im Hausmüll entsorgen. Die Medikamente dürfen Sie nicht ins Waschbecken oder in die Toilette werfen. Das Verbandsmaterial sollte immer aufgefüllt sein.

3b Empfehlungen für einen Erste-Hilfe-Kasten. Lesen Sie den Text noch einmal und ergänzen Sie den Grammatikkasten.

Ratschläge und Empfehlungen geben

Im Erste-Hilfe-Kasten **sollten** Pflaster **sein**.

ich	sollte
du	solltest
er/es/sie/man	
wir	sollten
ihr	solltet
sie/Sie	

4 Geben Sie Ratschläge.

Kopfschmerzen • Bauchschmerzen • Rückenschmerzen • müde • oft erkältet • …

Ich habe so oft Kopfschmerzen. Was kann ich tun?

Wenn Sie Kopfschmerzen haben, sollten Sie …

5 Arbeiten Sie zu dritt. Diskutieren Sie: Was ist wichtig, was ist nicht so wichtig in einem Erste-Hilfe-Kasten?

 der Verband
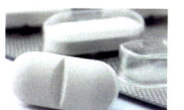 die Schmerztablette
 das Desinfektionsmittel
 das Medikament gegen Durchfall
 die Schere
 die Salbe gegen Mückenstiche
 die Brandsalbe
 die Mullbinde
 die Spritze
die Pinzette
 das Fieberthermometer
 das Pflaster

In einem Erste-Hilfe-Kasten sollte unbedingt … sein.

Ja, das ist wichtig, aber ich finde … noch wichtiger, weil …

9 C Ernährung und Gesundheit

1 a Ernährung. Arbeiten Sie zu viert. Wählen Sie eine Gruppe von Lebensmitteln aus und sammeln Sie Nahrungsmittel für diese Gruppe auf einem Plakat.
Ü13

Milchprodukte und Eier   Fleisch und Fisch   Obst   Gemüse   Getreideprodukte und Kartoffeln   Süßigkeiten   Getränke

1 b „Wandernde Plakate". Geben Sie dann Ihr Plakat an die nächste Gruppe weiter. Jede Gruppe ergänzt das Plakat und gibt es weiter, so lange, bis alle Gruppen alle Plakate gelesen und ergänzt haben.

1 c Welche Nahrungsmittel sollte man täglich, oft, selten, nie essen? Vergleichen Sie.

2 a Vegetarisch essen. Lesen Sie den Magazintext und beantworten Sie die Fragen.
Ü14

1 Was essen Vegetarier?
2 Was essen Veganer nicht?
3 Warum essen viele Menschen vegetarisch?

Vegetarisch und vegan essen

Immer mehr Menschen in Deutschland essen vegetarisch. Sie essen kein Fleisch, viele auch keinen Fisch. Die meisten Firmen- und Schulkantinen, die Mensen und viele Restaurants haben sich darauf eingestellt und bieten jeden Tag mindestens ein vegetarisches Essen an. Beim vegetarischen Essen gibt es Gemüse, Getreideprodukte, Kartoffeln, Milchprodukte und als Fleischersatz häufig Tofu. Einige Menschen essen sogar vegan.

Bei der veganen Ernährung verzichten die Leute auch auf Milchprodukte und Eier. Sie vermeiden alle tierischen Nahrungsmittel. Warum machen sie das? Viele essen kein Fleisch, weil es ihnen nicht schmeckt, andere essen kein Fleisch, weil sie es nicht gesund finden, und eine dritte Gruppe isst kein Fleisch, weil sie die Tierhaltung ablehnen und Tiere nicht töten möchten.

2 b Essen Sie selbst vegan oder kennen Sie Veganer? Was essen Veganer gerne? Erzählen Sie.

3 a Ratschläge. Hören Sie und lesen Sie.

- Sie sollten regelmäßig joggen gehen und für einen Marathon trainieren.
- Muskeltraining im Fitnesscenter ist gut für die Gesundheit.
- Gehen Sie nicht zu oft ins Fitnesscenter.
- Fett ist wichtig für den Körper.
- Sie sollten viel Obst und Gemüse essen, damit der Körper genug Vitamine bekommt.
- Sie sollten fettarm essen, damit Sie nicht dick werden.
- Sie sollten zum Frühstück viel essen, mittags weniger und abends noch weniger.
- Vermeiden Sie jeden Stress, denn Stress schadet der Gesundheit.
- Leben Sie lieber auf dem Land, da gibt es keine schlechte Luft.
- Man sollte jeden Tag eine Tasse Kaffee trinken.
- Kaffee ist nicht gut für die Gesundheit.
- Das Leben in einer Großstadt ist interessant und gut für das Wohlbefinden.
- Ein bisschen Stress macht aktiv.

3 b Wählen Sie den Ratschlag aus, den Sie am besten finden, und schreiben Sie ihn auf einen Zettel. Sprechen Sie dann mit allen in der Klasse wie im Beispiel und finden Sie einen Partner / eine Partnerin, der/die so denkt wie Sie.

Ich denke, dass man jeden Tag eine Tasse Kaffee trinken sollte. Und du?

Nein, das denke ich nicht. Ich finde wichtiger, dass man regelmäßig ins Fitnesscenter geht.

3 c Erklären Sie mit Ihrem Partner / Ihrer Partnerin zusammen, warum Ihr Ratschlag wichtig ist. Vergleichen Sie.

9 Sprechen aktiv

Wörter sprechen

1 Ordnen Sie die Wörter zu. Hören Sie dann, sprechen Sie nach und markieren Sie den Wortakzent.
▶ 2.14

> die Spritze • das Pflaster • der Verband • das Fieberthermometer •
> die Mullbinde • die Salbe • der Beipackzettel • die Rezeptgebühr

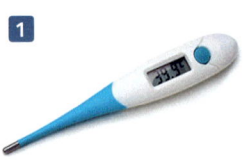
1

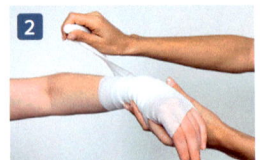
2

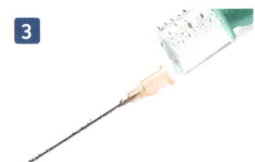
3

4

5

6

7

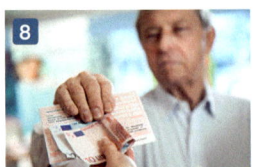
8

2a Ordnen Sie zu und schreiben Sie Sätze.

	ein Medikament	verzichten.
	die Augen	ernähren.
	Fieber	einnehmen.
Ich muss	mich gesund	abnehmen lassen.
Ich möchte	Stress	vermeiden.
	für einen Marathon	kontrollieren lassen.
	schlank	messen.
	auf Fleisch	trainieren.
	Blut	werden.

2b Sprechen Sie zu zweit. A beginnt den Satz, B spricht den Satz zu Ende.

> *Ich muss ein Medikament ...*   *... einnehmen.*

Grammatik sprechen

3a Schreiben Sie Ratschläge mit *sollte*.

Was kann ich machen, wenn ich Fieber habe?
Was kann ich machen, wenn ich Kopfschmerzen habe?
Was kann ich machen, wenn ich abnehmen möchte?
Was kann ich machen, wenn ich nicht gut schlafen kann?
Was kann ich machen, wenn ich Probleme mit dem Rücken habe?

3 b Arbeiten Sie zu zweit. Fragen und antworten Sie.

> Kannst du mir helfen? Was kann ich machen, wenn ich Kopfschmerzen habe?

> Ah, da habe ich einen guten Tipp. Wenn du Kopfschmerzen hast, solltest du ...

Flüssig sprechen

4 Hören Sie zu und sprechen Sie nach.

Arbeitstechniken und Methoden

Das Rollenspiel mit Beobachtungsbogen

Rollenspiele im Sprachenunterricht helfen, das Sprechen für bestimmte Situationen im Alltag zu üben. Die anderen beobachten den Dialog und geben ein Feedback.

Situation beim Arzt: Isatu Munganga fühlt sich heute Morgen nicht wohl. Sie geht zum Arzt.

- 💬 Hallo Frau Munganga, Sie haben Gliederschmerzen und die Nase läuft. Haben Sie sonst noch Beschwerden?
- 💬 Ja, ich habe auch Halsschmerzen.
- 💬 Okay, dann möchte ich Ihnen in den Mund schauen. Sagen Sie mal „Aa". Gut so, vielen Dank. Das sieht leider nicht gut aus. Sie haben wahrscheinlich eine Mandelentzündung. Tut Ihnen sonst noch etwas weh?
- 💬 Ja, ich habe auch Kopfschmerzen.
- 💬 In Ordnung, dann werde ich noch Fieber messen. 38,7 Grad, das ist leichtes Fieber. Sie bekommen ein Medikament und müssen eine Woche zu Hause bleiben.
- 💬 Okay, vielen Dank. Können Sie mir bitte ein Attest für die Schule geben?
- 💬 Selbstverständlich, hier bitte! Gute Besserung und auf Wiedersehen.

1 a Üben Sie den Dialog zu zweit und präsentieren Sie ihn vor der Klasse.

1 b Die anderen notieren ihre Beobachtungen in einem Beobachtungsbogen. Übertragen Sie den Beobachtungsbogen in Ihr Heft und passen Sie ihn an die Situation an.

Beobachtungen	Spieler 1	Spieler 2
1. Aussprache		
2. Betonung		
3. richtige Wortwahl		
4. Grammatik		
...		

1 c Die Klasse gibt den Spielern ein Feedback.

2 Gehen Sie vor wie in Aufgabe 1 und verändern Sie den Dialog, z. B. Bauchweh, ...

9 Gewusst wie

Kommunikation

über ein gesundes Leben und gesunde Ernährung sprechen

Was tun Sie für Ihre Gesundheit?
Für mich ist wichtig, dass ich mich gesund ernähre.
Wenn ich Stress habe, brauche ich regelmäßig Sport zur Entspannung.
Ich möchte gerne mehr Sport machen, aber ich habe wenig Zeit.

über Arztbesuche sprechen

Vor dem Arztbesuch muss man einen Termin vereinbaren.
Mit dem Arzt oder der Ärztin führt man ein Gespräch über die Beschwerden.
Der Augenarzt oder die Arzthelferin kontrolliert die Augen.
Der Arzt oder die Ärztin schreibt ein Rezept für Medikamente.

ein Gespräch beim Arzt führen

💬 Haben Sie gesundheitliche Probleme?
💬 Ich fühle mich gesund. Wie ist das Ergebnis der Laboruntersuchung?
💬 Die Blutwerte sind in Ordnung. Aber der Leberwert ist zu hoch. Das müssen wir einmal untersuchen lassen. Ich gebe Ihnen eine Überweisung zum Facharzt.

Gespräche in der Apotheke führen

Wie oft muss ich das Medikament einnehmen?
Welche Nebenwirkungen hat das Medikament?
Muss ich für das Medikament etwas bezahlen?

über den Erste-Hilfe-Kasten sprechen

In einem Erste-Hilfe-Kasten sollte unbedingt ein Desinfektionsmittel sein.
Verbände und Pflaster sind sehr wichtig.
Ich finde ein Schmerzmittel wichtig, weil ich oft Kopfschmerzen habe.

über Gesundheitstipps sprechen

Ich finde es wichtig, dass man regelmäßig Sport macht.
Sport ist nicht immer gesund.
Sie sollten viel Obst und Gemüse essen, damit der Körper genug Vitamine bekommt.
Kaffee ist nicht ungesund, aber man sollte nicht zu viel Kaffee trinken.

Grammatik

Empfehlungen mit *sollte* + Infinitiv

ich	sollte
du	solltest
er/es/sie/man	sollte
wir	sollten
ihr	solltet
sie/Sie	sollten

In einem Erste-Hilfe-Kasten	sollte	eine Schere	sein.
Du	solltest	regelmäßig joggen	gehen.
Man	sollte	jeden Tag eine Tasse Kaffee	trinken.

Ausbildungsplatzsuche

durch eine Anzeige

durch Freunde und Bekannte

Lebenslauf | Jobs | Karriere-Ratgeber

DIE JOBSUCHE Stichwort   Ort

durch das Internet

durch eine Initiativbewerbung

durch ein Praktikum

Sie lernen

- über die Suche von Ausbildungsplätzen sprechen und Stellenanzeigen verstehen
- über Eigenschaften im Beruf sprechen
- sich am Telefon über eine Stelle informieren
- ein Bewerbungsgespräch führen
- einen Lebenslauf schreiben
- einen Ausbildungsvertrag verstehen
- Wünsche mit *würde gern(e)* + Infinitiv
- indirekte Fragen mit *ob*

1a Wie kann man einen Ausbildungsplatz finden? Sehen Sie die Fotos an. Fragen und antworten Sie.

> Man kann durch eine Anzeige in der Zeitung einen Ausbildungsplatz finden.

> Wie kann man einen Ausbildungsplatz finden?

> Man kann durch den Besuch einer Ausbildungsmesse einen Ausbildungsplatz finden.

1b Wie haben Frau Nachite, Herr Al Haj und Frau Marković einen Ausbildungsplatz gefunden? Hören Sie und ergänzen Sie.

Frau Nachite:
Herr Al Haj:
Frau Marković:

> Frau Nachite hat durch ...

2 Haben Ihre Freunde oder Bekannte schon einen Ausbildungsplatz gefunden? Wie haben sie ihn gefunden? Erzählen Sie in der Klasse.

einhundertfünfzehn 115

10 A Stellenanzeigen lesen

1 a Eigenschaften von Auszubildenden. Ordnen Sie zu. Hören Sie dann das Gespräch mit einer Personalberaterin und kontrollieren Sie Ihre Zuordnung.

1 zuverlässig   A Man kann zu verschiedenen Zeiten arbeiten.
2 flexibel   B Man kann gut mit Kollegen zusammenarbeiten.
3 belastbar   C Man interessiert sich für die Arbeit und nimmt sie wichtig.
4 engagiert   D Man ist pünktlich und macht seine Arbeit gut.
5 teamfähig   E Man bleibt auch in Situationen mit Stress ruhig.

1 b Hören Sie noch einmal. Welche Berufe nennt die Personalberaterin als Beispiel? Ergänzen Sie.

zuverlässig: ....   teamfähig: ....   belastbar: ....

2 Lesen Sie die Internetanzeigen und ergänzen Sie die Tabelle in Ihrem Heft.

Ausbildungsplatz als **Tischler/-in**

Wir suchen eine engagierte Person für unsere Schreinerei. Bist du handwerklich geschickt, körperlich belastbar und gut in Mathe? Dann sende deine Bewerbung bitte direkt über den Bewerben-Button an

Schreinerei Hans Schneider
Münnersweg 33 / 89257 Illertissen
Ausbildungsstart: 15.02.2018

Konditor/-in

Sahnehäubchen Bäckerei und Konditorei GmbH

Für 2018 bieten wir eine Ausbildung zum Konditor/zur Konditorin. Sie haben einen Hauptschulabschluss und sind freundlich, zuverlässig und belastbar? Dann bewerben Sie sich bitte mit den üblichen Unterlagen bei:

Sahnehäubchen Bäckerei und Konditorei GmbH
Frauenstraße 73 / 87700 Memmingen

Altenpfleger/-in

Pflegewerk Ulm GmbH: Ausbildung, 3 Jahre

Sie möchten alten Menschen helfen und pflegen? Sie arbeiten gern im Team, sind freundlich, pflichtbewusst, einfühlsam und belastbar? Dann sind Sie bei uns richtig.

Wenn Sie auch noch einen erweiterten Hauptschulabschluss haben und mindestens 18 Jahre alt sind, freuen wir uns auf Ihre Bewerbung.

Bitte bewerben Sie sich per E-Mail mit vollständigen Bewerbungsunterlagen.

Ausbildungsstart: 04.10.2018
Arbeitsort: Ulm
Standort: 89073 Ulm

Ausbildung als **Florist/-in** bei Blumen Klatschmohn GmbH in Ravensburg

Sie lieben Blumen und möchten Ihr Hobby zum Beruf machen? Dann rufen Sie uns an:

Frau Mariele Sommer (0751/987654)

Beruf	Wo?	Firma	Ausbildungsbeginn	Eigenschaften
Altenpfleger/-in	Ulm	Pflegewerk Ulm	...	...

3 Welche Eigenschaften braucht man in diesen Berufen? Diskutieren Sie in der Klasse.

   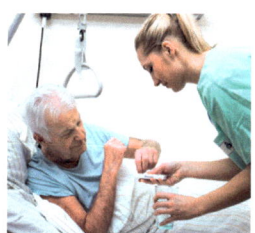

fleißig • ehrlich • zuverlässig • geduldig • flexibel • engagiert • belastbar • freundlich • teamfähig • kreativ

> Ich denke, dass ein Erzieher geduldig sein muss, weil ...

> Ja, das finde ich auch. Und er muss auch ... sein, weil ...

4a Wo hat Maria Pérez gearbeitet? Was macht sie jetzt? Hören Sie und berichten Sie.

4b Welche Wünsche hat Maria Pérez? Lesen Sie und unterstreichen Sie Marias Wünsche. Ergänzen Sie dann die Sätze.

Mein Name ist Maria Pérez. Ich komme aus Venezuela. In Venezuela habe ich im Tourismus gearbeitet. Jetzt habe ich keine Arbeit. Ich möchte gern auch hier in Deutschland arbeiten. Mein Mann sagt, dass ich eine Ausbildung machen soll. Ich finde die Idee gut. Ich würde gerne einen Ausbildungsplatz in einem Reisebüro finden. Das ist mein Wunsch. Später würde ich gerne ein eigenes Reisebüro haben. Das ist mein Traum.

1 Maria Pérez möchte gern _____.

2 Sie würde gern _____.

3 Später _____ sie gern _____.

würde gern(e) + Infinitiv

ich würde	wir würden
du würdest	ihr würdet
er/sie würde	sie/Sie würden

Ich würde gern(e) einen Ausbildungsplatz finden.

5 Welche Wünsche haben Sie für Ihre Ausbildung? Schreiben und erzählen Sie.

einen guten Ausbildungsplatz bekommen • viel lernen • einen netten Chef / eine nette Chefin haben • nicht so früh aufstehen • eine interessante Arbeit machen • ...

B Der erste Kontakt

1a Hören Sie das Telefongespräch und kreuzen Sie an: Welches Foto passt?

1b Ergänzen Sie die Fragen. Hören Sie zur Kontrolle und lesen Sie den Dialog zu zweit.

> Wann beginnt denn die Ausbildung? • Kann ich vielleicht zu Ihnen kommen? • Ist der Ausbildungsplatz noch frei?

🗨 Klatschmohn, Sie sprechen mit Frau Sommer.

💬 Guten Tag, mein Name ist Miriam Kara. Ich habe Ihre Anzeige im Internet gefunden. Ich möchte nach meinem Schulabschluss im Juli eine Ausbildung zur Floristin machen.

....

🗨 Ja, wir suchen noch eine Auszubildende.

💬 ....

🗨 Am 01. September. Sie wissen ja, die Ausbildung dauert drei Jahre.

💬 Ja, das weiß ich. Ich habe noch einige Fragen über die Ausbildung.

....

1c Lesen Sie den Grammatikkasten und formulieren Sie die Fragen aus 1b um.

1 Ich möchte gerne wissen, ... *ist* .

2 Können Sie mir sagen, ... ?

3 Ich würde gerne wissen, ...

---

indirekte Fragen

Ist der Ausbildungsplatz noch frei?   (Ja/Nein-Frage)
Können Sie mir sagen, **ob** der Ausbildungsplatz noch frei **ist**?

Wann **beginnt** die Ausbildung?   (W-Frage)
Ich möchte gerne wissen, **wann** die Ausbildung **beginnt**.

1d Lesen Sie den Dialog in 1b zu zweit. Verwenden Sie die indirekten Fragen aus 1c.

2a Was denkt Miriam Kara? Schreiben Sie Sätze mit indirekten Fragen.

💬 Nehme ich den Ausbildungsplatz an?
💬 Möchte ich immer nur mit Blumen arbeiten?
💬 Wie oft muss ich in die Berufsschule gehen?
💬 Habe ich dann noch Zeit für meine Hobbys?
💬 Soll ich mich auch auf einen anderen Ausbildungsplatz bewerben?
💬 Wie viel verdiene ich?
💬 Wann bekomme ich meinen Ausbildungsvertrag?
💬 Wie viele Stunden am Tag muss ich arbeiten?

W-Fragen	Ja/Nein-Fragen
Sie weiß nicht, wie viele Stunden sie ...	Sie weiß noch nicht, ob sie den Ausbildungsplatz annehmen will. Sie ist noch nicht sicher, ob sie ... Sie kann nicht sagen, ob sie ...

2b Sprechen Sie die Sätze aus 2a zu zweit wie im Beispiel.

– Nimmt sie den Ausbildungsplatz an?
– Sie ist noch nicht sicher, ob sie den Ausbildungsplatz annimmt.
– Ach so, sie ist noch nicht sicher, ob sie den Ausbildungsplatz annimmt. Okay.

3a Wählen Sie eine Anzeige aus und sammeln Sie Fragen zu der Stelle. Formulieren Sie die Fragen als indirekte Fragen.

Bäckerlehrling m/w
Beginn: 01.09.
Ort: Erlangen
Bäckerei Schaberl
E-Mail-Bewerbung

Drei **Azubis (m/w)** für den Verkauf gesucht.
Ausbildungsbeginn: 09/2018
Veggie-Land & Co. KG
Tel. 0761/123 890

Fachkraft für Lagerlogistik bei Winkler GmbH
Beginn: 01.10.
Anzahl Plätze: 2
Ort: Biberach
Online-Bewerbung

3b Arbeiten Sie zu zweit. Schreiben und spielen Sie Dialoge zu den Anzeigen in 3a.

sich am Telefon über eine Stelle informieren

Guten Tag, hier spricht …
Ich habe Ihre Anzeige im Internet gelesen. Sie suchen …
Können Sie mir sagen, ob der Ausbildungsplatz noch frei ist?
In der Anzeige steht: Ausbildungsbeginn …
Was heißt das genau?
Ich würde gerne wissen, wie die Arbeitszeiten sind.

Ja, er ist noch frei.
Sie beginnt …
Das besprechen wir am besten hier.
Haben Sie morgen um … Uhr Zeit?
Die Adresse ist …

C Die Bewerbung

1 a Ein Lebenslauf. Um welche Stelle auf Seite 116 kann sich Frau Kara bewerben?
Ü15

LEBENSLAUF

Persönliche Daten

Vor- und Nachname:	**Miriam Kara**
Anschrift:	Am Kornfeld 19 a
	89075 Ulm
Mobil:	0170 66 0 34 00
E-Mail:	miriam.kara99@gmail.com
Geburtsdatum/-ort:	02.01.1999 in Damaskus

Schulbildung

2005–2011	Grundschule/Damaskus
2011–2014	General Secondary School/Damaskus
2015–2017	Robert-Bosch-Schule/Ulm

Praktikum

2017	Praktikum Seniorenzentrum Ulm

Zusatzqualifikationen

seit 2016	DLRG Rettungsschwimmerin

Kenntnisse

Arabisch	Muttersprache
Deutsch	B2
Englisch	B2
Computer	Word, Powerpoint, Internet

Ulm, 27.06. 2017   *Miriam Kara*

1 b Lesen Sie den Lebenslauf noch einmal und beantworten Sie die Fragen 1–6.

1 Wo ist Miriam Kara geboren?
2 Welche Schulen hat sie besucht?
3 Wo hat sie ein Praktikum gemacht?
4 Welche Zusatzqualifikationen hat sie?
5 Welche Sprachen spricht sie?
6 Welche Kenntnisse hat sie außerdem?

1 c Schreiben Sie weitere Fragen zu dem Lebenslauf. Arbeiten Sie dann zu zweit. Fragen und antworten Sie.

Was gehört zu einer Bewerbung?
Bewerbungsschreiben
Lebenslauf
Bewerbungsfoto
Kopien von den Zeugnissen

1 d Schreiben Sie Ihren Lebenslauf.

2 a Was sollte man bei einer Einladung zu einem Bewerbungsgespräch beachten?
Schreiben Sie Ratschläge mit „Man sollte …" auf Kärtchen.

> Man sollte sich vorher über die Firma informieren.

> Ich denke, man sollte passend gekleidet sein.

2 b Gehen Sie durch den Klassenraum. Sprechen Sie mit allen in der Klasse wie im Beispiel.

> Was denken Sie, was sollte man beim Bewerbungsgespräch beachten?

> Ich denke, man sollte pünktlich sein. Und du? Was denkst du?

3 a Frau Kara hat auch ein Bewerbungsgespräch bei einem Pflegeservice.
Hören Sie und kreuzen Sie an:
Über welche Themen sprechen sie?

- ☐ Arbeitszeiten
- ☐ Gehalt
- ☐ Freizeit
- ☐ Arbeitspausen
- ☐ Aufgaben
- ☐ Überstunden
- ☐ Fremdsprachen
- ☐ Arbeitskleidung

3 b Hören Sie noch einmal. Was antwortet Frau Kara auf die Fragen von Frau Holm?
Machen Sie Notizen und berichten Sie in der Klasse.

1. Warum möchten Sie eine Ausbildung zur Altenpflegerin machen?
2. Ist Stress bei der Arbeit ein Problem für Sie?
3. Haben Sie schon einmal in Schichtarbeit gearbeitet?

4 Im Bewerbungsgespräch. Zu welchen Anzeigen auf Seite 116 passen die Fragen?
Ordnen Sie zu. Finden Sie dann eine passende Antwort.

Arbeitgeberfragen
1. Sind Sie zuverlässig?
2. Arbeiten Sie gern mit Holz?
3. Können Sie gut mit anderen Menschen umgehen?
4. Haben Sie schon mal als Aushilfe in einer Bäckerei gearbeitet?

Arbeitnehmerfragen
A. Arbeite ich allein oder im Team?
B. Muss ich auch viel draußen arbeiten?
C. Wie viele Kunden haben Sie?
D. Übernehmen Sie Ihre Azubis nach der Ausbildung?

5 Projekt: Bringen Sie eine Anzeige für einen Ausbildungsplatz mit in die Klasse. Arbeiten Sie in der Gruppe und notieren Sie mögliche Fragen für ein Vorstellungsgespräch. Spielen Sie ein Vorstellungsgespräch zu zweit.

D Der Ausbildungsvertrag

1a Rechte und Pflichten von Azubis. Lesen Sie und ordnen Sie die Überschriften zu.

> **A** Arbeiten nur im Rahmen der Ausbildung • **B** Betriebsordnung, Bewahrungs- und Schweigepflicht • **C** Vergütung und Ausbildungsmittel • **D** Lern- und Teilnahmepflicht • **E** Rechte und Pflichten von Azubis

Home   Stellenmarkt   Ausbildungsbetriebe   Berufswahl   Bewerbungstraining   Azubi-Wissen

▶ Rechte & Pflichten
▶ Ausbildungsvertrag
▶ Probezeit
▶ Kündigung
▶ Arbeitszeit
▶ Urlaub
▶ Azubigehalt
▶ Ausbildung mit Kind
▶ Insidertipps
▶ Links

1 ☐ Du hast deinen Ausbildungsvertrag erhalten und unterschrieben und freust dich auf deine Ausbildung? Wir haben für dich einige wichtige Informationen über deine Rechte und Pflichten zusammengestellt. Denn was ein Azubi darf und was nicht, was er tun muss und was nicht, wird z. B. im Berufsbildungsgesetz (BBiG) festgelegt.

2 ☐ Ein Azubi muss keine Arbeiten machen, die nichts mit der Ausbildung zu tun haben wie z. B. private Einkäufe für den Chef oder das Putzen von Toiletten im Betrieb. Das heißt aber nicht, dass Azubis nicht die Werkstatt oder das Büro aufräumen müssen. Der Ausbildungsbetrieb muss Azubis auch frei stellen, damit sie in die Berufsschule gehen können.

3 ☐ Ein Azubi hat das Recht auf eine angemessene Ausbildungsvergütung. Die wird vom Ausbildungsbetrieb auch dann bezahlt, wenn er oder sie in die Berufsschule geht oder im Urlaub ist. Die Höhe ist unterschiedlich. Das hängt von der Branche ab, wo man seine Ausbildung macht. Im ersten Ausbildungsjahr liegt die Vergütung häufig zwischen 400 und 800 Euro. Sie kann aber auch höher oder niedriger sein.
Außerdem bekommt ein Azubi alle Ausbildungsmittel kostenlos vom Ausbildungsbetrieb, z. B. Sicherheitsschuhe, Werkzeuge, Schreibmittel und Fachbücher.

4 ☐ Azubis müssen selbstständig Lernen und alles tun, damit sie ihre Ausbildung erfolgreich abschließen können. Hierfür ist auch der Besuch von der Berufsschule vorgeschrieben, das nennt man Teilnahmepflicht. Azubis müssen übrigens immer pünktlich zur Arbeit und auch zum Unterricht in der Berufsschule kommen.

5 ☐ Im Berufsalltag musst du die Betriebsordnung einhalten, also z. B. bestimmte Berufskleidung tragen oder Rauchverbote einhalten. Die Bewahrungspflicht sagt, dass du vorsichtig mit den Arbeitsmaterialien umgehen musst. Außerdem darfst du keine Betriebsgeheimnisse weitererzählen. Das bedeutet, dass du keine vertraulichen Informationen aus deinem Betrieb an Personen, die nicht zum Betrieb gehören, weitergeben darfst.

1b Lesen Sie noch einmal und beantworten Sie die Fragen.
Kreuzen Sie an: richtig oder falsch.

		R	F
1	Im BBiG stehen die Rechte und Pflichten von Azubis.	☐	☐
2	Im Gesetz steht, dass Azubis nicht die Werkstatt oder das Büro saubermachen müssen.	☐	☐
3	Alle Azubis verdienen im ersten Ausbildungsjahr zwischen 400 und 800 Euro.	☐	☐
4	Azubis können bestimmen, wann sie in die Berufsschule gehen.	☐	☐

2a Lesen Sie den Berufsausbildungsvertrag und ordnen Sie zu. Hören Sie dann zur Kontrolle.

> **A** Personalangaben • **B** Beruf mit Spezialisierung • **C** Kontaktdaten vom Ausbildungsbetrieb • **D** tägliche/wöchentliche Arbeitszeit • **E** Probezeit • **F** Vergütung • **G** Urlaub • **H** Kündigung • **I** Wann beginnt die Berufsausbildung und wie lange dauert sie? • **J** Wie oft ist der Azubi in der Berufsschule?

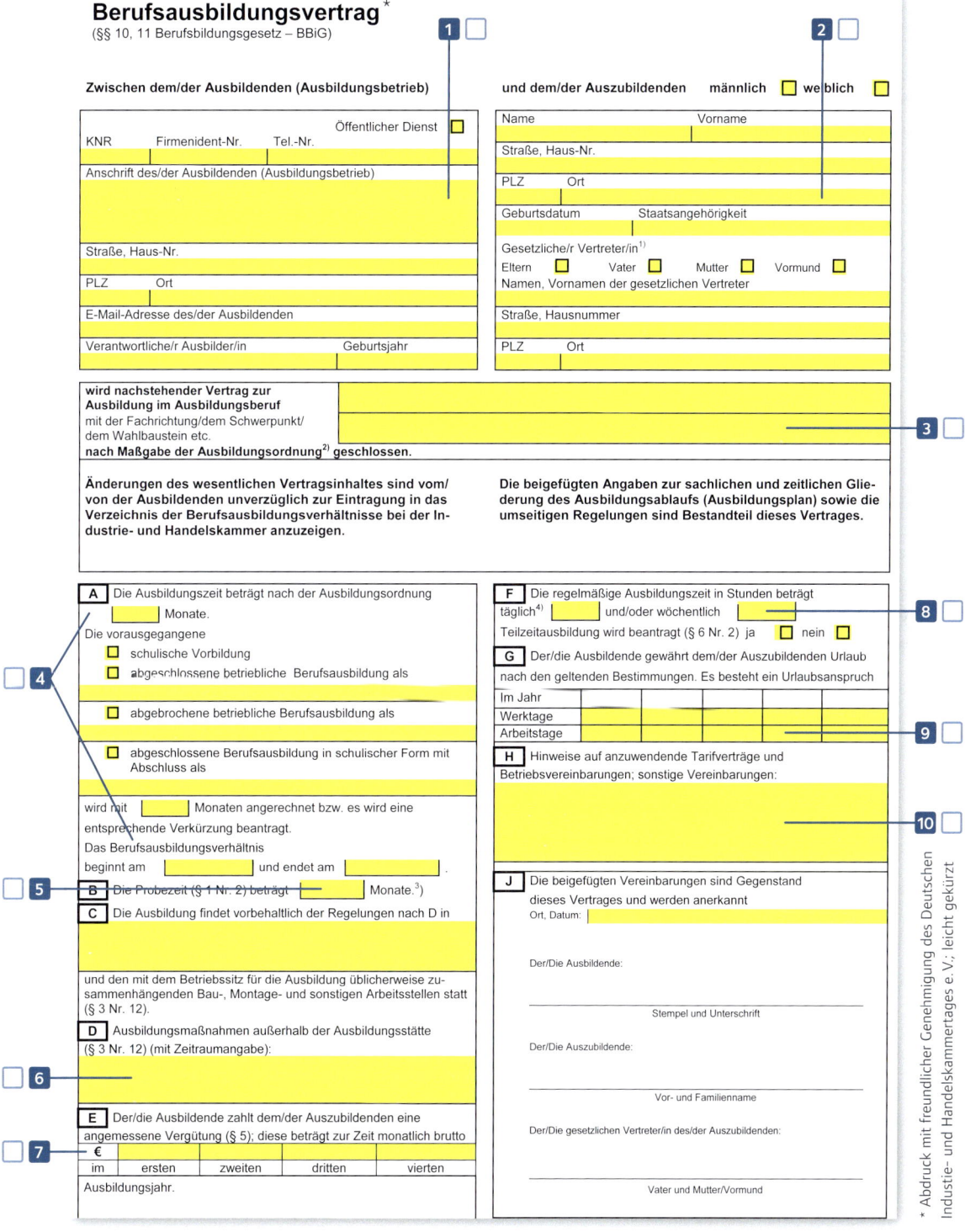

2b Recherchieren Sie im Internet und sammeln Sie Informationen über Ausbildungsberufe.

10 Sprechen aktiv

Grammatik sprechen

1 Schreiben Sie W-Fragen und Ja/Nein-Fragen. Spielen Sie „Hörhilfe".

Hast du die Grammatik verstanden?
Kannst du mir mal helfen?
Wo ist mein Handy?
Gehen wir zusammen einen Kaffee trinken?
Wie ist das Wetter?
Regnet es?

Wörter sprechen

2a Adjektive für die Arbeit. Ordnen Sie zu.

1. Man interessiert sich für die Arbeit. Deshalb arbeitet man viel und gut.
2. Man ist pünktlich und macht die Arbeit genau und gut.
3. Wenn man Stress hat, bleibt man ruhig.
4. Man arbeitet gern und gut mit Kollegen zusammen.
5. Man kann zu unterschiedlichen Zeiten arbeiten.
6. Man arbeitet sehr viel.
7. Auch wenn man etwas wiederholen muss, ärgert man sich nicht.

2b Arbeiten Sie zu zweit. A sagt die Erklärung, B sagt das passende Adjektiv. Können Sie es ohne Buch?

3a Lesen Sie die Wörter laut. Achten Sie auf den Wortakzent.

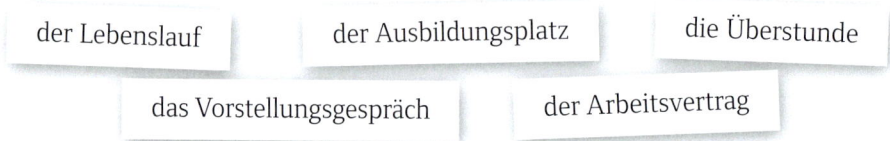

3 b *Schon oft, schon ein paarmal, noch nie.* Fragen und antworten Sie wie im Beispiel.

1 Haben Sie schon einmal einen Lebenslauf geschrieben?
2 Haben Sie schon einmal eine Stellenanzeige beantwortet?
3 Haben Sie schon einmal einen Arbeitsvertrag unterschrieben?
4 Haben Sie schon einmal Überstunden gemacht?
5 Haben Sie schon einmal ein Praktikum gemacht?

> Ja, ich habe schon einen Lebenslauf geschrieben. Und Sie?

Flüssig sprechen

 4 Hören Sie zu und sprechen Sie nach.

Arbeitstechniken und Methoden

Ein Lerntagebuch führen und Lernfortschritte festhalten

Sie können in einem Heft ein Lerntagebuch anlegen und dokumentieren, was Sie im Unterricht gelernt haben und wie sie gelernt haben. Sie können z. B. aufschreiben,
- was Sie im Unterricht erlebt haben. Was war interessant, nützlich oder neu? Was nicht?
- was Sie gelernt haben und was sie nicht verstanden haben.
- welche Aufgaben und Themen für Sie in der Woche besonders wichtig sind. Z. B.: „Ich möchte 30 neue Wörter lernen." Oder: „Ich möchte aufmerksam beim Lernen sein."

Notieren Sie auch
- Beispielsätze für schwierige Wörter oder grammatische Strukturen,
- Wörter, die Ihnen zu einem bestimmten Thema einfallen,
- Wörter oder Sätze, die Ihnen in Schule und Alltag begegnen.

> Montag, 12. Mai
> Heute haben wir im Unterricht einen Text gelesen und Fragen beantwortet. Ich habe fast alle Wörter verstanden. Grammatik: Wir haben indirekte Fragen behandelt. War nicht so einfach.

> Sontag, 18. Mai
> Am Montag schreiben wir einen Test. Ich habe am Nachmittag eine halbe Stunde lang Wörter gelernt und die Grammatik wiederholt. War ziemlich einfach.

Wenn Sie ein Lerntagebuch führen, helfen Ihnen diese Sätze, es gut zu schreiben:

- Diese neuen Wörter habe ich heute gelernt.
- Das habe ich noch nicht gut verstanden.
- Das werde ich morgen fragen.
- Das war leicht/nicht so leicht für mich.
- Diese Lernstrategie habe ich benutzt.
- Das hat mir gut/nicht so gut gefallen.
- Im Unterricht habe ich mich oft/nicht so oft gemeldet.

1 Was können Sie noch in das Lerntagebuch schreiben? Sammeln Sie Ideen in der Klasse.

2 Legen Sie ein Lerntagebuch an und benutzen Sie die Sätze oben wie im Beispiel.

10 Gewusst wie

Kommunikation

über Arbeitssuche sprechen

Ich habe meine Arbeit durch Freunde gefunden.
Am Wochenende gibt es in der Zeitung viele Stellenangebote.
Auch durch ein Praktikum kann man eine Arbeit finden.

sich am Telefon über eine Stelle informieren

Können Sie mir sagen, ob die Stelle noch frei ist?
Gibt es einen festen Stundenlohn?
Ich würde gerne wissen, wie die Arbeitszeiten sind.

eine Stellenanzeige verstehen

Ausbildungsplatz als Tischler/-in
Tischlerei Hosch GmbH
Wir stellen Möbel, Türen und Fenster her.
Du bist handwerklich geschickt?
Dann bewirb dich.
Beginn: 01.09.2018

über Eigenschaften im Beruf sprechen

Ein Lehrer muss belastbar sein.
Wenn man mit Kollegen zusammenarbeitet, sollte man teamfähig sein.
Wenn man Erzieher ist, sollte man kreativ und freundlich sein.

ein Bewerbungsgespräch führen

💬 Wie gut sind Ihre Deutschkenntnisse?
💬 Ich kann Deutsch auf dem Niveau B1.
💬 Sind Sie Teamarbeit gewohnt?
💬 Ja, ich habe immer mit Kollegen zusammengearbeitet.
💬 Ist Stress bei der Arbeit ein Problem für Sie?
💬 Ich bin sicher, dass ich das schaffe. Stress kenne ich auch von früher.

Grammatik

Wünsche mit *würde gern(e)* + Infinitiv

ich	würde gern
du	würdest gern
er/es/sie/man	würde gern
wir	würden gern
ihr	würdet gern
sie/Sie	würden gern

Sie	würde	gern Medizin	studieren.
Was	würdest	du gern	machen?
Ich	würde	gern eine Ausbildung	machen.

indirekte Fragen

Ja/Nein-Frage

Ist die Stelle noch frei?

| Können Sie mir sagen, | ob | die Stelle noch frei | ist? |

W-Frage

Wo ist die Pizzeria?

| Ich möchte gerne wissen, | wo | die Pizzeria ist | ist. |

126 einhundertsechsundzwanzig

Unterwegs

Sie lernen

- eine Reise im Reisebüro buchen
- die Notrufzentrale anrufen
- Dialoge auf der Reise
- über interessante Reiseziele sprechen
- eine Reise planen
- Relativsätze im Nominativ und Akkusativ

1 Beschreiben Sie die Fotos. Was machen die Leute? Was denken Sie: Warum reisen sie?

Verwandte besuchen • in die Heimat fliegen/fahren • zur Arbeit fahren • eine Mitfahrgelegenheit nutzen • mit dem Fernbus fahren • im Stau stehen • einchecken • in den Urlaub fahren/fliegen • Freunde am Bahnhof abholen

Auf dem Foto rechts oben sieht man viele Reisende. Sie stehen auf der Autobahn.

Ich glaube, sie wollen ... Vielleicht ...

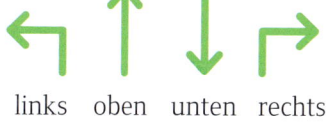

links   oben   unten   rechts

2 Erzählen Sie von Ihrer letzten Reise: Wo waren Sie? Wie sind Sie dorthin gekommen? Wie war die Reise für Sie?

Ich habe ... besucht.

Ich bin mit meinem Bruder mit dem Auto nach ... gefahren.

Ich habe mich gefreut, weil ...

11 A Reisevorbereitungen

1a Fotos von einem Familienbesuch. Hören Sie den Text und kreuzen Sie an: Welcher Text passt?

1 ☐ Yakub und Ejofor waren auf der Geburtstagsfeier ihrer Tante. Sie schauen sich die Fotos vom Geburtstagsfest an.

2 ☐ Yakub und Ejofor sehen sich Fotos von ihrem Onkel und ihrer Tante an und sprechen über den nächsten Besuch.

1b Hören Sie den Text noch einmal und ergänzen Sie.

> der • die • das • die

1 Schau mal: Das ist der Kellner, ... so nett zu den Kindern war.
2 Schau mal hier: Das ist das Dessert, ... so lecker geschmeckt hat.
3 Und dann hier: Das ist die Nachbarin, ... Tante Sapana gratuliert hat.
4 Und schau hier: Das sind die Geschenke, ... Tante Sapana bekommen hat.

1c Hören Sie die Sätze aus 1b und sprechen Sie nach.

2 Lesen Sie den Grammatikkasten und schreiben Sie Relativsätze wie im Beispiel.
Ü5-6

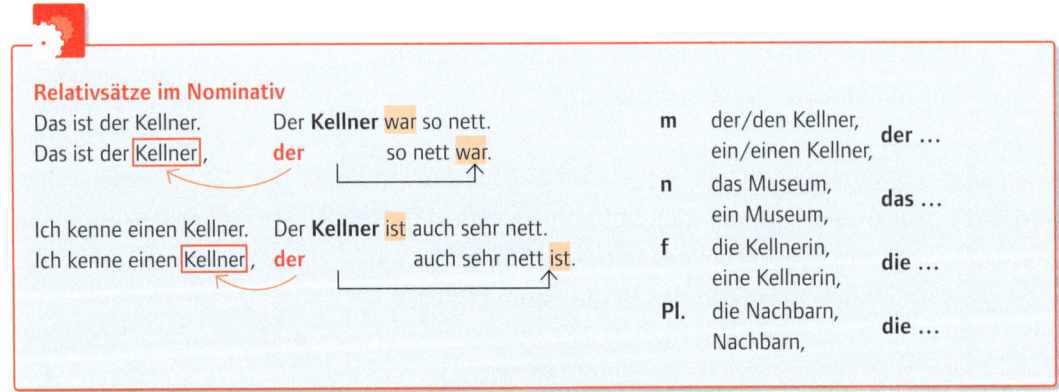

1 Das ist der Cousin. Der Cousin hat uns die Stadt gezeigt.
2 Das ist die Wohnung. Die Wohnung ist größer als unsere.
3 Das ist das Restaurant. Das Restaurant war direkt am Bahnhof.
4 Das sind die Gäste. Die Gäste sind gerade angekommen.
5 Ich suche ein Restaurant. Das Restaurant ist billig.
6 Ich suche eine Mitfahrgelegenheit. Die Mitfahrgelegenheit ist nicht so teuer.
7 Ich suche einen Campingplatz. Der Campingplatz ist ruhig.
8 Ich suche Bahntickets. Die Bahntickets sind günstig.

> Das ist der Cousin, der uns die Stadt gezeigt hat.

3 Informationen über Orte. Schreiben Sie Fragen. Fragen und antworten Sie dann in der Klasse.

Kennst du / Kennen Sie …

einen Kiosk,		Zeitungen in verschiedenen Sprachen hat?
ein Lokal,		auch für Jugendliche interessant ist?
ein Museum,	der	Deutsch und Arabisch spricht?
einen Arzt,	das	auch am Mittag geöffnet hat?
eine Apotheke,		auch Essen für Vegetarier hat?
eine Jugendherberge,	die	gemütlich ist?
ein Restaurant,		sauber ist?
einen Campingplatz,		

Kennst du eine Apotheke, die auch am Mittag geöffnet hat?

Ja, natürlich kenne ich eine Apotheke, die am Mittag geöffnet hat. Sie ist am Marktplatz.

4 Zwei Dialoge zum Thema Reisen. Hören Sie und kreuzen Sie an: richtig oder falsch. Korrigieren Sie die falschen Sätze.

R F
1 Der Abflugort von Herrn Ibrahim ist München. ☐ ☐
2 Er bucht eine Geschäftsreise. ☐ ☐
3 Er braucht kein Hotel in Khartum. ☐ ☐
4 Herr Jarju möchte mit dem Zug nach Köln fahren. ☐ ☐
5 Die Fahrt ist teuer. ☐ ☐
6 Herr Jarju kann kein Gepäck mitnehmen. ☐ ☐

5 Wählen Sie eine Situation aus. Schreiben und spielen Sie Dialoge im Reisebüro.

Situation 1
Sie wollen einen Flug von Frankfurt nach Tunis buchen.
Hinflug: 03.10.
Rückflug: 02.11.

Situation 2
Sie wollen eine Zugfahrt nach Frankfurt buchen.
Reisezeit: im Juli / für eine Woche
Abfahrt von: Düsseldorf

---

eine Reise im Reisebüro buchen

Kunde/Kundin
Guten Tag, ich möchte einen Flug / eine Reise nach … buchen.
Wir wollen im Juni/Juli/… fliegen/fahren/Verwandte besuchen.
Der Hinflug soll am … und der Rückflug am … sein.
Ich möchte / Wir möchten von Berlin/… abfliegen.
Haben Sie Angebote, die …?
Gibt es Hotels, die …?

Mitarbeiter/-in im Reisebüro
Guten Tag, was kann ich für Sie tun?
Wann wollen Sie reisen?
Ich kann Ihnen einen Flug/Zug ab … anbieten.
Der Flug / Die Reise kostet (nur) …
Ich habe hier einen Katalog mit günstigen Angeboten.
Das ist kein Problem. Es gibt viele Hotels, die …

11

6 a Koffer packen. Sehen Sie sich das Bild an und ordnen Sie die Gegenstände zu.

☐ der Schal
☐ das Duschgel
☐ der Rucksack
☐ das Handtuch
☐ das Ladekabel
☐ die Bahnfahrkarten (Pl.)
☐ die Turnschuhe (Pl.)
☐ die Sonnenbrille
☐ die Zahnbürste

6 b Wo sind die Sachen? Fragen und antworten Sie.

> Wo ist die Sonnenbrille?

> Die Sonnenbrille liegt unter dem Tisch.

7 a 🔊 2.26 Ü11–13 Hören Sie und lesen Sie den Dialog. Ergänzen Sie dann den Grammatikkasten.

Oh nein! Wo ist denn der Rucksack, den ich immer auf Reisen mitnehme?
Er liegt doch auf dem Schrank.

Relativsätze im Akkusativ

Wo ist der Rucksack?   Ich **nehme den Rucksack** auf Reisen immer **mit**.
Wo ist der Schal, ... ich immer im Winter trage?
Wo ist das Handy,   das ich gestern aufgeladen habe?
Wo ist die Zahnbürste, die ich gestern gekauft habe?
Wo sind die Handtücher, die wir für die Jugendherberge brauchen?

7 b Schreiben Sie Fragen wie im Beispiel.

1 Wo sind die Bahntickets, …
2 Wo ist die Brieftasche, …
3 Wo ist der Rucksack, …
4 Wo ist das große Handtuch, …
5 Wo sind die Turnschuhe, …
6 Wo ist das Ladekabel, …

> Ich brauche das Ladekabel für mein Handy. • Wir brauchen die Brieftasche für unsere Reisedokumente. • Wir nehmen den Rucksack immer für Wanderungen. • Ich habe sie gestern auf den Tisch gelegt. • Ich habe das große Handtuch gestern gekauft. • Ich trage sie immer auf Reisen.

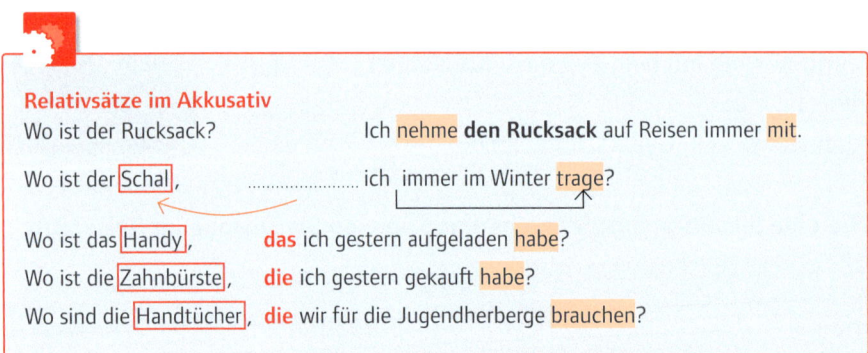

1. Wo sind die Fahrkarten, die ich gestern auf den Tisch gelegt habe?

7 c Spielen Sie mit den Sätzen aus 7b kleine Dialoge wie in 7a.

B Dialoge auf der Reise

1a Hören Sie die Dialoge und ordnen Sie die Fotos zu.

> **Notrufsäulen**
> Auf Autobahnen und einigen anderen Straßen stehen im Abstand von ca. 500 bis 2000 Metern Notrufsäulen.
> An den Leitpfosten sind kleine Richtungspfeile, die zeigen, wo die nächste Notrufsäule ist.

1b Hören Sie die Dialoge noch einmal und kreuzen Sie an: Was ist richtig?

Dialog 1
A ☐ Die Frau hatte einen Autounfall.
B ☐ Ihr Auto steht an der Notrufsäule.
C ☐ Die Notrufzentrale schickt den Pannendienst.

Dialog 2
A ☐ Die Frauen suchen einen Platz.
B ☐ Die Frauen haben keine Reservierung.
C ☐ Die eine Frau hat einen anderen Platz reserviert.

2a Ordnen Sie die Sätze und schreiben Sie die zwei Dialoge in Ihr Heft.

> Ich habe auch eine Reservierung für Platz 41 … Oh, aber in Wagen 6! Tut mir leid! •
> Hallo, hier spricht Horvat. Ich bin auf der A1 Richtung Köln. Ich habe eine Autopanne. •
> Hier auf der Notrufsäule steht Kilometer 166,5. Mein Auto ist kurz vor der Säule. •
> Entschuldigen Sie bitte, ich glaube, Sie sitzen auf meinem Platz. Wagen 7, Platz 41. •
> Wir schicken den Pannendienst. • Das macht nichts. Das ist mir auch schon passiert. •
> Wo sind Sie genau? • Notrufzentrale, was kann ich für Sie tun? • Danke.

2b Wählen Sie eine Situation aus und spielen Sie einen Dialog. Die Informationen für Partner/-in B finden Sie auf Seite 180.

Situation 1
Partner/-in A

Sie haben eine Autopanne und rufen die Notrufzentrale an. Sie sind auf der A3. Die Notrufsäule ist bei Kilometer 80,5 (= achtzig Komma fünf).

Situation 2
Partner/-in A

Sie haben eine Platzreservierung für Wagen 257, Platz 36. Aber der Platz ist besetzt.

C Reiseplanung

Reisen und entdecken
Beliebte Reiseziele in Deutschland

1 Touristen lieben Berlin. Jedes Jahr kommen Millionen Menschen aus der ganzen Welt nach Berlin. In Deutschlands Hauptstadt gibt es viele Sehenswürdigkeiten. Sie spazieren durch das Regierungsviertel, machen eine Führung durch den Reichstag, das deutsche Parlament, und besichtigen das Brandenburger Tor. Das Brandenburger Tor ist das Wahrzeichen der Stadt.

Junge Leute kommen oft nach Berlin, weil man dort gut feiern kann. In Berlin gehen die Lichter nie aus. Jedes Jahr gibt es an Silvester eine große Party, zu der Hunderttausende kommen und in das neue Jahr hinein feiern.

2 Jeden Tag besuchen bis zu 4000 Touristen die Zugspitze in den Alpen. Sie liegt im Süden von Bayern an der Grenze zu Österreich. Im Sommer kommen auch viele Touristen aus den arabischen Ländern. Sie sehen dort zum ersten Mal Schnee und können Schneebälle werfen.

Die Zugspitze ist 2962 m hoch. Man kann eine Wanderung auf die Zugspitze machen. Das dauert elf Stunden. Schneller geht es mit der Seilbahn. Auf der Zugspitze hat man einen tollen Blick auf die umliegenden Berge. Im Sommer kann man vom Gipfel aus viele Bergtouren machen oder Gleitschirm fliegen. Im Winter fahren hier viele Ski.

1a Lesen Sie die vier Texte auf Seite 132 und 133 und ordnen Sie eine Überschrift zu.
Ü17

☐ Im Norden von Deutschland ☐ Unterwegs mit dem Rad
☐ Ein Ausflug in die Berge ☐ Deutschlands Hauptstadt entdecken

1b Lesen Sie die Texte noch einmal und notieren Sie zu jedem Reiseziel zwei Informationen, die Sie wichtig finden.

Münster und Münsterland: Münster = Universitätsstadt, gemütlich …
Zugspitze:

2a Eine Reise vorbereiten. Arbeiten Sie zu zweit und wählen Sie ein Reiseziel aus. Was müssen Sie machen? Machen Sie Notizen.

der Koffer • der Rucksack • der Ausweis • der Schlafsack • die Badesachen • die Fahrkarte • das Busticket • das Hotel • der Reiseführer • die Regensachen • das Zelt

kaufen • mitnehmen • buchen • reservieren • packen

3 Das Münsterland liegt im Norden von Nordrhein-Westfalen mit der Universitätsstadt Münster als Zentrum. Münster ist eine gemütliche Stadt mit interessanten Geschäften. Münster ist auch als Fahrradstadt bekannt, denn es gibt dort überall Fahrradwege.

Das Münsterland eignet sich auch gut für Radtouren, denn die Landschaft ist flach mit vielen Wäldern, Wiesen und Wasserschlössern. Es gibt ca. 4.500 km Radwege.

4 Helgoland ist eine sehr kleine Insel in der Nordsee, ca. 50 km von der Küste entfernt und nur 1 km² groß. Mit dem Schiff braucht man ca. zwei Stunden von Cuxhafen nach Helgoland. Die Insel hat nur ungefähr 1400 Einwohner, jedes Jahr kommen aber mehr als 300.000 Touristen für einen Tag oder auch für mehrere Tage nach Helgoland. Sie können Fischspezialitäten essen, einen Rundgang um die Insel machen oder im Sommer an einem wunderbaren weißen Strand baden.

2b Planen Sie zu zweit die Reise. Stellen Sie sie dann in der Klasse vor.
Ü18-19

Wie viel soll die Reise kosten? Wer kauft die Tickets?
Wie lange soll die Reise dauern? Wer bucht die Unterkunft?

---

eine Reise planen

einen Vorschlag machen	zustimmen	ablehnen
Ich schlage vor, dass wir ... Tage in ... bleiben.	Das ist eine gute Idee!	Das finde ich nicht so gut.
Ich denke, wir sollten nicht mehr als ... Euro ausgeben.	Ja, so machen wir es.	Wir sollten lieber ...
Fahren wir mit ...?	Das finde ich gut.	Ich möchte gerne/lieber ...
	Einverstanden.	Es ist besser, wenn wir ...

---

3 Projekt: Planen Sie einen Ausflug in Ihrer Umgebung. Arbeiten Sie in Gruppen. Sammeln Sie zuerst Informationen. Machen Sie dann einen Plan für den Tag. Berechnen Sie auch die Kosten für den Ausflug. Präsentieren Sie Ihren Plan.

Wohin fahren Sie? Wo liegt der Ort?
Wie kommen Sie an Ihr Ausflugsziel?
Wo übernachten Sie?
Welche Sehenswürdigkeiten besuchen Sie wann?
Was machen Sie sonst noch dort?

Programm – 1. Tag:
Vormittag: ...
Mittag: ...
Nachmittag: ...
Abend: ...

2. Tag:
Vormittag: ...
Mittag: ...
Nachmittag: ...
Abend: ...

11 Sprechen aktiv

Wörter sprechen

1a Was passt? Ordnen Sie zu.

1b Sprechen Sie zu zweit. Eine/r sagt das Nomen, der/die andere sagt das passende Verb.

1c Fragen und antworten Sie wie im Beispiel.

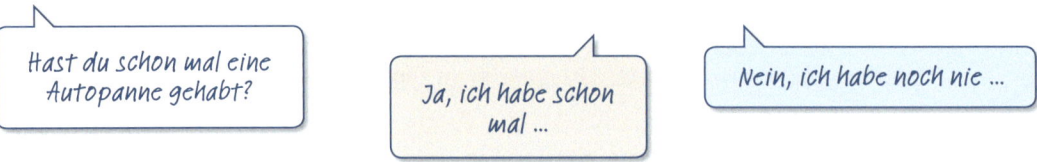

Grammatik sprechen

2 Personen beschreiben und raten. Schreiben Sie Fragen über Ihre Klasse wie im Beispiel. Fragen und antworten Sie.

3 „Keine Ahnung!" Arbeiten Sie zu zweit. Fragen und antworten Sie.

💬 Wo ist der Stift, den ich gestern gekauft habe?
👍 Keine Ahnung! Ich weiß nicht, wo der Stift ist, den du gestern gekauft hast.
💬 Mist.

Wo ist da**s** Buch, …
Wo ist di**e** Tasche, …
Wo sind di**e** Kopfhörer, …
Wo ist de**r** Rucksack, …
Wo ist da**s** Heft, …

Flüssig sprechen

4 Hören Sie zu und sprechen Sie nach.

Arbeitstechniken und Methoden

Wörter lernen mit Wörternetzen

Wörter lernen Sie am besten, wenn Sie sie in Wörternetzen aufschreiben. So können Sie sie sich besser merken und wissen, welche Wörter zu einem Thema gehören.
Wörternetze sind auch eine gute Möglichkeit, wenn Sie sammeln wollen, was Sie zu einem Thema bereits wissen oder wenn Sie die Vokabeln, die Sie schon kennen und können, in eine Struktur bringen möchten.
Mit einem Wörternetz können Sie auch den Lernstoff einer Unterrichtseinheit oder eines Themas wiederholen.

Ein Wörternetz kann zum Beispiel so aussehen:

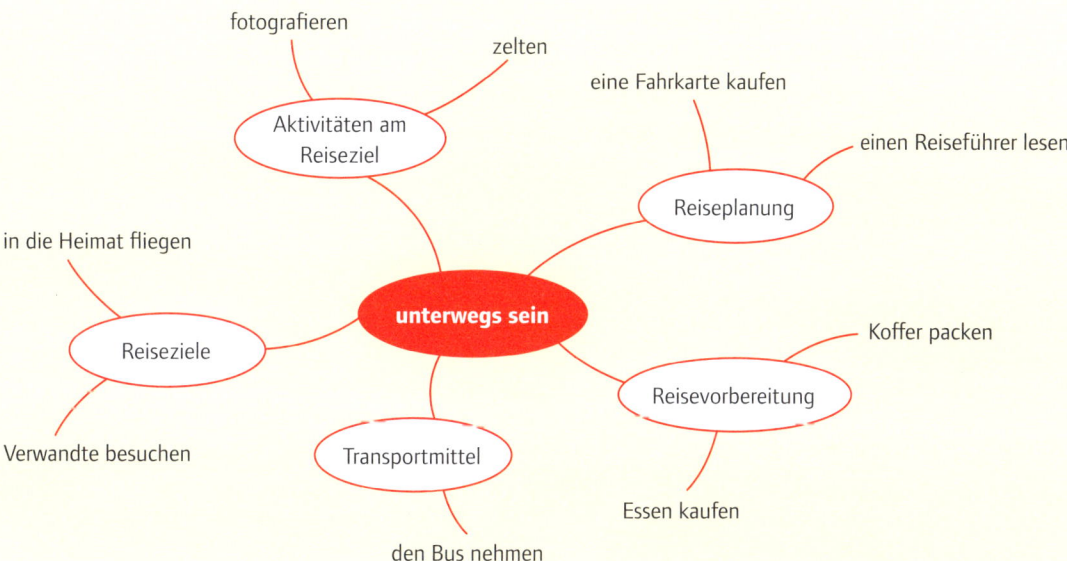

In der Mitte des Wörternetzes schreiben Sie das Thema – ein Stichwort –, zu dem Sie Begriffe sammeln. Um diesen Kern herum werden dann alle Wörter gruppiert, die zum Thema gehören. Am nützlichsten ist das Wörternetz, wenn Sie nicht nur einzelne Wörter aufschreiben, sondern z. B. bei Substantiven auch den Plural, bei Verben die Präpositionen oder auch ganze Redewendungen.

1 Übertragen Sie das Netz in Ihr Heft und schreiben Sie weitere Wörter in das Wörternetz.

2 Gestalten Sie ein neues Wörternetz zum Thema „Wohnen" oder „Gesund essen".

11 Gewusst wie

Kommunikation

eine Reise im Reisebüro buchen

Guten Tag, ich möchte einen Flug nach Khartum buchen.
Ich brauche auch ein Hotel, das nicht zu teuer ist.
Ich suche eine Mitfahrgelegenheit nach Berlin.
Ich möchte mit dem Zug nach Leipzig fahren. Gibt es günstige Angebote?

Dialoge auf der Reise

Entschuldigen Sie, ich glaube, Sie sitzen auf meinem Platz.
Oh, das tut mir leid.
Das macht nichts. Das ist mir auch schon passiert.

die Notrufzentrale anrufen

Guten Tag, hier spricht Paul Hart. Ich habe eine Autopanne.
Ich bin auf der A3 Richtung Köln.
Auf der Notrufsäule steht Kilometer 352,5.

eine Reise planen

💬 Ich schlage vor, dass wir zwei Tage in Berlin bleiben.
👍 Ich finde es besser, wenn wir vier Tage bleiben. Dann können wir mehr von Berlin anschauen.
💬 Das ist eine gute Idee. Wir müssen aber eine Unterkunft finden, die billig ist.
👍 Ich denke, wir können bei Freunden übernachten.
💬 Ja, das ist eine gute Idee. Fahren wir mit dem Zug?
👍 Ich möchte lieber mit dem Fernbus fahren. Das ist billiger.

Grammatik

Relativsätze im Nominativ

Ich suche eine Unterkunft. | Die **Unterkunft** ist auch billig.
Ich suche eine Unterkunft, **die** auch billig ist.

Relativsätze im Akkusativ

Wo ist der Schal? | Ich trage den **Schal** immer im Winter.
Wo ist der Schal, **den** ich immer im Winter trage?

Relativpronomen

	Nominativ	Akkusativ
m	der	den
n	das	das
f	die	die
Pl.	die	die

Das sind die Nachbarn, **die** uns zum Essen eingeladen haben.
Ich suche einen Flug, **der** nicht zu teuer ist.
Kennst du hier ein Geschäft, **das** Ladekabel verkauft?

Station 3

Wiederholungsspiel – Spielregeln

1. Zwei bis vier Personen spielen zusammen.
2. Sie brauchen einen Würfel und eine Spielfigur pro Spieler.
3. Sie würfeln, ziehen Ihre Spielfigur und lösen die Aufgabe.
4. Falsch? Dann müssen Sie wieder zurückgehen.

1 START

2 Wozu braucht man ein Smartphone?

3 Ergänzen Sie.
(immer) am Sonntag = *sonntags*
(immer) am Montag = …
(immer) am Dienstag = …

4 Was kann man im Baumarkt kaufen?

5 Nennen Sie drei Schulabschlüsse.

6 Wie heißt das Perfekt?
verlassen – *hat verlassen*
gefallen – …
motivieren – …
erleben – …

7 Wohin gehen die Leute?

8 Was macht eine Ärztin? Nennen Sie drei Beispiele.

9 Nennen Sie drei Wünsche für Ihren Beruf.
Ich möchte gerne …

10 Ihr Nachbar hat Geburtstag. Gratulieren Sie ihm.

11 Wohin stellt der Mann die Tasche?

12 Welcher Tag ist heute? Wann haben Sie Geburtstag?

13 Nennen Sie drei Schulformen, die es in Deutschland gibt.

14 Sie wollen sich über ein Medikament informieren. Was können Sie fragen?

15 Sie haben eine Platzreservierung im Zug, aber Ihr Platz ist besetzt. Was sagen Sie?

16 Was kann man im Internet machen? Nennen Sie drei Dinge.

17 Wie heißt das Präteritum?
ich kann – *ich konnte*
sie müssen – sie …
wir dürfen – wir …

18 Wie kann man eine Stelle finden? Nennen Sie drei Möglichkeiten.

19 Ergänzen Sie.
Wo sind die Batterien, … ich gestern gekauft habe? Ach, hier ist der Führerschein, … ich gesucht habe.

20 ZIEL

3 Arbeit und Beruf

Pflegeberufe

1 Wo arbeiten die Leute? Was machen sie? Erzählen Sie.

die Altenpflegerin

der Krankenpfleger

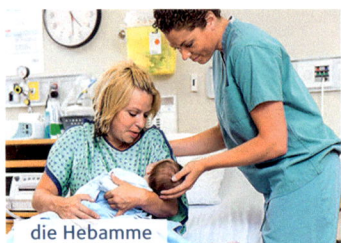
die Hebamme

die Kinderkrankenschwester

der OP-Krankenpfleger

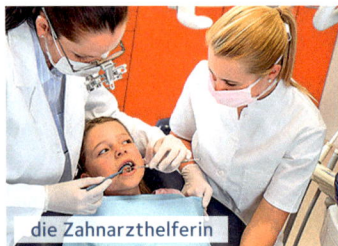
die Zahnarzthelferin

> **Wo?** im Seniorenheim • im Krankenhaus • in der Kinderklinik •
> im Geburtshaus • bei einem Pflegedienst • im Operationssaal • im Kreißsaal •
> auf einer Station • in einer Praxis

> **Was?** Kinder/Patienten/Senioren pflegen/betreuen • bei Geburten helfen •
> schwangere Frauen beraten • bei Behandlungen/Operationen assistieren •
> Patienten Medikamente bringen • Betten machen • Blut abnehmen •
> Blutdruck messen • den Arzt / die Ärztin unterstützen

2 Welchen Beruf finden Sie interessant? Warum?

3a Hören Sie das Interview. Arbeitet Frau Arkaeva gern in ihrem Beruf?

3b Hören Sie das Interview noch einmal und kreuzen Sie an: richtig oder falsch.

		R	F
1	Frau Arkaeva hat ihren Beruf im Ausland gelernt.	☐	☐
2	Sie hat in Deutschland einen Lehrgang gemacht.	☐	☐
3	Sie musste keine Prüfung machen.	☐	☐
4	Die Ärzte sind die Vorgesetzten vom Pflegepersonal.	☐	☐
5	Für das Pflegepersonal gibt es gute Aufstiegschancen.	☐	☐
6	Frau Arkaeva findet ihren Beruf anstrengend.	☐	☐
7	Sie arbeitet immer zwölf Tage und hat dann einen Tag frei.	☐	☐

> Die Berufe im Gesundheitswesen gehören in Deutschland zu den reglementierten Berufen. Man darf sie nur ausüben, wenn man bestimmte Qualifikationen nachweisen kann. Personen mit einer Krankenpflegeausbildung aus dem Ausland, die in Deutschland in ihrem Beruf arbeiten wollen, brauchen eine staatliche Anerkennung und in der Regel müssen sie Deutschkenntnisse auf dem Niveau B2 nachweisen.

3 c Lesen Sie Teile aus dem Interview. Was sagt Frau Arkaeva über ihre Arbeit? Ergänzen Sie die Tabelle und berichten Sie dann in der Klasse.

🗨 Wie wichtig ist die Hygiene?

🗨 Es ist wichtig, dass die Patienten im Krankenhaus nicht noch andere Krankheiten bekommen. Auch die Ärzte und Krankenschwestern sollen keine Infektionskrankheiten bekommen. Das bedeutet zum Beispiel, dass wir uns regelmäßig die Hände waschen und desinfizieren.

🗨 Ist die Pflege für alle Patienten gleich oder gibt es Unterschiede?

🗨 Die Patienten haben verschiedene Krankheiten und deshalb ist die Pflege unterschiedlich. Oft können sie nicht aufstehen oder sie brauchen Hilfe beim Essen und Anziehen. Patienten, die immer im Bett liegen, müssen wir beim Bettenmachen oder Waschen drehen und heben.

🗨 Wie arbeiten Sie mit den Ärzten zusammen?

🗨 Die Ärzte sagen uns zum Beispiel, wie wir Patienten auf Untersuchungen vorbereiten sollen. Aber wir haben verschiedene Aufgaben. Die Ärzte behandeln die Patienten, wir pflegen sie und dazu gehört viel Organisation. Die Ärzte sind nicht unsere Vorgesetzten.

🗨 Welche Aufstiegsmöglichkeiten hat das Pflegepersonal?

🗨 Man kann zum Beispiel Stationsleiterin oder Pflegedienstleiterin für ein ganzes Krankenhaus werden. Außerdem kann man in der Fortbildung arbeiten und zum Beispiel Krankenpflegeschüler ausbilden.

Hygiene	Pflege	Ärzte und Pflegepersonal	Aufstiegschancen
Hände waschen			

4 a Ordnen Sie den Dialog. Hören Sie zur Kontrolle.

☐ Dann verabschiede ich mich jetzt. Vielen Dank auch für Ihre Hilfe.
☐ Nein, das ist im Moment nicht mehr nötig.
☐ Bekomme ich auch noch Medikamente?
☐ Auf Wiedersehen und alles Gute, Frau Zeis.
☐ Ihre Papiere sind jetzt fertig, Frau Zeis. Geben Sie diesen Brief bitte Ihrem Hausarzt.

4 b Arbeiten Sie zu zweit. Variieren Sie den Dialog aus 4a.

Situation
Der Patient kann nach Hause gehen.
Die Pflegekraft gibt ihm die Papiere und einige Medikamente.
Der Patient soll sie morgens, mittags und abends nehmen und am nächsten Tag zum Hausarzt gehen.

3 Schule und Ausbildung

Konflikte

1a Lesen Sie die Internetseite. Welche Überschrift passt? Ordnen Sie zu.

    A Unser Streitschlichter-Team   C Was ist Streitschlichtung?
    B Wir suchen Streitschlichter

Siemens-Schule

Startseite

Wir über uns	„Jedes Ding hat drei Seiten. Eine Seite, die du siehst, eine, die ich sehe und eine, die wir beide nicht sehen." (chinesische Weisheit)
Unser Leitbild	In der Schule kann es schnell zum Streit kommen. Nicht alle Schülerinnen und Schüler mögen sich. Jeder hat seine eigene Meinung und sagt sie auch. Wenn sich dann zwei oder mehrere Schülerinnen und Schüler streiten, dann bist du gefragt!
Schulprofil	
Schulleben	
Das Kollegium	Streitschlichter kümmern sich darum, dass ein Konflikt fair und ohne Fäuste bleibt. Wenn sich Schülerinnen und Schüler streiten, helfen Streitschlichter. Die Lehrerinnen und Lehrer sind nicht dabei. Die Streitschlichter hören zu und finden den Grund für den Streit oft schnell heraus. Danach wird eine Lösung gesucht, mit der alle zufrieden sind.
Termine	
Fotos	Na, hast du Interesse?
Kontakt	Jeder Streitschlichter braucht aber eine Ausbildung. Diese bekommst du bei uns im Streitschlichter-Büro (Raum B001). Der nächste Termin findet am 23. September in der 7. Stunde statt. Alle Schülerinnen und Schüler an unserer Schule können mitmachen. Kommt doch einfach vorbei. Wir freuen uns auf euch!

1b Lesen Sie noch einmal und kreuzen Sie an: richtig oder falsch.

	R	F
1 Streitschlichter sind Erwachsene, die in der Schule arbeiten.	☐	☐
2 Streitschlichter helfen Schülerinnen und Schülern, die sich streiten.	☐	☐
3 Streitschlichter arbeiten mit Lehrern zusammen.	☐	☐
4 Streitschlichter finden oft keine Lösungen.	☐	☐
5 Streitschlichter kann nicht jeder werden.	☐	☐

1c Brauchen Schulen Schülerinnen und Schüler, die als Streitschlichter arbeiten? Diskutieren Sie in der Klasse.

2a Lesen Sie den Infotext und ergänzen Sie die Regeln für die Streitschlichtung.

> Ich-Botschaften • Aktiv zuhören • Empathie zeigen

Das Einmaleins der Streitschlichtung: Feedbackregeln

Wie kann man einen Streit schlichten? Mit diesen Regeln kann man einen Konflikt lösen.

.................................: Frage nach, ob du alles richtig verstanden hast.

.................................: Beschreibe, wie du dich fühlst und beschimpfe nicht den anderen.

.................................: Zeige dem anderen, dass du ihn verstehst und mit ihm mitfühlst.

2b Wie finden Sie diese Regeln? Kennen Sie noch andere Regeln? Berichten Sie.

Treffpunkte

Sie lernen

- über Kontaktmöglichkeiten sprechen
- über Vereine sprechen
- über ehrenamtliches Engagement sprechen
- mit Ämtern und Behörden telefonieren
- Relativsätze mit Präpositionen

1 a Wo treffen sich die Leute? Sprechen Sie.
Ü1

1 b Was machen die Leute? Wie fühlen sie sich? Beschreiben Sie die Fotos.

> gemeinsam feiern • lächeln • lachen • sich unterhalten •
> Sport treiben • chatten • zusammen lernen •
> im Verein Fußball spielen • Tischkicker spielen

> ernst/froh/fröhlich/einsam … aussehen •
> sich wohl/fremd/einsam … fühlen • Die Stimmung ist gut/toll/schlecht.

2 a Wo kann man in Deutschland gut Leute kennenlernen? Wo haben Sie schon einmal neue Leute kennengelernt? Sammeln Sie.

2 b Wie ist es in Ihrer Heimat? Wo trifft man sich? Wo kann man Leute kennenlernen?
Ü2

> In meinem Heimatland ist es genauso wie in Deutschland. Man kann auch …

> Bei uns ist es ganz anders. Wir …

einhunderteinundvierzig 141

12   A   Ehrenamtlich arbeiten

1 a Lesen Sie den Artikel und ordnen Sie die Fragen den Textabschnitten zu.
Ü3

1. Was kann man im Nachbarschaftshaus machen?
2. Was ist das Nachbarschaftshaus?
3. Wer kommt in das Nachbarschaftshaus?

Ein Treffpunkt mit Tradition – das Nachbarschaftshaus Urbanstraße

☐ Seit 1955 ist das Nachbarschaftshaus Urbanstraße als gemeinnütziger Verein ein lebendiger, interessanter, charmanter Treffpunkt für die Bewohner im Berliner Stadtteil Kreuzberg.

☐ Kinder, Jugendliche und Erwachsene aus der näheren und weiteren Nachbarschaft kommen gerne zu den vielfältigen Veranstaltungen.

☐ Das Nachbarschaftshaus Urbanstraße ist ein Ort für Begegnung, Austausch und Kontakt. Man kann dort Kurse machen, Leute kennenlernen, sich sozial engagieren, Sport machen oder sich beraten lassen. Das Nachbarschaftshaus organisiert auch Hausaufgabenhilfe und hilft bei Problemen mit Formularen und Bewerbungen. Das Haus arbeitet interkulturell und ist ein Treffpunkt für Menschen mit und ohne Behinderungen.

1 b Lesen Sie noch einmal und beantworten Sie die Fragen aus 1a.

2 a Welche Angebote sind für Herrn Abulu und Frau Abromov in ihrem Nachbarschaftshaus
2.32   Ü4-5   interessant? Hören Sie und kreuzen Sie an.

PROJEKTE UND ANGEBOTE

☐ Internationale Frauengruppe   ☐ Theatergruppe   ☐ Rechtsberatung
☐ Hausaufgabenhilfe   ☐ Projekt *Jugend aktiv*   ☐ Lohnsteuerhilfe
☐ Internationaler Chor   ☐ Sozialberatung   ☐ Seniorentreff

2 b Hören Sie noch einmal und kreuzen Sie an: richtig oder falsch.

	R	F
1 Herr Abromov geht seit zwei Jahren ins Nachbarschaftshaus.	☐	☐
2 Er war schon bei der Rechtsberatung.	☐	☐
3 Frau Abramov spielt Theater.	☐	☐
4 Sie hilft Geflüchteten, wenn sie rechtliche Probleme haben.	☐	☐

2 c Was finden Sie interessant? Wo möchten Sie sich engagieren?

2 d Kennen Sie ähnliche Angebote in Ihrer Nähe? Was kann man dort machen? Berichten Sie.

3 a Im Nachbarschaftshaus. Hören Sie das Gespräch. Welches Foto passt zu dem Projekt „Jugend aktiv"? Zu welchen Projekten und Angeboten in 2a passen die anderen Fotos?

3 b Die Sätze sind falsch. Hören Sie noch einmal und korrigieren Sie.

1. In dem Projekt „Jugend aktiv" helfen junge Leute nur alten Menschen.
2. Ulyana lernt in dem Projekt, wie man richtig vorliest.
3. Ulyana arbeitet nicht ehrenamtlich. Sie bekommt für ihre Arbeit Geld.
4. Ulyana möchte bald mit dem Projekt aufhören.
5. Ulyana kennt keine anderen Projekte im Nachbarschaftshaus.
6. Frau Bauer kennt das Projekt „Jugend aktiv" nicht.
7. Frau Bauer ist noch sehr fit und kann alles selbst machen.
8. Frau Bauer hilft den Jugendlichen.

4 a Ehrenamtlich arbeiten. Wo kann man ehrenamtlich arbeiten? Warum arbeiten Leute ehrenamtlich? Lesen Sie die Erklärung und sprechen Sie.

> eh|ren|amt|lich [Adj.]: *freiwillig, ohne Bezahlung arbeiten, weil man helfen möchte:* Sie arbeitet als -e Helferin für das Rote Kreuz.

4 b Welche Möglichkeiten für ehrenamtliches Engagement gibt es in Ihrem Heimatland? Vergleichen Sie.

Bei uns gibt es keine Nachbarschaftshäuser, aber ...

B Vereine

1 a In welchen Vereinen ist Frau Maier Mitglied? Hören Sie und kreuzen Sie an.

☐ Turnverein ☐ Karnevalsverein
☐ Gesangsverein ☐ Musikschulverein
☐ Fußballverein ☐ Tierschutzverein

Verena Maier

1 b Was machen Herr Maier, Frau Maier und der Sohn in den Vereinen? Hören Sie noch einmal und sprechen Sie.

2 a Lesen Sie den Magazintext und suchen Sie Informationen zu den Zahlen.

> 35 Millionen • 600.000 • 1,7 Millionen • 7 Millionen

Vereinsleben in Deutschland

In Deutschland gibt es ungefähr 600.000 Vereine, in denen viele Millionen Menschen aktiv sind. Fast sieben Millionen Menschen in Deutschland sind z. B. Mitglied in einem Fußballverein.

Aber es gibt nicht nur Sportvereine, es gibt auch kulturelle Vereine wie z. B. Musikvereine, Theatervereine, Karnevalsvereine, Tierschutzvereine, Heimatvereine oder interkulturelle Freundschaftsvereine. Diese Vereine haben viele Angebote, für die sich junge und alte Menschen interessieren. Ein Beispiel ist der deutsch-ägyptische Freundschaftsverein, in dem sich Menschen aus Deutschland und Ägypten treffen. Die Mitglieder organisieren Veranstaltungen und feiern Feste, zu denen natürlich auch Menschen aus anderen Ländern eingeladen sind.

Ganz wichtig sind Vereine im sozialen Bereich. Die sozialen Vereine, für die sich viele Menschen engagieren, helfen in schwierigen Situationen.

Ein sehr großer sozialer Verein ist der Sozialverband *VdK Deutschland*, der 1,7 Millionen Mitglieder hat. Er setzt sich für soziale Gerechtigkeit und Solidarität ein. Dieser Verein bietet auch Beratung an, zum Beispiel für Menschen mit Behinderungen.

Fast jeder Zweite – also ungefähr 35 Millionen Menschen – in Deutschland ist Mitglied in einem Verein. Manche Leute sind auch gleichzeitig in mehreren Vereinen Mitglied. Jeder kann Mitglied in einem Verein werden. Man muss sich anmelden und zahlt einen Mitgliedsbeitrag, der von Verein zu Verein unterschiedlich ist. Dann kann man sich engagieren und an vielen Angeboten im Verein teilnehmen.

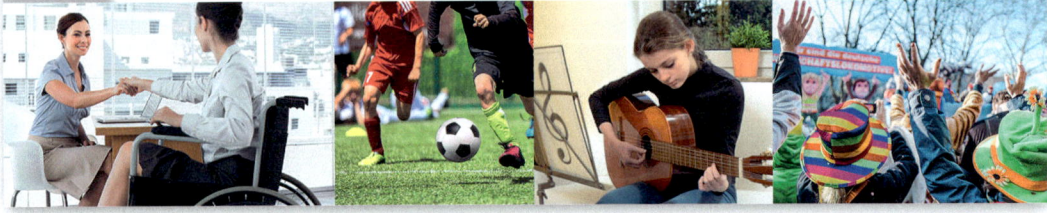

2 b Lesen Sie den Text noch einmal und beantworten Sie die Fragen.

1 Was macht ein interkultureller Freundschaftsverein?
2 Was machen Vereine im sozialen Bereich?
3 Wie kann man Mitglied in einem Verein werden?

3 a Relativsätze mit Präposition. Lesen Sie den Text noch einmal und ordnen Sie zu.
Ü9-11

> in dem sich Menschen aus Deutschland und Ägypten treffen • zu denen auch Menschen aus anderen Ländern eingeladen sind • für die sich viele Menschen engagieren • in denen viele Menschen aktiv sind • für die sich junge und alte Menschen interessieren

1 Es gibt ungefähr 600.000 Vereine, ...

2 Diese Vereine haben viele Angebote, ...

3 Der deutsch-ägyptische Freundschaftsverein ist ein Verein,

....

4 Der Verein organsiert Veranstaltungen und Feste,

....

5 Die sozialen Vereine, ... , helfen Menschen in schwierigen Situationen.

3 b Lesen Sie den Grammatikkasten und markieren Sie dann in 3a wie im Beispiel.

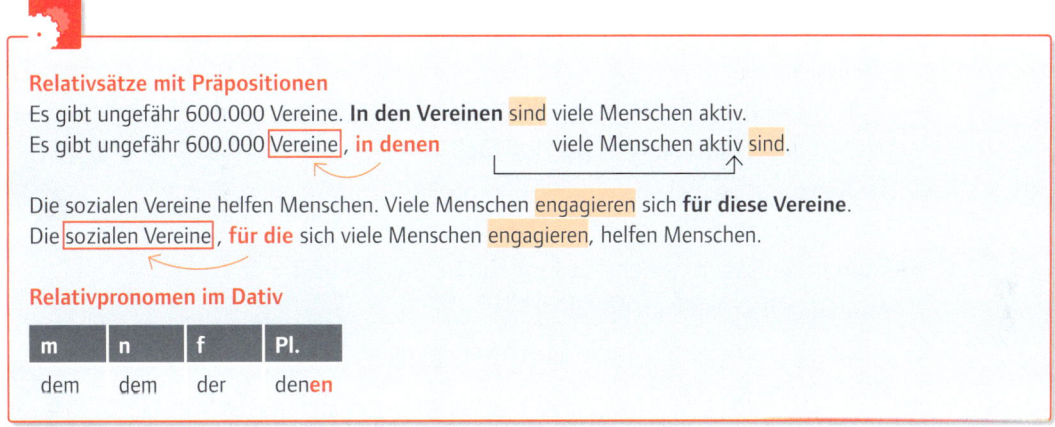

3 c Machen Sie aus den Sätzen in 3a zwei Sätze wie im Grammatikkasten.

3 d Sind Sie Mitglied oder möchten Sie Mitglied in einem Verein werden? Erzählen Sie.
Ü12-14

4 Projekt: Vereine. Welche Vereine gibt es in Ihrer Stadt? Was machen die Vereine? Recherchieren Sie.

C Telefonieren

1a Hören Sie das Telefongespräch: Was möchte Frau Badi? Notieren Sie.

1b Hören Sie alle Telefongespräche. Hat Frau Badi Erfolg? Warum (nicht)?

1c Lesen und spielen Sie die Dialoge zu fünft.

1 ▫ STV Stuttgart. Sie sprechen mit Frau Gerber. Guten Tag.
   ▫ Guten Tag, mein Name ist Badi. Ich möchte gerne in Ihrem Verein Fußball spielen. Wo und wie kann ich mich anmelden?
   ▫ Da sprechen Sie am besten mit Herrn Schlüter. Der leitet die Fußballabteilung. Einen Moment bitte ... Tut mir leid, Herr Schlüter spricht gerade. Ich kann Ihnen die Durchwahl geben.
   ▫ Ja, bitte.
   ▫ Das ist die 212 und dann die Durchwahl 3459.
   ▫ Danke schön. Auf Wiederhören.

2 ▫ Schlüter, guten Tag.
   ▫ Guten Tag, meine Name ist Badi. Ich möchte gerne in Ihrem Verein Fußball spielen. Wo und wie kann ich mich anmelden?
   ▫ Ach, das ist ganz einfach. Sie kommen einfach mal vorbei zu einem Training. Wie alt sind Sie?
   ▫ 18 Jahre.
   ▫ Hm, da sprechen Sie am besten mit Herrn Tomer. Er kann Ihnen sagen, welche Gruppe die richtige ist und wann das Training stattfindet.
   ▫ Super. Können Sie mir seine Durchwahl geben?
   ▫ Klar. Das ist die 3387.
   ▫ Danke schön.

3 ▫ Hallo?
   ▫ Guten Tag, hier spricht Frau Badi. Ich möchte im Verein Fußball spielen und wollte fragen ...
   ▫ Was wollen Sie? Fußball spielen?
   ▫ Ja. Geht das etwa nicht?
   ▫ Doch, doch. Aber Sie sind hier falsch verbunden. Ich leite die Gymnastikgruppen.
   ▫ Oh, da habe ich mich wohl verwählt. Entschuldigen Sie bitte die Störung.
   ▫ Keine Ursache. Rufen Sie Herrn Tomer an. Seine Durchwahl ist 3387.

4 ▫ Meier, guten Tag.
   ▫ Oh, jetzt bin ich schon wieder bei Ihnen gelandet.
   ▫ Herr Tomer hat die 3387, ich die 3887.
   ▫ Ja, aber ...

2 Richtig telefonieren. Ordnen Sie 1–5 und A–E zu und schreiben Sie Minidialoge. Lesen Sie dann die Minidialoge zu zweit.

Anrufer/-in
1. Guten Tag, ich möchte mich zum Fußballspielen anmelden. Mit wem muss ich da sprechen?
2. Guten Tag, können Sie mich bitte mit Frau Kramer von der Theatergruppe verbinden?
3. Guten Tag, mein Name ist Antos. Spreche ich mit Frau Silva?
4. Können Sie Herrn Zemo bitten, dass er mich zurückruft?
5. Vielen Dank für Ihre Informationen. Auf Wiederhören.

Sachbearbeiter/-in
A. Auf Wiederhören.
B. Mit Herrn Funk. Einen Moment bitte, ich verbinde Sie.
C. Frau Kramer ist im Moment nicht da. Kann ich ihr etwas ausrichten?
D. Nein, mein Name ist Neuer. Frau Silva spricht gerade. Soll sie Sie zurückrufen?
E. Ja natürlich, das mache ich.

> 1 Ich möchte mich zum Fußballspielen anmelden. Mit wem muss ich da sprechen?
> B Mit Herrn Funk. Einen Moment bitte, ich verbinde Sie.

3a Schreiben Sie die Tabelle ins Heft und ergänzen Sie wichtige Sätze aus 1c und 2.

telefonieren

ein Gespräch beginnen	sich verbinden lassen	nachfragen / um etwas bitten	das Gespräch beenden
Guten Tag, hier ist …	Ich möchte gerne mit … sprechen.	Können Sie das bitte wiederholen? Kann ich eine Nachricht hinterlassen?	Dann möchte ich nicht weiter stören. Auf Wiederhören.

3b Arbeiten Sie zu dritt. Spielen Sie Dialoge wie in 1. Die Informationen für Partner/-in B und C finden Sie auf Seite 181.

Situation 1
Anruf beim Nachbarschaftshaus.
Partner/-in A
Sie möchten im internationalen Chor mitsingen.

Situation 2
Anruf beim Tierschutzverein.
Partner/-in A
Sie möchten bei den Tieren mithelfen. Was können Sie tun?

Situation 3
Anruf bei der Refugee Law Clinic
Partner/-in A
Sie brauchen Beratung. Frau Abramov hat gesagt, Sie sollen mit Frau Niel oder Herrn Fuchs sprechen.

Sprechen aktiv

Grammatik sprechen

1 Relativsätze mit Präpositionen. Spielen Sie. Fragen und antworten Sie.

Sie brauchen pro Spieler eine Spielfigur und eine Münze: „Kopf" heißt „ein Feld weitergehen", „Zahl" heißt „zwei Felder weitergehen".

Wie heißt ein Geschäft, in dem man Brot kaufen kann?

Ein Geschäft, in dem man Brot kaufen kann, heißt Bäckerei.

Wie heißt ein Ding, mit dem man …

- Brot und Brötchen kaufen
- Gemüse kaufen
- Medikamente kaufen
- Lebensmittel einkaufen
- alles kaufen
- Tapeten und Wandfarben bekommen
- Suppe essen
- schreiben
- Papier schneiden
- ein Zimmer streichen
- telefonieren und im Internet surfen
- Musik hören

Wörter sprechen

2 Lesen Sie die Wörter laut. Ergänzen Sie dann die Sätze.

> Durchwahl • etwas ausrichten • falsch verbunden • zurückrufen • verbinden

1 Könnten Sie mich bitte mit Frau Dietrich _____?

2 Hier gibt es keine Frau Kim. Sie sind _____.

3 Können Sie mir die _____ von der Rechtsberatung geben?

4 Joanna kommt erst heute Abend zurück. Soll ich ihr _____?

5 Tut mir leid. Herr Nesin ist im Moment nicht da. Kann er Sie _____?

Flüssig sprechen

2.37

3 Hören Sie zu und sprechen Sie nach.

Arbeitstechniken und Methoden

Hörverstehen leicht gemacht

Es gibt drei verschiedene Arten von Hörverstehen:
Globales Hören: Hier geht es nur um das Thema. Man hört nicht auf jedes einzelne Wort.
Selektives Hören: Hier achtet man nur auf bestimmte Informationen, die wichtig sind.
Detailliertes Hören: Hier möchte man jedes Wort verstehen.

Mit der richtigen Strategie ist Hören gar nicht schwer. Hier sind ein paar Tipps zum selektiven Hören:

1 Keine Angst: Sie müssen meist nicht jedes Wort verstehen.
2 Lesen Sie die Aufgaben vor dem Hören durch. Das hilft. Sie wissen nun, welche Informationen wichtig sind und welche nicht.
3 Machen Sie beim Hören Notizen. Bei den Notizen sind Rechtschreibung und Grammatik egal. Und: Nur Sie müssen die Notizen lesen können.
4 Hören Sie den Text mindestens zwei Mal. Achten Sie beim zweiten Mal besonders auf die Stellen, die Sie noch nicht verstanden haben.

2.35–36

1 Globales Hören. Hören Sie die Dialoge auf S. 146 noch einmal. Was ist das Thema? Kreuzen Sie an.

☐ Anruf beim Sportverein   ☐ Anruf bei Frau Gerber

2 Selektives Hören. Hören Sie noch einmal und ergänzen Sie die Sätze im Heft.

1 Frau Badi möchte …   2 Herr Schlüter leitet …   3 Frau Badi soll …

3 Detailliertes Hören. Hören Sie noch einmal und notieren Sie: Wer? Wo? Mit wem? Was?

12 Gewusst wie

Kommunikation

über Kontaktmöglichkeiten sprechen

In meinem Heimatland hat man mehr Kontakt zu den Nachbarn.
Bei uns kann man schnell Leute kennenlernen.
In Deutschland kann man gut Leute im Verein kennenlernen.

über Vereine sprechen

Ich bin Mitglied in einem Sportverein.
Der Mitgliedsbeitrag kostet 35 Euro.
Der Verein organisiert viele soziale Aktivitäten.

über ehrenamtliches Engagement sprechen

Ich engagiere mich ehrenamtlich bei …
Ich arbeite ehrenamtlich im Seniorenheim, weil ich alten Menschen helfen möchte.

Telefonieren

Ich möchte mit … sprechen.
Können Sie mich bitte mit … verbinden?
Können Sie mir bitte die Durchwahl von Herrn … / Frau … geben?
Können Sie mich vielleicht mit der zuständigen Person verbinden?
Guten Tag, mein Name ist … Ich habe eine Frage: …
Entschuldigen Sie bitte, ich habe mich verwählt.
Tut mir leid, hier ist nicht … Sie sind falsch verbunden.

Grammatik

Relativsätze mit Präpositionen

Es gibt ungefähr 600.000 Vereine. **In den Vereinen** sind viele Menschen aktiv.

Es gibt ungefähr 600.000 Vereine, **in denen** viele Menschen aktiv sind.

Der Relativsatz steht immer in der Nähe vom Bezugswort. Manchmal auch mitten im Satz:

Die sozialen Vereine helfen Menschen. Viele Menschen engagieren sich **für diese Vereine**.
Die sozialen Vereine, **für die** sich viele Menschen engagieren, helfen Menschen.

Relativpronomen

Ich suche einen Kurs, **der** interessant ist.
Ich suche einen Kurs, **den** ich am Wochenende machen kann.
Ich suche einen Kurs, **in dem** ich Leute kennenlernen kann.
Ich suche einen Kurs, **für den** ich nicht viel bezahlen muss.

	Nominativ	Akkusativ	Dativ
m	der	den	dem
f	die	die	der
n	das	das	dem
Pl.	die	die	den**en**

Banken und Versicherungen

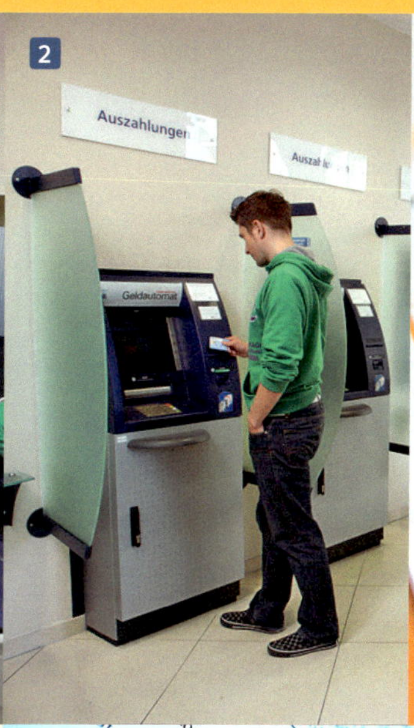

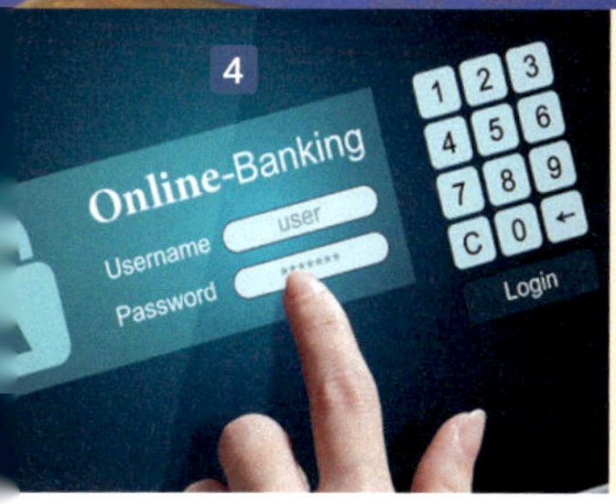

Sie lernen
- über Bankgeschäfte sprechen
- ein Konto eröffnen
- über Versicherungen sprechen
- etwas vergleichen
- etwas reklamieren
- Verben mit Präpositionen Teil 2 *(worauf, wovon … / auf wen, von wem …)*
- Komposita

1a Welche Wörter passen zu den Fotos? Ordnen Sie zu und beschreiben Sie die Fotos.
Ü1-3

> Geld einzahlen • Geld abheben • Geld überweisen •
> Geld wechseln • eine Überweisung am Schalter machen •
> ein Konto eröffnen • Geld verschicken • Geld anlegen •
> Kontoauszüge holen • einen Kredit beantragen •
> eine Online-Überweisung machen

> *Auf dem Foto 1 sieht man mehrere Personen. Ich denke, es sind Mitarbeiter und Kunden von einer Bank.*

> *Ja, das glaube ich auch. In der Mitte stehen …*

1b Was machen Sie in einer Bank? Erzählen Sie.

> *Ich hebe Geld von meinem Konto ab.*

> *Ich überweise manchmal Geld in mein Heimatland.*

13 A Auf der Bank

1a Worüber sprechen die Personen? Hören Sie den Dialog und kreuzen Sie an.

☐ die Kreditkarte ☐ die Kontogebühren ☐ die Zinsen ☐ der Dauerauftrag
☐ die EC-Karte ☐ die Geheimnummer ☐ das Girokonto ☐ das Online-Banking

1b Lesen Sie den Dialog und korrigieren Sie die falschen Sätze 1–4 in Ihrem Heft.

💬 Guten Tag, mein Name ist Kurt Valentiner. Ich bin Ihr Bankberater.
💬 Ich bin Rana Schmidt. Ich möchte ein Girokonto eröffnen.
💬 Ja, gerne. Wir haben verschiedene Angebote. Brauchen Sie ein Privatkonto oder ein Geschäftskonto? Wofür brauchen Sie das Konto?
💬 Ich brauche ein Privatkonto für mein Gehalt, die Miete und so weiter. Ich fange im September eine Ausbildung an.
💬 Dann empfehle ich Ihnen unser Azubi-Angebot. Beim Azubi-Angebot gibt es keine Gebühren für eine EC-Karte oder Auszahlungen und Überweisungen. Das Konto ist für Azubis kostenlos.
💬 Ja, ich denke, das passt. Dann nehme ich das Azubi-Angebot.
💬 Gut. Beim Azubi-Angebot ist auch noch ein Sparkonto dabei, auf dem Sie Geld sparen können und Zinsen bekommen.
💬 Sehr gut, vielen Dank. Bekomme ich auch eine EC-Karte?
💬 Natürlich bekommen Sie auch eine EC-Karte. Mit der EC-Karte können Sie bargeldlos bezahlen und in fast allen Ländern weltweit Geld abheben, nicht nur an unseren Geldautomaten.
💬 Gut, wann bekomme ich die EC-Karte?
💬 Das dauert ungefähr zwei Wochen. Sie kommt per Post. Auch die PIN bekommen Sie per Post, aber separat.
💬 Die PIN?
💬 Ja, die Geheimnummer für den Geldautomaten oder für bargeldlose Zahlungen.
💬 Ich muss also zwei Wochen warten? Erst dann kann ich das Konto benutzen?
💬 Nein, Sie können natürlich ab sofort hier am Schalter Geld einzahlen und abheben.
💬 Ach so, sehr gut. Vielen Dank.

1 Frau Schmidt möchte ein Geschäftskonto eröffnen.
2 Beim Azubi-Angebot kosten die Buchungen und Überweisungen vier Euro.
3 Mit der EC-Karte kann man überall auf der Welt Geld abheben.
4 Frau Schmidt bekommt die PIN-Nummer und die EC-Karte sofort.

1c Hören Sie den Dialog noch einmal und lesen Sie ihn dann zu zweit.

2a Person oder Sache? Lesen Sie die Sätze und unterstreichen Sie die Person in Schwarz und die Sache in Rot.

1 Frau Schmidt spricht *mit dem Bankberater*.
2 Sie sprechen *über ein Girokonto*.
3 Sie braucht ein Konto *für ihr Gehalt*.
4 Sie muss zwei Wochen *auf ihre EC-Karte* warten.
5 *Mit der EC-Karte* kann sie bargeldlos bezahlen.
6 Sie braucht eine PIN-Nummer für die EC-Karte.

2b Lesen Sie den Grammatikkasten und schreiben Sie Fragen zu den Sätzen aus 2a.

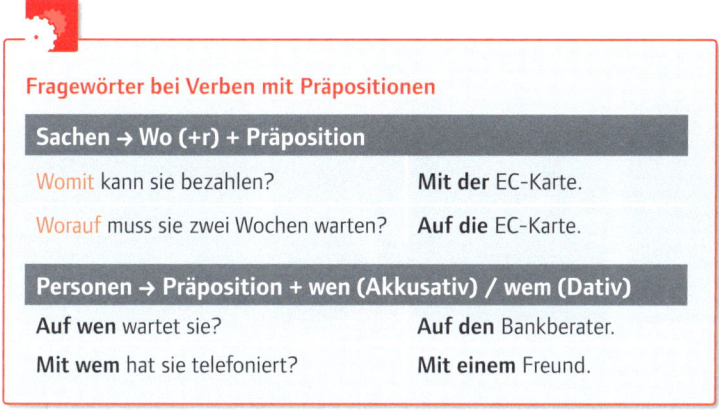

Fragewörter bei Verben mit Präpositionen

Sachen → Wo (+r) + Präposition
Womit kann sie bezahlen? — Mit der EC-Karte.
Worauf muss sie zwei Wochen warten? — Auf die EC-Karte.

Personen → Präposition + wen (Akkusativ) / wem (Dativ)
Auf wen wartet sie? — Auf den Bankberater.
Mit wem hat sie telefoniert? — Mit einem Freund.

Worüber … • Mit wem … • Womit … • Für wen … • Wofür … • Worauf …

💬 ....? Frau Schmidt spricht *mit dem Bankberater*.
💬 ....? Sie sprechen *über ein Girokonto*.
💬 ....? Sie braucht ein Konto *für ihr Gehalt*.
💬 ....? Sie muss zwei Wochen *auf ihre EC-Karte* warten.
💬 ....? *Mit der EC-Karte* kann sie bargeldlos bezahlen.
💬 ....? Sie braucht eine PIN-Nummer für die EC-Karte.

2c Lesen Sie die Fragen und Antworten in 2b zu zweit.

3 Sie möchten ein Girokonto eröffnen. Schreiben und spielen Sie einen Dialog.

Fragen in einer Bank

Guten Tag, ich brauche ein …
Ich möchte ein Privatkonto eröffnen.
Welche Angebote haben Sie?
Wie hoch sind die Gebühren?
Wofür muss ich Gebühren bezahlen?

Ich brauche auch eine EC-Karte.
Kann ich auch ein Sparkonto eröffnen?
Wann bekomme ich die EC-Karte / die PIN?
Wie lange muss ich auf die EC-Karte warten?
Ist auch Online-Banking möglich?

B Versicherungen

1 Welche Versicherungen braucht man hier? Ordnen Sie zu.

> Rentenversicherung • Krankenversicherung • Kfz-Versicherung •
> Rechtsschutzversicherung • Haftpflichtversicherung • Hausratversicherung

 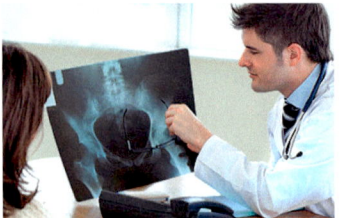 

2a Lesen Sie die Forumstexte. Welche Versicherungen aus 1 finden die Personen wichtig?
Ü9

Sascha Matuzek

Hallo Leute, ich muss mich um meine Versicherungen kümmern und nächste Woche habe ich einen Termin mit einem Versicherungsvertreter. Und da wollte ich mal ganz allgemein fragen, welche Versicherungen ihr wichtig findet.

Bianca Tiriac

Als Angestellte habe ich natürlich eine Renten- und eine Krankenversicherung. Das sind Pflichtversicherungen. Auch eine Arbeitslosen- und eine Pflegeversicherung sind in Deutschland Pflichtversicherungen. Zusätzlich ist eine Haftpflichtversicherung sinnvoll. Vor sechs Monaten habe ich bei Freunden aus Versehen eine wertvolle Uhr kaputt gemacht und das hat die Haftpflichtversicherung bezahlt. Vielleicht schließe ich bald eine Rechtsschutzversicherung ab. Ich habe einen Bekannten, der einmal ein Problem mit seinem Telefonanbieter hatte. Er hat dann einen Rechtsanwalt gebraucht, den die Rechtsschutzversicherung bezahlt hat. Ich habe aber keine Hausratversicherung mehr, denn nach einem Schaden in meiner Wohnung hatte ich Probleme mit der Versicherung. Sie wollte nicht alles bezahlen.

Bozhidar Topic

Ich finde eine Hausratversicherung wichtig. Sie hat mir einmal Geld für ein neues Fahrrad bezahlt, weil jemand das alte gestohlen hat. Natürlich habe ich auch eine Krankenversicherung, denn alle Menschen in Deutschland müssen eine haben. Ich überlege, ob ich auch eine Rechtsschutzversicherung abschließen soll. In meinem Bekanntenkreis haben nur wenige Leute eine Rechtsschutzversicherung.

2b Lesen Sie die Texte noch einmal und kreuzen Sie an: richtig oder falsch.

		R	F
1	Die Versicherung hat die Uhr, die Bianca kaputt gemacht hat, bezahlt.	☐	☐
2	Die Rechtsschutzversicherung hat den Telefonanbieter von Bianca bezahlt.	☐	☐
3	Die Hausratversicherung hat den Schaden in der Wohnung bezahlt.	☐	☐
4	Die Hausratversicherung von Bozhidar hat ihm ein neues Fahrrad bezahlt.	☐	☐
5	Viele Bekannte von Bozhidar haben eine Rechtsschutzversicherung.	☐	☐

2c Welche Versicherung finden Sie wichtig und warum? Sprechen Sie in der Klasse.

3a Lesen Sie den Flyer und markieren Sie alle Komposita.

Global Direkt — Beste Versicherung 2017

- Haftpflichtversicherung – sehr gut versichert
- Sondertarif für Berufsanfänger und Familienmitglieder
- Sofortiger Versicherungsschutz

Versicherungen
In Deutschland müssen alle eine Krankenversicherung haben. Alle Autobesitzer müssen eine Kfz-Versicherung haben. Alle Arbeitnehmer haben eine Rentenversicherung, eine Pflegeversicherung und eine Arbeitslosenversicherung.

3b Suchen Sie das passende Wort in der Anzeige und schreiben Sie es zu der Erklärung.

1 Anfänger im Beruf ....
2 Mitglieder in der Familie ....
3 Schutz durch eine Versicherung ....
4 ein besonderer Tarif, z. B. sehr günstig ....

Komposita

die Haftpflicht + die Versicherung = die Haftpflichtversicherung
der Beruf + der Anfänger = der Berufsanfänger
die Familie + das Mitglied = das Familienmitglied
neu + der Wagen = der Neuwagen

4a Weitere Komposita. Was ist ein Fahrzeug? Markieren Sie.

Sportwagen • Wagentür • Kleinwagen • Wagenreparatur • Transportwagen • Familienwagen • Gebrauchtwagen • Neuwagen • Autoreifen • Autobahn • Busfahrer • Reisebus

4b Was bedeuten die Wörter in 4a? Erklären Sie.

Ein Sportwagen ist ein Wagen, mit dem man sehr sportlich, also sehr schnell, fahren kann.

C Vertrag und Reklamation

1a Lesen Sie den Flyer. Welcher Handytarif ist am günstigsten?

1b Hören Sie das Gespräch. Über welchen Handytarif sprechen der Verkäufer und der Kunde?

1c Hören Sie noch einmal. Was ist richtig? Kreuzen Sie an.

1. ☐ Der Kunde findet einen Tarif zu teuer.
2. ☐ Er möchte einen Tarif mit einem Handy.
3. ☐ Für ihn ist sehr wichtig, dass er viel in Deutschland telefonieren kann.
4. ☐ Für ihn ist wichtig, dass er viel ins Ausland telefonieren kann.
5. ☐ Er lässt die SIM-Karte nicht sofort freischalten.

2a Welche Vorteile und Nachteile haben die Handy-Tarife? Diskutieren Sie.

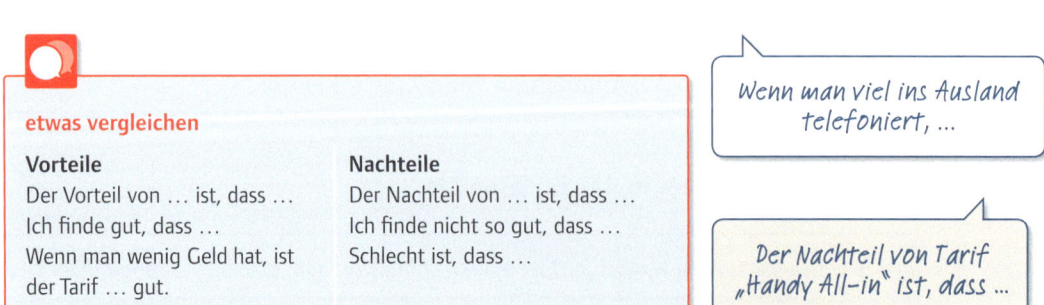

2b
Milad benutzt den Handytarif „All-in". Er hat die Flatrate für Handy und Festnetz, 750 MB Internet und er telefoniert 60 Minuten im Monat ins Ausland. Ein neues Handy braucht er nicht. Berechnen Sie, wie viel er im Monat bezahlen muss.

3a
Eine Reklamation. Hören Sie den Dialog und kreuzen Sie an: Was ist richtig?

1. ☐ Milad möchte ein Handy kaufen.
2. ☐ Milad möchte ein Handy umtauschen.
3. ☐ Milad möchte ein Handy reklamieren.

3b
Was sagt Milad? Ergänzen Sie den Dialog.

> Ja, hier sind die Quittung und der Garantieschein. Wann bekomme ich das Handy zurück? • Guten Tag, ich habe vor zwei Wochen dieses Handy gekauft, aber es funktioniert leider nicht. • Und was passiert jetzt? • Ja, hier. Probieren Sie es.

💬 *Guten Tag, ich* ....

💬 Vielleicht ist das Ladekabel defekt? Darf ich mal sehen?

💬 ....

💬 Hm, da gibt es ein Problem. Das Handy hat einen Fehler.

💬 ....

💬 Wir schicken das Handy an den Hersteller. Die prüfen und reparieren es. Haben Sie die Quittung?

💬 ....

💬 Das geht schnell. Sie bekommen Ihr Handy in einer Woche zurück.

3c
Hören Sie den Dialog noch einmal und kontrollieren Sie. Lesen Sie ihn dann zu zweit.

4
Schreiben und spielen Sie die Dialoge. Die Informationen für Partner/-in B finden Sie auf Seite 181.

**Situation 1
Partner/-in B**
Sie haben vor fünf Tagen einen gebrauchten Laptop auf E-Bay gekauft, aber er funktioniert nicht. Sie reklamieren ihn und wollen wissen, wie lange die Reparatur dauert.

**Situation 2
Partner/-in B**
Sie testen das Ladekabel mit einem anderen Handy. Das Ladekabel ist kaputt. Sie geben dem Kunden ein neues Ladekabel.

13 Sprechen aktiv

Wörter sprechen

1a Was passt zusammen? Schreiben Sie die Komposita mit Artikel. Hören Sie und lesen Sie die Komposita dann laut.

1b Arbeiten Sie zu zweit. Erklären Sie die Komposita.

> Man lernt etwas über Computer. • Das braucht man, wenn man etwas von anderen Leuten kaputt gemacht hat. • Man sieht zum Beispiel, wann man Geld abgehoben hat. • Hier ruft man an, wenn man einen Notruf machen möchte. • Man kann an diesem Ding Geld abheben.

Was ist ein Computerkurs?

Ein Computerkurs ist ein Kurs, in dem man etwas über Computer lernt.

Grammatik sprechen

2a Ordnen Sie die Präpositionen zu und ergänzen Sie Akkusativ (+ A) oder Dativ (+ D).

> an • auf • auf • ~~für~~ • für • über • über • über • über • von

sich interessieren *für + A*   warten ....   träumen ....

teilnehmen ....   sich informieren ....   ausgeben ....

sich ärgern ....   sprechen ....   sich freuen ....

2b Sie sprechen am Handy und das Netz ist schlecht. Sie verstehen Ihren Partner/ Ihre Partnerin deshalb schlecht und müssen nachfragen. Sprechen Sie wie im Beispiel. Die Sätze für Partner/-in B finden Sie auf Seite 182.

Partner/-in A
1 Ich warte auf meine Freunde.
2 Wir sprechen über die Arbeit.
3 Er träumt von einem Urlaub in den Bergen.
4 Sie interessiert sich für Reisen.
5 Sie freut sich über Geschenke.
6 Wir ärgern uns über die Nachbarn.

Ich warte auf meine Freunde.

Entschuldigung, auf wen wartest du?

Auf meine Freunde.

Flüssig sprechen

3 Hören Sie zu und sprechen Sie nach.

Arbeitstechniken und Methoden

Eine Kündigung schreiben

Bei einer Kündigung sind bestimmte Begriffe und Formulierungen besonders wichtig. Sie sind im Text gelb markiert.

Situation: Abdallah ging früher regelmäßig ins Fitnessstudio, aber jetzt ist er Mitglied in einem Fußballverein geworden. Weil er oft Training hat und am Wochenende Spiele sind, schafft er es nicht mehr ins Fitnessstudio. Er möchte deshalb seinen Vertrag für das Fitnessstudio kündigen. Er schreibt:

Sehr geehrte Damen und Herren, 08.08.2017[1]

hiermit kündige ich fristgerecht[2] zum nächstmöglichen Zeitpunkt[3] meinen Vertrag in Ihrem Fitnessstudio.

Bitte bestätigen Sie mir die Kündigung schriftlich[4].

Mit freundlichen Grüßen

Abdallah Ahmed Elmi

---

1 *Datum* = Das Datum ist wichtig, damit Abdallah weiß, wann er die Kündigung geschrieben hat und das Kündigungsdatum berechnet werden kann (siehe Nummer 3).

2 *fristgerecht* = rechtzeitig, bevor sich der Vertrag automatisch verlängert

3 *zum nächstmöglichen Zeitpunkt* = Viele Leute wissen nicht, wann genau ihr Vertrag begonnen hat. Deshalb kann man mit dieser Formulierung den nächsten Zeitpunkt auswählen, an dem eine Kündigung möglich ist, auch wenn man das genaue Datum nicht weiß.

4 *Bitte bestätigen Sie mir die Kündigung schriftlich.* = Eine schriftliche Antwort vom Fitnessstudio ist für Abdallah ein Beweis, dass er auch wirklich gekündigt hat. Falls das Fitnessstudio auch nach der Kündigung noch Geld von ihm will, kann er die Bestätigung der Kündigung vorzeigen.

1 Schreiben Sie eine fiktive Kündigung für Ihren eigenen Handyvertrag wie im Beispiel. Wenn Sie eine Kundennummer haben, geben Sie diese mit an. Vergleichen Sie Ihre Kündigungen.

13 Gewusst wie

Kommunikation

über Bankgeschäfte sprechen

Man kann am Schalter Geld wechseln.
Ich überweise manchmal Geld in mein Heimatland.
Ich hebe Geld am Automaten ab.
Ich mache nur Online-Banking. Das finde ich praktischer.

ein Konto eröffnen

Guten Tag, ich möchte ein Girokonto eröffnen.
Wie hoch sind die Gebühren pro Monat?
Wofür muss ich Gebühren bezahlen? Kann ich auch Online-Banking machen?
Wo bekomme ich die Kontoauszüge?

etwas vergleichen

Der Vorteil von diesem Vertrag ist, dass er im Monat billiger ist. Aber ich finde nicht so gut, dass Telefonate ins Ausland teuer sind. Das ist ein Nachteil.

etwas reklamieren

Guten Tag, ich habe vor einer Woche diese Uhr gekauft, aber sie funktioniert nicht. Hier sind die Quittung und der Garantieschein. Wann bekomme ich die Uhr zurück?

über Versicherungen sprechen

In Deutschland gibt es für Arbeitnehmer vier Pflichtversicherungen: die Krankenversicherung, wenn man krank ist und zum Arzt muss oder einen Unfall hatte, die Pflegeversicherung, wenn man länger nicht arbeiten kann und Unterstützung braucht, die Arbeitslosenversicherung, wenn man seine Arbeit verloren hat, und die Rentenversicherung, wenn ich alt bin und nicht mehr arbeite. Wenn man ein Auto hat, muss man in Deutschland noch eine Kfz-Versicherung haben. Alle anderen Versicherungen sind freiwillig.

Grammatik

Fragewörter bei Verben mit Präpositionen *(worauf, womit … / auf wen, mit wem …)*

Sachen → Wo (+ r)+Präposition	
Womit kann man in vielen Ländern Geld abheben?	**Mit der** EC-Karte.
Worauf warten Sie?	**Auf die** EC-Karte.

Wenn die Präposition mit einem Vokal beginnt, ergänzt man ein **r**: wo**r**auf, wo**r**an, wo**r**über …

Personen → Präposition + wen (Akkusativ) / wem (Dativ)	
Auf wen warten Sie?	**Auf den** Bankberater.
Mit wem haben Sie telefoniert?	**Mit einem** Freund.

Komposita

der Wagen + **die** Tür	→ **die** Wagentür	= die Tür von einem Wagen
neu + **der** Wagen	→ **der** Neuwagen	= ein Wagen, der neu ist

Das letzte Wort bestimmt den Artikel.
Manchmal steht zwischen den beiden Wörtern ein **s** oder ein **n**:
der Beruf**s**anfänger, das Familie**n**mitglied …

Freunde und Bekannte

Sie lernen

- über Freundschaften sprechen
- eine Freundschaftsgeschichte verstehen
- einen Forumstext schreiben
- kleine Gedichte verstehen und schreiben
- über Sprichwörter sprechen
- Verben mit Präpositionen Teil 3 (*darauf, damit … / auf ihn, mit ihm …*)

1 Sehen Sie die Fotos an. Was denken Sie: Was machen die Personen? Sind es Freunde oder Bekannte? Beschreiben Sie.

> *Der junge Mann und die junge Frau arbeiten zusammen. Ich glaube, es sind …*

2 Freundschaft. Was gehört dazu? Sammeln Sie Wörter.

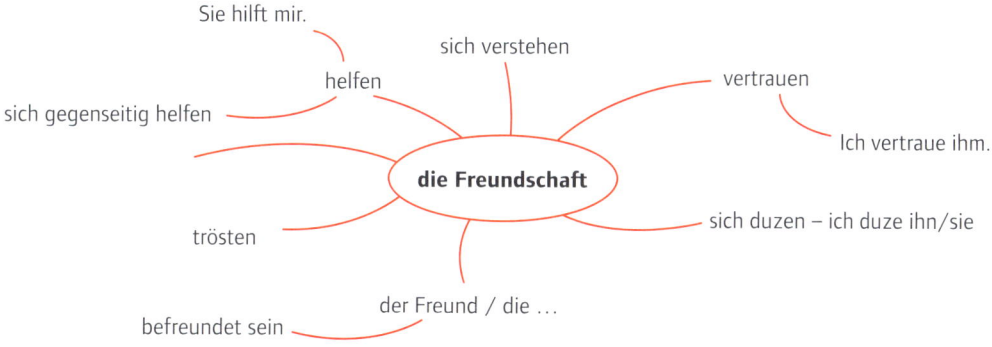

einhunderteinundsechzig 161

A Was ist Freundschaft?

1a Wählen Sie die Ihrer Meinung nach wichtigsten Wörter von Ihrem Wörternetz auf Seite 161 aus. Lesen Sie dann den Text. Kommen Ihre Wörter in dem Text vor? Markieren Sie die Wörter im Text.

Ein Freund, ein guter Freund …

Dr. Schlenker, Psychologin

Gute Freunde sind wichtig in unserem Leben. Gute Freunde helfen und unterstützen uns, sie trösten uns, wenn wir Probleme haben, und freuen sich mit uns über unsere Erfolge. Woher
5 kommen gute Freunde? Wie kann man sie finden und halten? Wir haben die Psychologin Frau Dr. Schlenker gefragt:

Gute Freunde sind oft Freunde, die man aus der Kindheit oder Jugend kennt. Man hat mit dem
10 Freund oder der Freundin viel gemeinsam erlebt. Es gibt meistens gute und schlechte Erinnerungen. Ein Freund hat uns bei großen und kleinen Sorgen getröstet und geholfen. Wenn man ein Problem hat, kann man mit dem Freund darüber diskutieren. Man kann sich auf den Freund verlas-
15 sen. In anderen Situationen hat man sich vielleicht auch über den Freund geärgert. Wichtig ist, dass die Freundschaft auch durch einige schlechte Erinnerungen nicht kaputtgegangen ist. Im Deutschen sagen wir ja oft, Freunde gehen gemeinsam durch dick und dünn.

Aber man schließt auch noch später Freundschaften, zum Beispiel bei der Arbeit oder
20 bei einem Hobby. Freundschaften können auch im Internet beginnen, zum Beispiel auf Webseiten für neue Stadtbewohner. Wenn man neu in eine Stadt kommt und noch keinen Menschen kennt, kann man darüber andere Leute kennenlernen. Man kann über gute Treffpunkte schreiben, man kann über Probleme mit Behörden sprechen oder gemeinsam etwas unternehmen, wie zum Beispiel sich zum Kino verabreden.

25 Eine interessante Frage ist, ob Männer- und Frauenfreundschaften anders sind. Es gibt einige Tendenzen: Meistens haben Männer wenige gute Freunde, Frauen haben mehr gute Freundinnen. Männer sprechen mit ihren Freunden weniger über ihr Privatleben, Frauen sprechen gerne mit ihrer besten Freundin darüber. Aber die Menschen sind unterschiedlich und so sind auch die Freundschaften unterschiedlich. Wichtig ist: Männer
30 und Frauen, Kinder, Jugendliche, Junge und Alte, alle sind glücklich, wenn sie gute Freunde haben.

1b Lesen Sie den Text noch einmal und korrigieren Sie die Sätze.

1 Man hat mit guten Freunden nur gute Erlebnisse.
2 Freunde im Internet können nicht helfen.
3 Freundschaften zwischen Männern und zwischen Frauen sind gleich.

1c Was denken Sie über die Sätze in 1b? Diskutieren Sie.

2a Lesen Sie den Text auf Seite 162 noch einmal. Was bedeutet „darüber"? Ergänzen Sie.

1 Zeile 14 „darüber" = ...
2 Zeile 22 „darüber" = ...
3 Zeile 28 „darüber" = ...

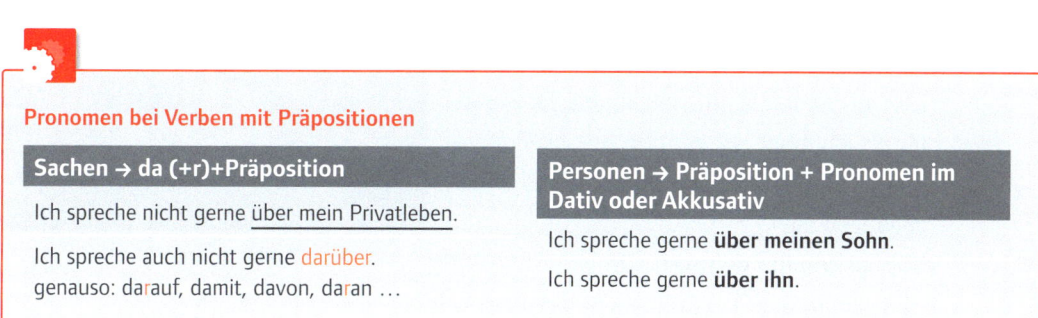

Pronomen bei Verben mit Präpositionen

Sachen → da (+r)+Präposition
Ich spreche nicht gerne über mein Privatleben.
Ich spreche auch nicht gerne darüber.
genauso: darauf, damit, davon, daran …

Personen → Präposition + Pronomen im Dativ oder Akkusativ
Ich spreche gerne über meinen Sohn.
Ich spreche gerne über ihn.

2b Ergänzen Sie die Antworten. Fragen und antworten Sie dann.

1 ▫ Worüber sprechen Sie mit Ihren Freunden?
▫ Über Sport und Politik.

▫ .... spreche ich nicht gerne.

2 ▫ Worauf freust du dich?
▫ Auf das Wochenende.

▫ .... freue ich mich auch.

3 ▫ Worüber freust du dich?
▫ Über das tolle Wetter heute.

▫ .... freue ich mich auch.

4 ▫ Worauf wartest du?

▫ .... die Pause.

▫ .... warte ich auch.

5 ▫ Wovon träumst du?
▫ Von einem Porsche.

▫ .... träume ich nicht.

6 ▫ Womit telefonierst du?
▫ Mit diesem supermodernen Handy.

▫ .... möchte ich auch einmal telefonieren.

3 Machen Sie ein Partnerinterview. Notieren Sie die Antworten und berichten Sie dann in der Klasse.

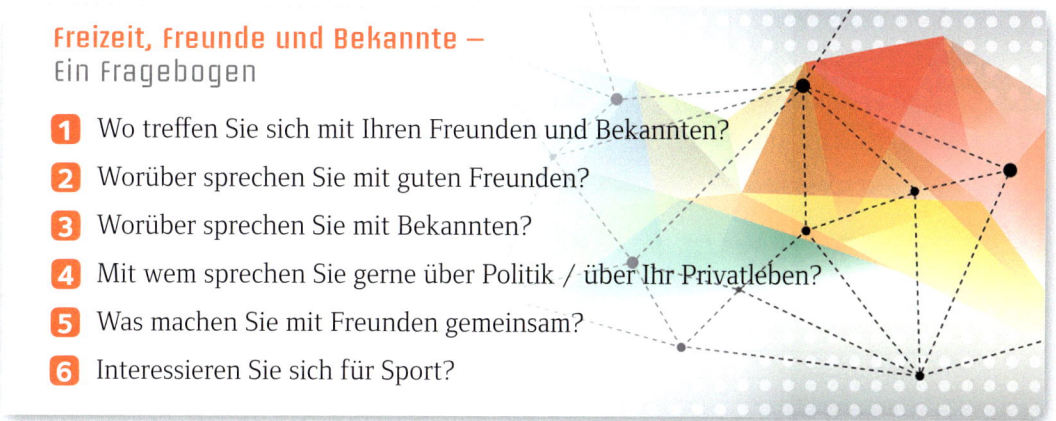

Freizeit, Freunde und Bekannte –
Ein Fragebogen

1 Wo treffen Sie sich mit Ihren Freunden und Bekannten?
2 Worüber sprechen Sie mit guten Freunden?
3 Worüber sprechen Sie mit Bekannten?
4 Mit wem sprechen Sie gerne über Politik / über Ihr Privatleben?
5 Was machen Sie mit Freunden gemeinsam?
6 Interessieren Sie sich für Sport?

B Eine Freundschaftsgeschichte

1a Hören und lesen Sie das Gespräch zwischen Rayan und seinen Freunden. Was hat Rayan vielleicht in Berlin gemacht? Sammeln Sie in der Klasse.

💬 Weißt du, wen ich letzte Woche getroffen habe? Karim.
💬 Karim? Wen meinst du? Ich kenne keinen Karim.
💬 Karim Mado Ali. Er ist in meinem Dorf im Irak auf meine Schule gegangen. Er war älter als ich, aber wir kennen uns, weil mein großer Bruder mit ihm in die gleiche Klasse gegangen ist.
💬 Wo hast du ihn denn getroffen?
💬 In Berlin in der U-Bahn. Aber eigentlich war es gar nicht geplant.
💬 Erzähl doch mal. Was hast du denn in Berlin gemacht?

1b Hören Sie den Anfang der Geschichte, und ordnen Sie die Bilder.

1c Was ist das Problem von Rayan? Welche Möglichkeiten hat er? Diskutieren Sie in Gruppen und präsentieren Sie die Ergebnisse.

1d Hören Sie die Geschichte zu Ende und vergleichen Sie mit Ihren Vorschlägen in 1c.

1e Erzählen Sie die Geschichte. Die Wörter im Kasten helfen.
Ü10

> Klassenfahrt machen • Plakate anschauen • nachmittags •
> Sehenswürdigkeiten anschauen • letzte Woche • auf die U-Bahn warten •
> Türen geschlossen • nicht wissen, wohin die Klasse fährt • Karim treffen •
> in die Jugendherberge zurückbringen • Klassenkameraden treffen

2a Beste Freunde. Arbeiten Sie in Gruppen. Wählen Sie in der Gruppe einen Forumstext auf Seite 165 aus. Lesen Sie den Text und ergänzen Sie die Tabelle.

Person	Wer ist die beste Freundin / der beste Freund?	Was machen sie zusammen?	Wie oft?	Probleme?
Joscho34				

Dany101

Ich habe viele Freunde, aber ich sehe sie selten. Wir wohnen nicht mehr im gleichen Ort. Gut, dass es die sozialen Netzwerke gibt. Wir schreiben, was wir machen, und schicken uns Fotos. Aber das ist nicht das Gleiche wie früher und wir sind uns ein bisschen fremd geworden. Wir haben einmal eine gemeinsame Radtour geplant. Aber das ist dann doch nichts geworden. Ich finde das sehr schade und vermisse meine Freunde.

Joscho34

Mein Sputzi, mein Border-Collie, das ist wirklich ein guter Freund. Wir gehen täglich zusammen spazieren. Natürlich ist er kein Mensch, aber er ist sehr intelligent und kann vieles verstehen. Ich muss ihm nichts erklären, er merkt sofort, wenn ich traurig bin, und kommt dann zu mir und legt den Kopf auf meine Beine. Und wenn ich glücklich und zufrieden bin, dann ist er es auch. Ein Hund ist ein toller Begleiter.

AnnaEva

Meine beste Freundin ist meine Cousine. Früher waren wir in den Ferien immer zusammen bei unseren Großeltern. Das war immer eine tolle Zeit. Ich erinnere mich gerne daran. Wir haben so viele gemeinsame Ideen und Interessen. Jetzt wohnen wir auch beide hier in München. Wir treffen uns jede Woche mindestens einmal und telefonieren fast täglich. Mein Freund ist nicht so glücklich. Er kann nicht verstehen, dass ich jeden Tag mit meiner Cousine sprechen muss, denn er hat keinen Freund, mit dem er alles teilen möchte.

besteFreundin1

Ich habe keine beste Freundin, meine „beste Freundin" ist ein Freund. Ich mag ihn sehr, er hat einen tollen Humor. Wir kennen uns schon seit dem Kindergarten. Wir haben auch schon zusammen Urlaub gemacht und erzählen uns alles, was uns wichtig ist. Manchmal denke ich, ich kenne ihn besser als seine Freundin. Für meinen Freund war das erst ein Problem, er war eifersüchtig. Aber jetzt hat er verstanden, dass wir wirklich nur gute Freunde sind und nichts zwischen uns läuft.

2 b Mischen Sie dann die Gruppen neu und berichten Sie den anderen Gruppenmitgliedern über „Ihre" Person.

2 c Wie steht es in den Texten? Lesen Sie die Texte und unterstreichen Sie den passenden Ausdruck.

1 **Dany101:** Wir kennen uns nicht mehr so gut wie früher.
2 **Joscho34:** Wir gehen jeden Tag spazieren.
3 **Joscho34:** Er weiß, wenn ich mich nicht gut fühle.
4 **AnnaEva:** Wir treffen uns auf jeden Fall einmal pro Woche, meistens aber häufiger.
5 **besteFreundin1:** Er hat gedacht, dass ich den anderen lieber mag als ihn.

3 a Was sind typische Freundschaften in Ihrem Heimatland? Erzählen und vergleichen Sie.
Ü11

3 b Schreiben Sie einen eigenen Text für das Forum „wer-ist-dein-bester-freund.de".

C Gedanken zur Freundschaft

1 a Elfchen. Hören Sie und lesen Sie das Gedicht und den Infokasten. Warum heißt es „Elfchen"?

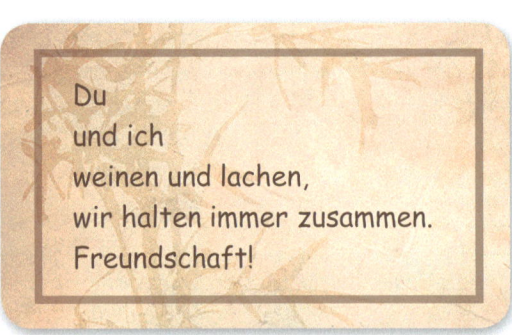

Du
und ich
weinen und lachen,
wir halten immer zusammen.
Freundschaft!

> Ein „Elfchen" ist ein kurzes Gedicht mit elf Wörtern in dieser Reihenfolge:
> 1. Zeile: 1 Wort
> 2. Zeile: 2 Wörter
> 3. Zeile: 3 Wörter
> 4. Zeile: 4 Wörter
> 5. Zeile: 1 Wort

1 b Schreiben Sie zwei Elfchen. Benutzen Sie die Wörter im Kasten, wenn Sie Hilfe brauchen. Ein Elfchen soll als Thema „Freundschaft" haben. Das Thema für das zweite Elfchen können Sie frei wählen. Lesen Sie die Gedichte vor.

> bester Freund • beste Freundin • über alles reden können • Vertrauen •
> Verstehen • Seelenverwandtschaft • gleiche Interessen • deine schönen Augen •
> Kinder spielen im Park • leuchten in der Nacht • die Sonne scheint •
> ohne Worte • Wärme • Liebe • Blumen blühen • Sommer • du

1 c Wählen Sie ein Thema und schreiben Sie zu zweit ein Elfchen.

> Stadt • Familie • Frühling • Winter • Regen • Arbeit

1 d Gestalten Sie das Elfchen mit einem passenden Rahmen oder einer Zeichnung.

2a Lesen Sie die Sprüche. Was bedeuten sie? Ordnen Sie zu.

A Gute Freunde kann nichts trennen.
B Wenn man in einem fremden Land ist, sind Freunde sehr wichtig.
C Freunde sind wichtiger als Geld.
D Mit einem guten Freund kann man nicht nur gemeinsam lachen, er hilft auch, wenn man Probleme hat.
E In einer Freundschaft kann es auch mal Probleme geben.
F Freundschaft und Geldverdienen sollte man trennen.

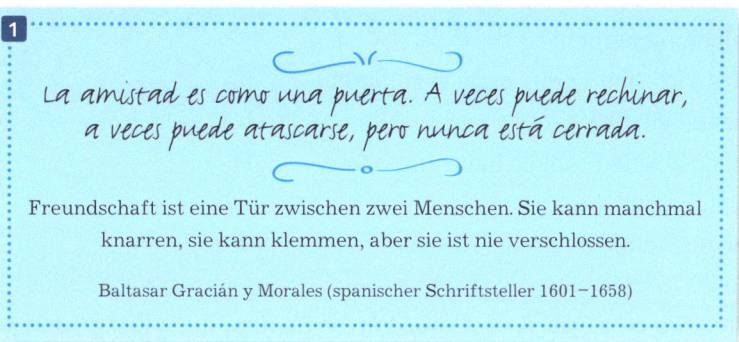

1. La amistad es como una puerta. A veces puede rechinar, a veces puede atascarse, pero nunca está cerrada.

Freundschaft ist eine Tür zwischen zwei Menschen. Sie kann manchmal knarren, sie kann klemmen, aber sie ist nie verschlossen.

Baltasar Gracián y Morales (spanischer Schriftsteller 1601–1658)

2. الصديق لوقت الضيق
Einen wahren Freund erkennt man in der Not.
Arabisches Sprichwort

3. 亲密无间
Gute Freundschaft ist so eng, dass nichts dazwischenpasst.
Chinesisches Sprichwort

4. не имей сто рублей, а имей сто друзей
Lieber 100 Freunde haben als 100 Rubel.
Russisches Sprichwort

5. Dost ile ye, iç, ama alisveris etme.
Iss und trink mit einem Freund, mach aber mit ihm niemals Geschäfte.
Türkisches Sprichwort

6. Freundschaft, das ist wie Heimat.
Kurt Tucholsky (deutscher Schriftsteller 1890–1935)

2b Welcher Spruch gefällt Ihnen besonders gut? Diskutieren Sie zu dritt.

2c Welche Sprüche über Freundschaft kennen Sie aus Ihrer Heimat? Erzählen Sie.

Bei uns gibt es ein ähnliches Sprichwort wie Nummer 4. Man sagt: …

Kannst du das auf Deutsch erklären?

Auf Deutsch heißt das ungefähr: …

2d Suchen Sie einen Spruch über Freundschaft. Schreiben Sie den Spruch in Ihrer eigenen Sprache auf ein Plakat. Übersetzen Sie ihn dann ins Deutsche. Sie können das Plakat auch schön gestalten.

14 Sprechen aktiv

Wörter sprechen

1a Ergänzen Sie die Wörter in den Sätzen.

> trösten • unterstützen • lachen • sich verlassen auf • sich fremd fühlen

1. Wenn ich ein Problem habe, bin ich sicher, dass mein Freund hilft. — Ich kann .... meinen Freund ....
2. Ich bin neu in der Stadt und kenne noch keinen Menschen. — Ich ....
3. Wenn ich traurig bin, dann sagt mir ein Freund gute Worte. — Er .... mich.
4. Wenn ich ein Problem habe, hilft mir mein Freund. — Er .... mich.
5. Meine Freundin hat viel Humor. — Wir .... viel zusammen.

1b Arbeiten Sie zu zweit. A sagt eine Worterklärung 1–5, B sagt den passenden Satz. Machen Sie es zweimal. Dann schließt B das Buch. Können Sie es auswendig?

Grammatik sprechen

2a Nach Dingen fragen. Arbeiten Sie zu zweit und sprechen Sie wie im Beispiel. Die Sätze für Partner/-in B finden Sie auf Seite 182.

Partner/-in A

1. Ich habe mich darüber geärgert. (über den Stau)
2. Ich habe nicht darauf geantwortet. (auf die dumme E-Mail)
3. Ich muss leider darauf verzichten. (auf Süßigkeiten)
4. Ich habe mich sehr darüber gefreut. (über das Buch)
5. Ich habe davon geträumt. (von der tollen Party)

— Ich habe mich darüber geärgert.
— Entschuldigung, worüber hast du dich geärgert?
— Über den Stau.
— Ach so, darüber habe ich mich auch geärgert.

2b Nach Personen fragen. Arbeiten Sie zu zweit und sprechen Sie wie im Beispiel. Die Sätze für Partner/-in B finden Sie auf Seite 183.

1 Ich habe mit ihm telefoniert. (mit Thomas)
2 Ich habe lange auf sie gewartet. (auf die neue Mitbewohnerin)
3 Ich möchte heute noch mit ihr sprechen. (mit Lucia)
4 Habt ihr gestern über sie gesprochen? (über die Kinder)
5 Ich habe mit ihnen Karten gespielt. (mit den Kollegen)

> Ich habe mit ihm telefoniert.

> Mit wem hast du telefoniert?

Flüssig sprechen

3 Hören Sie zu und sprechen Sie nach.
2.47

Arbeitstechniken und Methoden

Texte knacken: Strategien vor, während und nach dem Lesen

Lange Texte in einer fremden Sprache wirken auf den ersten Blick oft unverständlich. Noch bevor der Text gelesen wird, befürchten viele, ihn nicht zu verstehen. Die folgenden Fragen im Textknacker helfen dabei, den Text besser zu verstehen.

Vor dem Lesen
- Gibt es Bilder, die mir schon etwas über den Text sagen können?
- Wie heißt die Überschrift?
- Was weiß ich schon über dieses Thema?

Während des Lesens
- Hat der Text Absätze und Zwischenüberschriften? Falls nicht: Unterteilen Sie den Text in Sinnabschnitte und geben Sie ihm Zwischenüberschriften.
- Werden Wörter am Rand oder unter dem Text erklärt? Falls nicht: Markieren Sie Wörter, die Sie nicht verstehen.
- Welche Hervorhebungen gibt es (unterstrichen, fett gedruckt)? Warum wurden diese Wörter hervorgehoben? Falls es keine Hervorhebungen gibt: Markieren Sie wichtige Wörter.

Nach dem Lesen
- Muss ich Stellen, die ich nicht verstanden habe, nochmal lesen?
- Muss ich unbekannte Wörter im Lexikon nachschlagen?

1 Lesen Sie den Text auf Seite 162 noch einmal. Gehen Sie vor, wie oben beschrieben.

2 Hilft Ihnen der Textknacker beim Verstehen von Texten? Begründen Sie Ihre Meinung.

14 Gewusst wie

Kommunikation

über Freundschaften sprechen

Gute Freunde sind oft Freunde, die man aus der Kindheit oder Jugend kennt.
Mit guten Freunden hat man meistens viel gemeinsam erlebt und man kann ihnen vertrauen.
Ein Freund tröstet bei großen und kleinen Sorgen und hilft, wenn man ein Problem hat.
Man kann sich auf den Freund verlassen.
Neue Freunde kann man auch im Internet kennenlernen.

eine Freundschaftsgeschichte verstehen

💬 Weißt du, wen ich letzte Woche gesehen habe? Karim.
💬 Karim? Wen meinst du?
💬 Er ist im Irak auf meine Schule gegangen.
💬 Wo hast du ihn denn getroffen?
💬 In Berlin, aber eigentlich war es gar nicht geplant …

einen Forumstext schreiben

Ich habe viele Freunde, aber ich sehe sie selten. Ich finde das sehr schade und vermisse meine Freunde.
Ich muss meinem Freund nichts erklären, er merkt sofort, wenn ich traurig bin.
Ich mag ihn sehr, er hat einen tollen Humor.

über Sprichwörter sprechen

Bei uns gibt es ein ähnliches Sprichwort: …
Kannst du das auf Deutsch erklären?
Auf Deutsch heißt das ungefähr: …
Ich finde das Sprichwort … besonders schön, weil …

Grammatik

Pronomen bei Verben mit Präpositionen (*darüber, damit … / über ihn, mit ihr …*)

Sachen → da (+r)+Präposition	
Ich spreche nicht gerne	über mein Privatleben.
Ich spreche auch nicht gerne	**darüber**.

Wenn die Präposition mit einem Vokal beginnt, ergänzt man ein **r**: da**r**auf, da**r**über, da**r**um, da**r**in, da**r**an …

💬 Wofür interessierst du dich?
💬 Für Fußball.
💬 Dafür interessiere ich mich auch.

💬 Woran denkst du?
💬 An das Wochenende.
💬 Daran denke ich auch gerne.

Personen → Präposition + Pronomen		
Akkusativ	Ich spreche gerne	über meinen Sohn.
	Ich spreche gerne	über ihn.
Dativ	Sie telefoniert	mit einem Freund.
	Sie telefoniert	mit ihm.

💬 Über wen sprecht ihr?
💬 Über Lukas und Marie.
💬 Über sie (die) haben wir auch gerade gesprochen.

💬 Von wem träumt Isabel?
💬 Von Rihanna.
💬 Von ihr (der) träume ich auch gerne.

Station 4

Dialoge spielen

1 Acht Situationen. Arbeiten Sie zu zweit. Wählen Sie drei Situationen aus, machen Sie Notizen und spielen Sie die Dialoge mit Ihrem Partner / Ihrer Partnerin.

 Sie möchten sich in einem Fitnesscenter anmelden. Rufen Sie an und fragen Sie nach den Kosten und Öffnungszeiten.

 Sie möchten wissen, wo Sie Ihr Zeugnis anerkennen lassen können. Rufen Sie bei der Behörde an.

 Sie haben eine Einladung zum Geburtstag bekommen. Sie können an dem Tag leider nicht. Rufen Sie an und sagen Sie ab.

Ein Freund / Eine Freundin weiß nicht, welche Versicherungen er/sie abschließen soll. Beraten Sie ihn/sie.

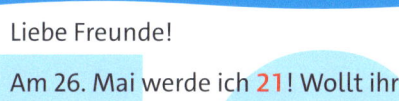

Liebe Freunde!
Am 26. Mai werde ich 21! Wollt ihr mit mir meinen Geburtstag feiern?

 Sie möchten eine Städtetour nach München machen. Erkundigen Sie sich bei Bus und Bahn nach den Fahrtkosten.

Ein Freund / Eine Freundin hat oft Kopfschmerzen. Sprechen Sie mit ihm/ihr und geben Sie ihm/ihr gute Ratschläge.

 Die Flora-Apotheke sucht einen Fahrer / eine Fahrerin für Medikamente. Rufen Sie an und informieren Sie sich über die Stelle.

Welche Medien nutzen Sie? Warum? Machen Sie ein Interview.

einhunderteinundsiebzig 171

4 Arbeit und Beruf

Kaufmännische Berufe

1 a Hören Sie zu. Welchen Beruf haben die Leute?

Kai Umland:

Silvia Baum:

Amando Rossi:

1 b Lesen Sie die Texte und notieren Sie die Informationen in der Tabelle.

Mein Name ist **Kai Umland**. Ich arbeite in einem Autohaus. Ich verkaufe Autos und kümmere mich um Reklamationen. Aber das ist nicht so leicht, wie viele Leute denken. Ich muss über neue Automodelle informiert sein und alles über Autoversicherungen und die Zulassung von Autos wissen. Oft finden die Kunden die Autos sehr teuer und wollen Rabatt. Dann muss ich mit ihnen über den Preis verhandeln. Es ist sehr wichtig, dass ich immer freundlich bin und gepflegte Kleidung trage. Ich trage bei der Arbeit immer einen Anzug.

Ich heiße **Silvia Baum** Ich arbeite in einer Buchhandlung in der Abteilung für Sprachen. Ich verkaufe Wörterbücher, Grammatiken und Lehrbücher für Sprachen. Oft kommen Kunden und suchen zum Beispiel ein Wörterbuch, aber sie wissen nicht genau, was es gibt. Dann berate ich sie und finde das richtige Buch für sie. Es ist wichtig, dass ich immer über aktuelle Bücher informiert bin. Freundlichkeit ist in meinem Beruf sehr wichtig. Ich muss gepflegt aussehen, aber ich kann auch leger angezogen sein.

Ich heiße **Amando Rossi** und arbeite in einem Möbelhaus. Ich verkaufe Möbel und berate die Kunden. Es ist also wichtig, dass ich in meinem Beruf viel über das Material der Möbel, zum Beispiel die verschiedenen Holzsorten, weiß. Ich muss geduldig sein, denn viele Kunden brauchen sehr lange, um die richtigen Möbel für ihr Wohnzimmer oder ihr Schlafzimmer auszusuchen. Manchmal muss ich auch noch nach Ladenschluss im Geschäft bleiben, um mit den Kunden die Möbel zu finden, die ihnen gefallen. In meinem Beruf ist auch die Kleidung wichtig. Bei der Arbeit trage ich immer Anzug und Krawatte.

	Arbeits-platz	Aufgaben	Kennt-nisse	Eigen-schaften	Kleidung
Kai Umland:					
Silvia Baum:					
Amando Rossi:					

2a In der Buchhandlung. Hören Sie den Dialog und markieren Sie: Was ist richtig?

☐ Es gibt ein Problem mit der Bestellung von Büchern.
☐ Frau Baum will für einen Kunden ein Buch bestellen.

2b Hören Sie den Dialog noch einmal und ergänzen Sie.

> Hat die Grammatik auch Lösungen? Oder muss ich die extra kaufen? •
> Das ist gut. Wann ist die Grammatik da? • Für die Niveaus A1 bis B1. Haben Sie so eine
> Grammatik? • Ich suche eine deutsche Grammatik mit Übungen. •
> Ich heiße Fabiola Vargas. Wie viel kostet die Grammatik?

▷ Kann ich Ihnen helfen?

▷ ....

▷ Für welches Niveau soll die Grammatik sein?

▷ ....

▷ Wir haben eine Grammatik mit vielen Übungen, auch mit Sprechübungen. Moment, da muss ich schauen. Leider ist im Moment keine mehr da. Ich muss sie bestellen. Wie ist Ihr Name?

▷ ....

▷ 15,95 Euro.

▷ ....

Nein, die müssen Sie nicht extra kaufen. Die Lösungen finden Sie im Buch.

▷ ....

▷ Sie können sie morgen ab 11.00 Uhr abholen.

2c Variieren Sie den Dialog. Die Informationen für Partner/-in B finden Sie auf Seite 183.

Situation 1
Partner/-in A

Sie sind Kunde/Kundin und suchen ein Buch für die Prüfungsvorbereitung Deutsch B1. Es soll Lösungen und eine CD mit Hörtexten haben.

Situation 2
Partner/-in A

Sie sind Verkäufer/-in. Sie haben einen Krimi oder eine kleine Liebesgeschichte für 9,95 Euro. Sie müssen die Bücher nicht bestellen.

4 Schule und Ausbildung

Zeugnisse

Oberstufenzentrum
Berufliches Gymnasium, Berufsfachschule,
Fachoberschule und Berufsschule Köln - Chorweiler

Herr __Ahmed Said Ali__
geboren am __11.03.1997__ in __Köln__
hat die __Berufsfachschule für Technische Assistenten__
(Ausbildungsrichtung regenerative Energietechnik und Energiemanagement)

vom __07.08.2013__ bis __15.06.2016__ besucht und die Abschlussprüfung *)
bestanden. Die Leistungen werden wie folgt beurteilt:

Allgemeinbildender Lernbereich

Textverarbeitung	2	Energiemanagement / betriebswirschaftliche Prozesse	1
Wirtschafts- und Sozialkunde	1	Praktikum Elektrotechnik	3
Englisch	3	Praktikum regenerative Energietechnik	1
Mathematik	1	Praktikum Datenverarbeitung / Fernwirkung	2
Regenerative Energietechnik	2		
Datenverarbeitung / Fernwirkung	3		

Weitere Fächer

Sport	3	Elektrotechnik	2
Chemie/Werkstofftechnologie	1	Praktikum Installation / Montage	1
Physik	2	Französisch	3

Herr Ali Abdulahi

hat den Ausbildungsberuf

Friseur

erlernt und vor dem zuständigen Prüfungsausschuss die

Gesellenprüfung

abgelegt und bestanden.

18.09.2016 München
Ort, Datum

Vorsitzende/r des Prüfungsausschusses   Beauftragte/r der zuständigen Stelle

Herbert Müller   *Hans Kluge*
(Unterschrift)   (Unterschrift)

4

telc Deutsch B1
Europaratsstufe B1 · *Council of Europe level B1*

Taizi	**Morteza**
Name	Vorname
18.05.1991	**Kabul**
Geburtsdatum	Geburtsort

Schriftliche Prüfung — 197,0 / 225 Punkte
- Leseverstehen — 70,0 / 70 Punkte
- Sprachbausteine — 22,5 / 30 Punkte
- Hörverstehen — 62,5 / 75 Punkte
- schriftlicher Ausdruck — 42,0 / 45 Punkte

Mündliche Prüfung — 65,0 / 75 Punkte
- Kontaktaufnahme — 15,0 / 15 Punkte
- Gespräch über ein Thema — 24,0 / 30 Punkte
- gemeinsam eine Aufgabe Lösen — 26,0 / 26 Punkte

Summe — 262,0 / 300 Punkte

Prädikat — Gut

Datum der Prüfung — 30.11.2013
Teilnehmernummer — 6289
Datum der Ausstellung — 19.12.2013

Geschäftsführer   Prüfungszentrum

1a Zeugnisarten. Tragen Sie die unterschiedlichen Zeugnisse oben ein.

1 Abschlusszeugnis   2 Gesellenbrief   3 Sprachenzertifikat

1b Welche Zeugnisse kennen Sie und wann erhält man sie? Tauschen Sie sich in der Klasse aus.

2 Bilden Sie möglichst viele zusammengesetzte Wörter mit dem Wort Zeugnis. Schreiben Sie. Die Wörter im Kasten helfen dabei.

> Abschluss • Note • Arbeit • zwischen • Jahr • Verleihung • Bemerkung • Tag • Gesundheit • Schule • Anerkennungsstelle • Praktikum

Zeugnisanerkennungsstelle,

einhundertfünfundsiebzig   175

4 Schule und Ausbildung

Reza hat von seinem Chef ein Praktikumszeugnis bekommen. Er versteht nicht, was es bedeutet:

Herr Reza Ahmadi hat vom 28. März bis 04. April 2017 ein Praktikum als Maler und Lackierer absolviert.

Er überzeugte durch seine **stets sorgfältige Arbeitsweise** und sein **großes Interesse** am handwerklichen Arbeiten. Er war **immer** pünktlich, freundlich zu den Kollegen und **sehr** hilfsbereit.

Er war stets um einen guten Kontakt zu den Kunden **bemüht**. Seine sprachlichen **Fähigkeiten erfüllten die Mindestanforderungen in vollem Maße**.

Das hast du gut gemacht:

+ ....
+ ....
+ ....

Hier kannst du noch besser werden:

– ....
– ....
....

3 a Zeugnissprache. Informieren Sie sich im Internet über Zeugnissprache. Schreiben Sie in die rechte Spalte, was Reza gut und was er nicht so gut gemacht hat.

3 b Sammeln Sie weitere Beispiele für Zeugnissprache in der Klasse.

In Deutschland sind Zeugnisse sehr wichtige Dokumente. Man muss sie bei jeder Bewerbung vorzeigen. Deshalb muss man sie gut aufheben. Am besten legt man einen extra Ordner dafür an.

4 Bewerbungsunterlagen vorbereiten. Ergänzen Sie die Tipps.

Tipps:

Lege einen Ordner an, in dem ....

Kaufe Schutzhüllen, damit ....

Sortiere die Zeugnisse nach dem Datum, ...

Partnerseiten

Seite 25 – ein Interview über Medien machen

7 d Wie oft nutzen Sie die Medien? Machen Sie ein Partnerinterview, notieren Sie Stichworte und berichten Sie dann in der Klasse.

Interview: Radio, Fernsehen und Internet

1. Wie viele Stunden pro Tag hören Sie Radio?

2. Wie viele Stunden sehen Sie fern?

3. Wie viele Stunden sind Sie im Internet?

4. Wann hören Sie Radio? Hören Sie beim Frühstück, im Auto, bei der Arbeit Radio? Erzählen Sie.

5. Was hören Sie gerne im Radio? Hören Sie Musik, Nachrichten oder andere Sendungen? Erzählen Sie.

6. Wann sehen Sie fern und was sehen Sie gerne im Fernsehen? Erzählen Sie.

7. Wann gehen Sie ins Internet und was machen Sie häufig im Internet? Erzählen Sie.

Partnerseiten

3   Seite 36 – ein Zimmer einrichten

2a   Wechselpräpositionen mit Akkusativ. Arbeiten Sie zu zweit. Fragen und antworten Sie wie im Beispiel.

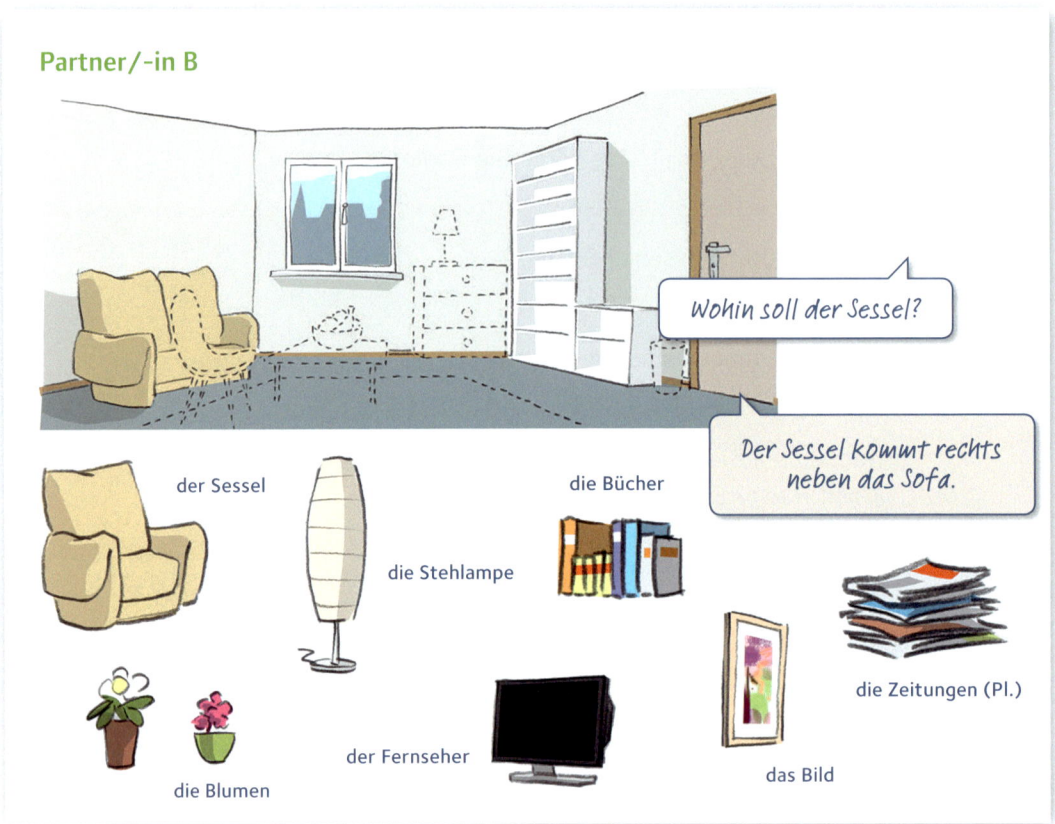

1   Seite 53 – Dialoge an der Rezeption

3b   Spielen Sie Dialoge.

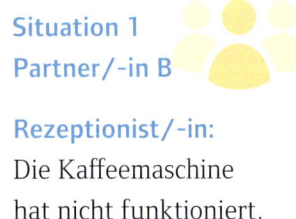

Situation 1
Partner/-in B

Rezeptionist/-in:
Die Kaffeemaschine hat nicht funktioniert.

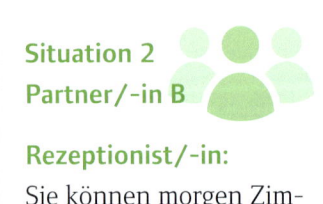

Situation 2
Partner/-in B

Rezeptionist/-in:
Sie können morgen Zimmer 223 bekommen.

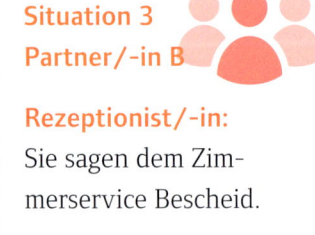

Situation 3
Partner/-in B

Rezeptionist/-in:
Sie sagen dem Zimmerservice Bescheid.

Seite 61 – Situationen am Arbeitsplatz

2c Spielen Sie Dialoge.

Situation 1
Partner/-in B

Sie sind Mitarbeiter/-in der Spedition Michalak. Sie haben heute Morgen starke Zahnschmerzen. Sie gehen erst zum Zahnarzt und kommen ungefähr zwei Stunden später zur Arbeit.

Situation 2
Partner/-in B

Sie arbeiten im Supermarkt. Sie wollten Milch, Joghurt und Käse ins Kühlregal stellen, aber viele Kunden hatten Fragen. Deshalb sind Sie noch nicht fertig geworden. Sie brauchen noch 10 Minuten.

Seite 86 – Personen beschreiben

1 Arbeiten Sie zu zweit. Fragen und antworten Sie wie im Beispiel.

einhundertneunundsiebzig

Partnerseiten

8   Seite 102 – Verben mit Präpositionen

1   Arbeiten Sie zu zweit. Ergänzen Sie zuerst „Ihre" Präposition und fragen Sie sich dann gegenseitig ab.

Partner/-in B

1. Sie träumen … einem großen Haus.
2. Er spricht nicht gern … seine Schulzeit.
3. Paul interessiert sich … Fußball.
4. Ich ärgere mich … die Zugverspätung.
5. Ich warte schon lange … dich.
6. Nimmst du … dem Computerkurs teil?
7. Bald habe ich Ferien. Ich freue mich … einige Tage am Meer.
8. Schön, dass du da bist. Ich freue mich sehr … deinen Besuch.

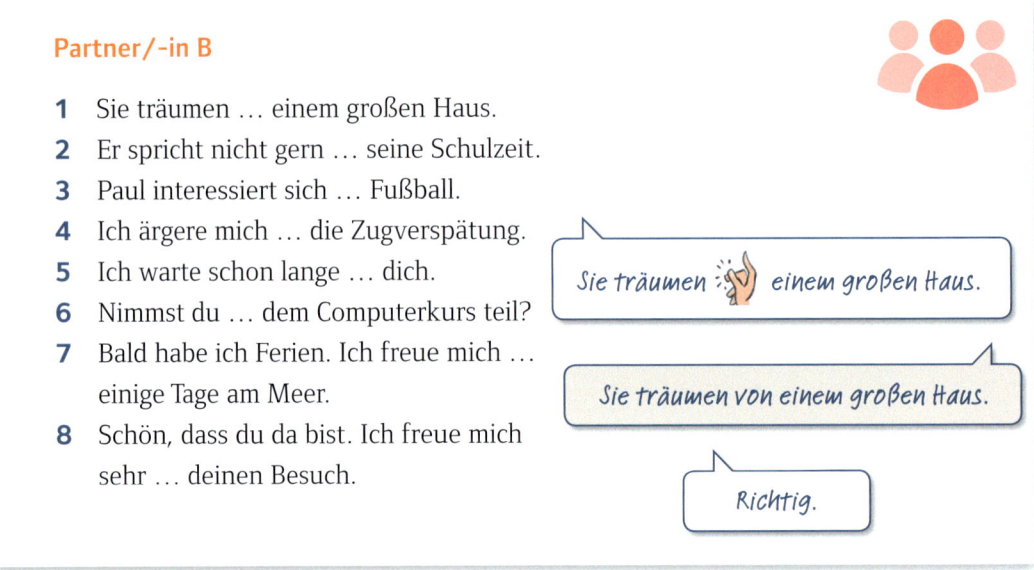

---

11   Seite 131 – Dialoge auf der Reise

2 b   Wählen Sie eine Situation aus und spielen Sie einen Dialog.

Situation 1
Partner/-in B

Sie sind am Telefon in der Notrufzentrale. Sie müssen wissen, wo das Auto genau ist. Dann können Sie den Pannendienst schicken.

Situation 2
Partner/-in B

Sie haben eine Platzreservierung und sitzen auf Platz 36 in Wagen 257. Ihre Wagennummer stimmt, aber Sie haben Platz 46.

Seite 147 – mit Ämtern und Behörden telefonieren

3 b   Arbeiten Sie zu dritt. Spielen Sie Dialoge.

Situation 1
Anruf bei der Stadtverwaltung
Partner/-in B
Sie arbeiten in der Telefonzentrale. Herr/Frau Nowak ist zuständig. – Mit ihm/ihr verbinden?

Situation 2
Anruf beim Tierschutzverein
Partner/-in B
Sachbearbeiter/-in 1: Sie sind nicht zuständig. Die Durchwahl von Herrn/Frau Yilmaz ist 321.

Situation 3
Anruf bei Refugee Law Clinic
Partner/-in B
Sie arbeiten nicht bei Refugee Law Clinic. Der Anrufer / Die Anruferin hat sich verwählt.

Situation 1
Anruf bei der Stadtverwaltung
Partner/-in C
Sie sind Herr/Frau Nowak. Die Standmiete kostet 75 Euro. Sie brauchen den Namen, die Adresse und die Telefonnummer.

Situation 2
Anruf beim Tierschutzverein
Partner/-in C
Sie sind Herr/Frau Yilmaz: Wir suchen immer ehrenamtliche Helfer. Arbeit gibt es genug. Kommen Sie doch mal vorbei.

Situation 3
Anruf bei Refugee Law Clinic
Partner/-in C
Sie sind Frau Niel/Herr Fuchs und arbeiten bei der Refugee Law Clinic. Sie schlagen einen Termin für ein Gespräch vor.

Seite 157 – etwas reklamieren

4   Schreiben und spielen Sie Dialoge.

Situation 1
Partner/-in B
Sie sind Verkäufer/-in. Sie testen den Akku, der ist aber in Ordnung. Sie müssen den Laptop ans Werk schicken. Die Reparatur dauert ungefähr drei Wochen. Sie rufen den Kunden / die Kundin an, wenn der Laptop fertig ist.

Situation 2
Partner/-in B
Sie sind Kunde/Kundin. Sie haben gestern ein Handy gekauft, aber es funktioniert nicht. Sie reklamieren das Handy. Sie bedanken sich für die schnelle Hilfe.

Partnerseiten

13 — Seite 158 – Fragewörter üben

2 b Sprechen Sie wie im Beispiel.

Partner/-in B
1. Wir warten auf den Bus.
2. Sie sprechen über die Kollegen.
3. Sie nimmt am Computerkurs teil.
4. Sie geben das Geld für eine Reise aus.
5. Er informiert sich über Versicherungen.
6. Sie freuen sich über die Kinder.

- Ich warte auf den Bus.
- Entschuldigung, worauf wartest du?
- Auf den Bus.

14 — Seite 168 – Nachfragen: Fragewörter und Pronomen üben

2 a Nach Dingen fragen. Arbeiten Sie zu zweit und sprechen Sie wie im Beispiel.

Partner/-in B
1. Ich denke nicht gerne daran.
   (an die Prüfung)
2. Ich interessiere mich sehr dafür.
   (für Musik)
3. Ich spreche nicht gerne darüber.
   (über Geld)
4. Ich habe mich darüber informiert.
   (über die Öffnungszeiten)
5. Ich habe mich dafür angemeldet.
   (für den Tanzkurs)

- Ich denke nicht gerne daran.
- Entschuldigung, woran denkst du nicht gerne?
- An die Prüfung.
- Ach so, daran denke ich auch nicht gerne.

Hallo Bernd,
wir wollten um vier
Bericht besprechen
nicht, weil Halil d
installieren wi

Seite 169 – Nachfragen: Fragewörter und Pronomen üben

2b   Nach Personen fragen. Arbeiten Sie zu zweit und sprechen Sie wie im Beispiel.

1 Ich möchte heute noch mit ihr sprechen. (mit Sara)
2 Ich habe mich schon wieder über sie geärgert. (über die Nachbarn)
3 Hast du gestern mit ihnen gespielt? (mit den Freunden)
4 Ich habe mich sehr über ihn gefreut. (über den netten Busfahrer)
5 Ich habe schon oft von ihm geträumt. (von dem Musiker)

> Ich möchte heute noch mit ihr sprechen.

> Mit wem möchtest du sprechen?

> Mit Sara.

Seite 173 – Dialoge in der Buchhandlung

Situation 1
Partner/-in B
Sie sind Verkäufer/-in. Sie müssen das Buch bestellen. Es kostet 16,95 Euro. CD und Lösungen sind im Buch.

Situation 2
Partner/-in B
Sie sind Kunde/Kundin. Sie suchen ein Lektürebuch, das für Deutschlerner ab A2 geeignet ist.

Phonetik

1 Lebenswege

Wortakzent bei Partizipien

1a 🔊 1.49 Hören Sie die Partizipien und markieren Sie den Wortakzent.

gemacht	abgeholt	bezahlt	
gearbeitet	eingekauft	erzählt	
gelernt	mitgemacht	erlebt	
gegangen	umgezogen	bekommen	studiert
gekommen	angefangen	verloren	probiert
gefunden	aufgegeben	verkaufen	funktioniert

> Das **ge-** betont man nicht.
> Die trennbaren Vorsilben **um-**, **an-**, **ab- ein-** … haben immer den Wortakzent.
> Die untrennbaren Vorsilben **be-**, **emp-**, **ent-**, **er-**, **ge-**, **ver-**, **zer-** haben nie den Wortakzent.

1b Sprechen und klatschen Sie die Partizipien aus 1a wie im Beispiel.

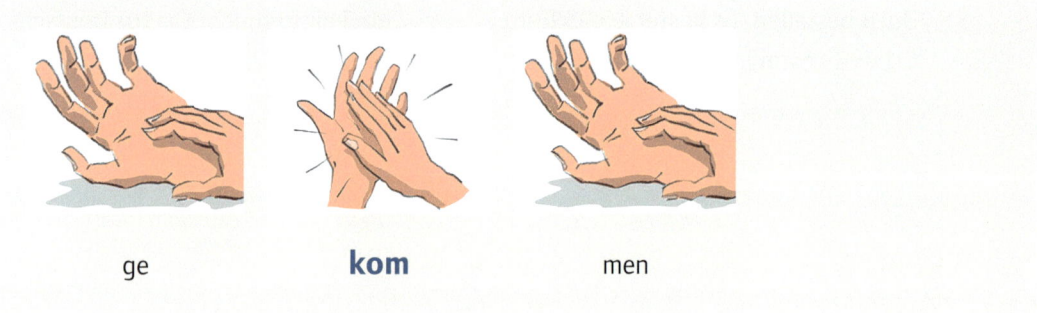

ge   **kom**   men

2 Fragen und antworten Sie und achten Sie auf den Wortakzent.

             🙂   ☹

💬 Hast du heute schon etwas gegessen?   💬 Ja, ich habe schon etwas gegessen.   💬 Nein, ich habe noch nichts gegessen.
                               💬 Was denn?   💬 Schade.
                               💬 Ein Brötchen.

1 Hast du heute schon etwas gemacht?
2 Hast du heute schon etwas gefunden?
3 Hast du heute schon etwas angefangen?
4 Hast du heute schon etwas eingekauft?
5 Hast du heute schon etwas bekommen?
6 Hast du heute schon etwas verloren?
7 Hast du heute schon etwas probiert?
8 Hast du heute schon etwas repariert?

Medien

Das w

1 a Hören Sie und sprechen Sie nach.

wann – wer – wie – wo – was – warum – die Welt – das Wetter – die Werbung – auswählen

1 b Hören Sie und kreuzen Sie an: Welches Wort hören Sie?

1. ☐ weil ☐ Beil
2. ☐ wir ☐ Bier
3. ☐ Wein ☐ Bein
4. ☐ wohnen ☐ Bohnen
5. ☐ Wald ☐ bald

Beil   Bohnen

2 Das *v* und *qu*. Hören Sie und sprechen Sie nach.

das Visum – das Vitamin – die Universität   das Quiz – bequem

Das **v** spricht man manchmal als **w**: *das Visum*.
manchmal als **f**: *der Vater, verkaufen*.
Das **qu** spricht man immer als **kw**: *das Quiz, bequem*.

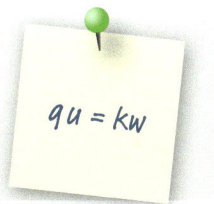

qu = kw

3 Machen Sie Sätze mit vielen W-Wörtern und lesen Sie sie vor.

der Wald   der Winter   wegfahren   wirklich   wie
das Wochenende   wandern   wohnen   wunderbar   wohin
das Wetter   wollen   wieder   warm   warum

Wir wollen am Wochenende wieder im Wald wandern.

Wochenende

Das *sch*, das *sp* und das *st*

1 a Das *sch*. Hören Sie und sprechen Sie nach.

das Geschäft – schön – schreiben – schade – die Tasche – zwischen
auch: der Chef

Phonetik

1 b Das *sp* und das *st*. Hören Sie und sprechen Sie nach.

spazieren gehen – der Sport – die Speisekarte – die Vor·speise –
in die Stadt gehen – die Straße – der Sturm – früh·stücken

aber: der Gast – fast – der Test
Diens·tag – Sams·tag – berufs·tätig – lus·tig

> Am Wort- und Silbenanfang spricht man **sp** und **st** als **schp** und **scht**.
> Ausnahme sind einige Fremdwörter im Deutschen: *Restaurant, Steak*.

2 Fragen und antworten Sie. Achten auf *sch*, *st* und *sp*.

💬 Was machst du sonntags? 💬 Was machst du montags?
👉 Sonntags frühstücke ich lange. 👉 Montags …

1 … gehe ich schwimmen.   5 … gehe ich in die Stadt.
2 … gehe ich spazieren.   6 … gehe ich ins Restaurant.
3 … mache ich Sport.   7 … schlafe ich lange.
4 … arbeite ich.   8 … gehe ich an den Strand.

4 Schule

Das *o* und *u*

1 a Hören Sie und sprechen Sie nach.

das Buch – der Beruf – wir mussten – wir durften
die Note – ohne – wir wollten – der Sport
ohne Buch – gute Noten – ein Schuljahr wiederholen

das Buch

1 b Hören Sie noch einmal und markieren Sie: Ist der Vokal lang (u̅) oder kurz (ụ)?

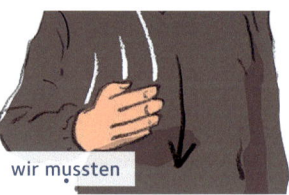
wir mussten

2 a Arbeiten Sie zu zweit. Wählen Sie jede/-r einen Text aus und ergänzen Sie die Vokale.

> **Partner/-in A**
>
> Früher m____ssten wir n____r neun Jahre z____r Sch____le gehen. Danach k____nnten wir einen Ber____f lernen. Wir k____nnten sch____n schnell Geld verdienen. Jetzt machen die meisten J____gendlichen mindestens zehn Sch____ljahre. Viele machen Abit____r ____nd w____llen dann ein St____dium anfangen. Sie brauchen g____te N____ten.

> **Partner/-in B**
>
> Die Sch…le hat meistens …m acht …hr beg…nnen. Wir hatten fünf …der sechs St…nden …nterricht und zwei Pausen. In den Pausen haben wir ein Br…t und …bst gegessen. In der achten Klasse hatte ich keine g…ten N…ten, deshalb m…sste ich ein Jahr wiederh…len. Aber dann war ich g…t und habe Abit…r gemacht.

2b Diktieren Sie den Text Ihrem Partner / Ihrer Partnerin. Achten Sie auf die Vokale.

Am Arbeitsplatz

Das *b*, *d*, *g* und *p*, *t*, *k*

1a Hören Sie und sprechen Sie nach.
1.56

b – d – g   p – t – k

1b Hören Sie die Paare und sprechen Sie nach.
1.57

b – p	**d – t**	**g – k**
backen – packen	dir – Tier	Garten – Karten
Bass – Pass	danken – tanken	gern – Kern

Bassgitarre

tanken

Kern

2 Hören Sie und kreuzen Sie an: Welchen Laut hören Sie?
1.58

	b	d		d	t		g	k
Bericht	☐	☐	**d**och	☐	☐	**g**ut	☐	☐
bitte	☐	☐	lei·**d**er	☐	☐	Kolle·**g**e	☐	☐
Urlau**b**	☐	☐	Das tut mir lei**d**.	☐	☐	Ta**g**	☐	☐
A**b**·teilung	☐	☐	anstrengen**d**	☐	☐	montа**g**s	☐	☐
ge·**b**en	☐	☐	Han**d**	☐	☐	Zu**g**	☐	☐
er gi**b**t	☐	☐	Han·**d**y	☐	☐	zwei Zü·**g**e	☐	☐
Betrie**b**	☐	☐	Kin**d**	☐	☐	fra·**g**en	☐	☐
Betrie·**b**e	☐	☐	Kin·**d**er	☐	☐	er fra**g**t	☐	☐

> Am Ende von einem Wort oder von deiner Silbe spricht man **b**, **d**, **g** immer hart als **p**, **t**, **k**.
> Die Endung **–ig** spricht man **–ich** (in Süddeutschland auch **–ik**): *wenig, schwierig, lustig*.

Phonetik

3 Würfeln und konjugieren Sie. Achten Sie auf *b*, *d* und *g*.

ich   du   er/es/sie/man   wir   ihr   sie/Sie

ge**b**en • le**b**en • einla**d**en • fra**g**en • zei**g**en

du gibst   wir geben

6   Wohnen

Die Vokale *a*, *ä*, *e* und *i*

1a Hören Sie und sprechen Sie nach.
1.59

zentr**a**l – sp**ä**ter – l**e**ben – die M**ie**te
der G**a**rten – das Gesch**ä**ft – der Z**e**ttel – das Z**i**mmer

Vom **a** zum **i** hebt sich die Zunge und der Mund ist immer weiter geschlossen.

a   ä   e   i

Das kurze **ä** und das kurze **e** spricht man gleich.

1b Hören Sie die Wörter und markieren Sie: Ist der Vokal lang oder kurz?
1.60

der Makler – die Stadt – die Städte – erklären –
der Keller – das Problem – der Tisch – sich verlieben

2 Das *e* und *i*. Hören Sie und kreuzen Sie an: Welches Wort hören Sie?
1.61

1 ☐ leben   ☐ lieben   5 ☐ mehr   ☐ mir
2 ☐ ihr sprecht ☐ er spricht   6 ☐ der   ☐ dir
3 ☐ legen   ☐ liegen   7 ☐ Sie   ☐ See
4 ☐ er   ☐ ihr   8 ☐ wir   ☐ wer

3 Arbeiten Sie zu zweit. Sprechen Sie wie im Beispiel.
Achten Sie auf *e* und *i*.

💬 L**e**gen Sie das Heft auf den Tisch.
👍 Gut, jetzt l**ie**gt das Heft auf dem Tisch.

Feste feiern

Endungen hören und sprechen

1 Hören Sie und sprechen Sie nach.

schön – eine schöne (Kette) – ein schöner (Anzug) – ein schönes (Kleid)
(Er trägt) einen schönen (Anzug).

2 Hören Sie und kreuzen Sie an: Welches Wort hören Sie?

1. ☐ klein   ☐ kleine
2. ☐ kleine ☐ kleiner
3. ☐ kleiner ☐ kleinen
4. ☐ schön   ☐ schönes
5. ☐ schönes ☐ schöner
6. ☐ schöner ☐ schöne

3a Hören Sie und sprechen Sie nach.

Das ist ein schönes Brautpaar!
Das ist ein junger Bräutigam!
Und das sind nette Hochzeitsgäste!
Das ist eine hübsche Braut!

3b Ergänzen Sie Adjektive in den Sätzen in 3a. Wer kann den Satz mit den meisten Adjektiven auswendig sprechen?

klein • groß • elegant • schick • sympathisch • lustig • komisch • langweilig • interessant • alt • romantisch • schön • jung • nett • glücklich

Das ist ein schönes, romantisches Brautpaar, ein junger, lustiger …

Und das sind elegante, interessante, junge Hochzeitsgäste!

Phonetik

8 Neue Chancen

Lange und kurze Vokale

1a 🔊 2.52 Hören Sie und markieren Sie: Ist der Vokal lang oder kurz?

Dienstag – Mittwoch – Donnerstag – das Jahr – die Straße – der Wecker – die Idee

1b Hören Sie noch einmal, sprechen Sie nach und machen Sie die Geste.

langer Vokal	Vokal + **h**:	*das Jahr*
	i + e:	*Dienstag*
	Doppelvokal:	*die Idee*
	Vokal + **ß**:	*die Straße*
kurzer Vokal	Vokal + zwei gleiche Konsonanten:	
	der Mittwoch, der Donnerstag,	
	der Wecker (ck = kk)	

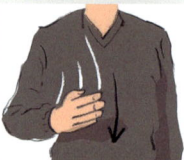

1c 🔊 2.53 Markieren Sie: Ist der Vokal lang oder kurz? Hören Sie zur Kontrolle.

sich informieren – aktuell – die Gebühr – die Kenntnisse – viel – der Führerschein – der Schnee – der Verkehr – schick – groß – wieder – ein bisschen

Wichtige Wörter betonen und genau sprechen

2a Lesen Sie den Text fünfmal laut und achten Sie besonders auf die betonten Wörter.

Guten T̲a̲g̲, ich interess̲i̲e̲re mich für einen Comp̲u̲terkurs. Ich bin F̲o̲rtgeschrittener und kenne schon v̲i̲ele Programme. J̲e̲tzt möchte ich einen K̲u̲rs machen, damit ich die n̲e̲uen Programme lerne und b̲e̲sser eine St̲e̲lle finde.

2b 🔊 2.54 Hören Sie den Text und sprechen Sie mit.

9 Gesundheit

Ach-Laut und *k*

1 🔊 2.55 Hören Sie und sprechen Sie nach.

ma**ch**en – die To**ch**ter – versu**ch**en – der Bau**ch**
im ersten Sto**ck** – ba**ck**en – zurü**ck** – der Rü**ck**en – der We**ck**er
Meine To**ch**ter wohnt im dritten Sto**ck**.
Sie kann gut ba**ck**en und ko**ch**en.

Ich-Laut und *sch*

🔊 2.56 **2** Hören Sie und sprechen Sie nach.

man**ch**mal – Mil**ch**produkte – ri**ch**tig – wi**ch**tig

schlank – **sp**aren – die **Sp**ritze – ver**sch**reiben – an**s**trengend – fri**sch**

Ach-Laut und Ich-Laut

🔊 2.57 **3** Hören Sie die Wörter. Nach welchen Buchstaben spricht man den Ach-Laut? Ergänzen Sie die Regel.

lachen – rechts – versichert – noch - möchte – Buch – Bücher –
leicht – euch – brauchen – Milch – manchmal – durch

Nach ...*a*..., ..., ... und .... spricht man den Ach-Laut.

4 Fragen und antworten Sie wie im Beispiel. Sprechen Sie das *ch* und das *sch* sehr genau.

1 Jede Woche einmal Sport machen.
3 Zum Frühstück Milchprodukte essen.
5 Täglich Rückengymnastik machen.
2 Keinen Stress machen.

7 Jeden Tag einmal lachen.
6 Einmal pro Woche schwimmen gehen.
8 Auf Fleisch verzichten.
4 Immer mit frischem Gemüse kochen.

Jede Woche einmal Sport machen. Findest du das wichtig?

Natürlich finde ich das wichtig. Und du?

Ich finde das überhaupt nicht wichtig.

Phonetik

10 Arbeitssuche

Konsonanten

Im Deutschen folgen manchmal viele Konsonanten aufeinander, z. B. in **Fremdsprachen** (**m** – **d** – **s** – **p** – **r**). Man muss alle Konsonanten sprechen und man darf keinen Vokal dazwischen sprechen.

🔊 2.58 **1 a** Hören Sie und sprechen Sie nach. Einmal langsam, dann etwas schneller.

die Fre**mdspr**ache – der Arbei**tsv**ertrag – das Bewerbu**ngsschr**eiben – die Arbei**tsz**eiten

1 b Lesen Sie die Wörter. Erst langsam, dann etwas schneller.

halbtags – pünktlich – belastbar – selbst

2 Finden Sie in der Wortliste ab Seite 220 andere Wörter mit vielen Konsonanten. Schreiben Sie die Wörter in Ihr Heft. Ihr Partner / Ihre Partnerin liest sie vor.

das Kursprogramm  *das Kursprogramm*

11 Unterwegs

Die Vokale *e – ö* und *i – ü*

🔊 2.59 **1 a** Das *e* und *ö*. Hören Sie und sprechen Sie nach.

S**e**hr sch**ö**n!
Wo k**ö**nnen wir **e**ssen g**e**hen?
Wann hat die Apoth**e**ke ge**ö**ffnet?
Die B**e**rge in **Ö**sterreich sind h**ö**her als in Deutschland.

🔊 2.60 **1 b** Das *i* und *ü*. Hören Sie und sprechen Sie nach.

H**i**er an der K**ü**ste ist es gem**ü**tlich.
Es g**i**bt g**ü**nstige Fl**ü**ge nach Par**i**s.
W**i**r f**ü**hlen uns m**ü**de.

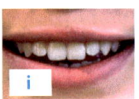 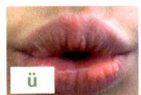

2 a Schreiben Sie Sätze mit vielen *ü*-Wörtern und *ö*-Wörtern.

das Wörterbuch · höflich · müde · gemütlich · schön · zurückkommen · möglich · früher · über · mögen · die Behörde · grün · günstig · für · geöffnet · wünschen · möchten · der Rückflug · stören · das Schloss, die Schlösser · fröhlich · die Küste · plötzlich · berühmt

💬 Wir möchten von Münster über Köln nach München fahren.
👍 Viel Glück!

2 b Arbeiten Sie zu zweit. Diktieren Sie Ihrem Partner / Ihrer Partnerin einen Satz. Sprechen Sie die Vokale sehr deutlich.

Treffpunkte

Das *r* und *l*

🔊 2.61 **1 a** Das *l*. Hören Sie und sprechen Sie nach.

lachen – lustig – lächeln – sozial – falsch verbunden

🔊 2.62 **1 b** Das *r*. Hören Sie und sprechen Sie nach.

nach Rom – ach Rosen – auch richtig
froh – traurig – der Treffpunkt – ehrenamtlich – interessant – die Beratung

🔊 2.63 **1 c** Das *r* in der Endung. Hören Sie und sprechen Sie nach.

wir – der – mehr – Nachbar – verbinden

> Das **r** spricht man nur am Silbenanfang. Das **r** in der Endung spricht man nicht.
> Man spricht ein schwaches **a**.

Phonetik

🔊 2.64 **2** Hören Sie und kreuzen Sie an: Welches Wort hören Sie?

1. ☐ froh ☐ Floh
2. ☐ Gras ☐ Glas
3. ☐ Meer ☐ Mehl
4. ☐ Reise ☐ leise
5. ☐ Leiter ☐ Reiter
6. ☐ schmelzen ☐ Schmerzen
7. ☐ Regen ☐ legen
8. ☐ Halt ☐ hart
9. ☐ raus ☐ Laus

3 Zungenbrecher mit *r* und *l*. Wählen Sie einen Zungenbrecher aus und lernen Sie ihn auswendig.

> Ein fröhlicher Floh springt im Regen.

> Freunde feiern ein fröhliches Grillfest im Garten.

> Rosarote Rosen und lila Lilien blühen im Sommer.

13 Banken und Versicherungen

Silbengrenzen erkennen

🔊 2.65 **1 a** Hören Sie und teilen Sie die Wörter in Silben. Markieren Sie dann den Wortakzent.

1. Haftpflichtversicherung
2. Hausratversicherung
3. Kontoauszug
4. Überweisungsformular
5. Sachbearbeiterin
6. Garantieschein
7. Gebrauchtwagen
8. Reklamation
9. monatlich
10. kostenlos

> 1 Haft|pflicht|ver|si|che|rung

🔊 2.66 **1 b** Hören Sie das Beispiel. Sprechen Sie die langen Wörter wie im Beispiel.

Haft
Haftpflicht
Haftpflichtver
Haftpflichtversi
Haftpflichtversiche
Haftpflichtversicherung

2 Schreiben Sie Fragen mit den langen Wörtern. Arbeiten Sie dann zu zweit. Fragen und antworten Sie.

> Hast du eine Hausratversicherung?

> Nein, ich habe keine Hausratversicherung, aber ich habe eine Haftpflichtversicherung.

Freunde und Bekannte

Langsam und schnell sprechen

1a Langsam sprechen. Hören Sie den Dialog und sprechen Sie ihn langsam und deutlich nach.

💬 Haben Sie schon gehört? Dieses Jahr gibt es ein Sommerfest in der Firma.
💬 Super, wann soll es stattfinden?
💬 Im August. Eine Band spielt und wir können tanzen. Es gibt auch viel zu essen und zu trinken. Sind Sie dabei?
💬 Natürlich komme ich.

Einladung zum Sommerfest
am 17. August
Wiesenmühle, Steinweg 5
Ab 19 Uhr: Kaltes Büffet
Ab 20 Uhr: Tanzmusik mit der COCO-Band

1b Schnell sprechen. Hören Sie den Dialog noch einmal schnell. Welche Buchstaben hört man kaum noch? Streichen Sie die Buchstaben.

💬 Ha~~ben~~ⁿ Sie schon gehört? Dieses Jahr gibt es ein Sommerfest in der Firma.

💬 Super, wann soll es stattfinden?

💬 Im August. Eine Band spielt und wir können tanzen. Es gibt auch viel zu essen und zu trinken. Sind Sie dabei?

💬 Natürlich komme ich.

2 Arbeiten Sie zu dritt. Zwei sprechen den Dialog erst langsam, dann schneller. Der/Die Dritte kontrolliert, ob man es noch verstehen kann.

Hörtexte

Hier finden Sie alle Hörtexte, die nicht oder nicht vollständig im Buch abgedruckt sind.

1 Meine Geschichte

B 1

- Herr Yildirim, erzählen Sie ein bisschen. Woher kommen Sie? Wo haben Sie früher gelebt?
- Ich komme aus der Türkei. Ich bin in Ankara geboren und dort bin ich auch acht Jahre zur Schule gegangen. 2006 hatte mein Vater keine Arbeit mehr, darum sind wir nach Deutschland gezogen, zu Verwandten nach Celle. Sie haben dort ein türkisches Restaurant. Mein Vater hat da in der Küche gearbeitet, auch am Wochenende. Meine Mutter hat die Hausarbeit gemacht, abends ist sie noch putzen gegangen, denn wir hatten nicht genug Geld. Meine Eltern hatten keine Zeit für uns Kinder und keine Freizeit. Das war für uns alle eine schwere Zeit.
- Wo sind Sie in Deutschland zur Schule gegangen?
- In Celle bin ich zuerst in eine ganz normale deutsche Hauptschule gegangen, aber ich habe am Anfang noch gar kein Deutsch gesprochen und habe nichts verstanden. Das war sehr schwierig für mich. Ich hatte keine guten Noten, keinen Spaß am Unterricht und keine deutschen Freunde.
Dann bin ich in eine Sprachförderklasse auf eine berufliche Schule gewechselt. Meine Mitschüler sind aus vielen verschiedenen Ländern gekommen: Brasilien, Polen, Serbien, Angola, Russland und Kasachstan. Wir waren wie eine internationale Familie und haben uns immer geholfen. Da habe ich endlich richtig Deutsch gelernt, auch Grammatik und die korrekte Aussprache – und ich hatte viel Spaß in der Schule. Meine Lehrerin war sehr nett und hat mir immer alles erklärt. Sie hat mir Mut gemacht und gesagt: „Berat, du bist intelligent und lernst gut. Später kannst du studieren."
Studieren – das war mein Traum. Aber ich habe nicht gewusst, wie ich das schaffen konnte. Ich hatte doch kein Abitur und das Gymnasium wollte mich nicht nehmen. Aber meine Lehrerin hat mir Hoffnung gemacht und hat gesagt: „Studieren – das geht auch ohne Abitur am Gymnasium!"
- Herr Yildirim, bitte erzählen Sie uns: Wie haben Sie das geschafft?
- Ich habe ganz klein angefangen. 2008 habe ich ein Schulpraktikum in einer Baufirma gemacht. Mein Chef mochte mich und hat mir einen Ausbildungsplatz als Maurer angeboten. Ich habe sofort ja gesagt. Die Ausbildung hat mir viel Spaß gemacht, aber es war nicht immer einfach für mich. Ich musste draußen arbeiten, auch im Winter, und schon um sieben Uhr morgens anfangen. Ich musste auch in die Berufsschule gehen und hatte da nachmittags noch Förderunterricht Deutsch. Am Samstag habe ich immer den ganzen Tag gelernt, vor allem Mathematik. Das war für mich sehr schwer. Manchmal haben meine Mitschüler mit mir für die Prüfung gelernt – ohne sie hätte ich es nicht geschafft. Nach drei Jahren war ich mit der Ausbildung als Maurer fertig. Auch die Maurer-Prüfung in der Berufsschule habe ich geschafft. Nun hatte ich auch einen Realschulabschluss. Meine Eltern haben sich sehr gefreut!
- Wie ist es nach der Ausbildung weitergegangen?
- Der Chef wollte, dass ich weiter in der Firma arbeite. Aber ich wollte lieber studieren. Vorher musste ich noch ein Jahr auf die Fachoberschule Technik an meiner beruflichen Schule gehen. Leider habe ich die Prüfung am Ende nicht beim ersten Mal geschafft. Aber ich habe nicht aufgegeben. Ich habe die Klasse wiederholt und 2013 war ich mit der Fachoberschule fertig. Jetzt durfte ich studieren! Im Herbst 2013 habe ich mein Studium an einer Fachhochschule für Bauingenieure begonnen und 2016 nach drei Jahren abgeschlossen. Jetzt bin ich Bauingenieur und arbeite in einer internationalen Firma. Ich verdiene gutes Geld und gebe jeden Monat auch etwas davon meiner Mutter. Sie muss jetzt nicht mehr abends putzen gehen. Meine Eltern sind sehr stolz auf mich, – ich habe es geschafft!

C 4a

- Hallo, Jakub. Wie läuft dein Deutschkurs?
- Hallo, Nezha. Ach, eigentlich bin ich ganz zufrieden, ich lerne viel und auch die Grammatik verstehe ich ganz gut.
- Aber …?
- Mir fehlen oft Wörter oder ich vergesse alle Wörter immer wieder. Deshalb macht mir das Lesen von Texten oft keinen Spaß.
- Du kannst vielleicht mit Karteikarten lernen. Das heißt, du schreibst jedes neue Wort auf eine Karte. Die Karten sortierst du dann nach Themen wie zum Beispiel „Wohnen" oder „Essen". So kannst du sie systematisch lernen.
- Gute Idee, danke. Wie war das Deutschlernen denn bei dir?
- Am Anfang hatte ich immer Angst vor Fehlern beim Sprechen. Deshalb habe ich lieber gar nicht gesprochen. Aber mein Freund hat gesagt, ich soll einfach sprechen und keine Angst vor Fehlern

haben. Und jetzt spreche ich einfach.
- Und du hast keine Angst mehr vor Fehlern?
- Nein, ich denke, Sprechen ist wichtig und man lernt viel besser.
- Das finde ich auch. Natürlich machen wir Fehler, aber man kann sie nur durch Üben korrigieren, das heißt, man muss viel sprechen und viel schreiben.

Sprechen aktiv 3

Sie können sagen: Bitte sprechen Sie langsam.
Sie können Wortkarten schreiben.
Sie können einen Tanzkurs besuchen.
Sie können die CDs zu Hause oft hören.
Sie können jeden Tag ein bisschen schreiben.
Sie können viel mit Deutschen sprechen.
Sie dürfen keine Angst haben.

Medien

A 2b

- … Unser Thema heute: Wie wichtig ist das Internet für den Alltag?
  Den ganzen Tag online sein. Immer erreichbar sein. Immer informiert sein. Das ist möglich, aber wollen wir das? Das diskutieren wir heute mit unseren Studiogästen Herrn Merz, Frau Tanner und Mahdi Samdi. Herzlich willkommen! … Und jetzt zu dir, Mahdi, du bist hier am jüngsten, gerade 16 Jahre alt. Bist du oft im Internet?
- Ja, klar. Ich habe ein Smartphone mit mobilem Internet. Da bin ich immer im Internet.
- Und was machst du im Internet?
- Alles, chatten, spielen, Nachrichten schicken, Fotos posten, recherchieren … alles halt.
- Brauchst du das Internet auch für die Schule?
- Ja, ich muss oft etwas recherchieren, für die Hausaufgaben oder für ein Referat. Bei Wikipedia kann man gute Informationen finden.
- Kannst du auch mal einen Tag ohne Internet?
- Ohne Internet? Nein, das ist die Katastrophe, weil ich dann keinen Kontakt mit meinen Freunden haben kann!
- Herr Merz, wie wichtig ist das Internet für Sie?
- Ich bin Übersetzer von Beruf. Ich arbeite sehr viel mit dem Internet. Ich recherchiere Informationen und benutze auch manchmal die Online-Wörterbücher. Und der Kontakt mit meinen Kunden geht auch über das Internet. Ich habe Kunden in ganz Europa, ich kann nicht überall hinfahren. Ich finde das Internet praktisch, weil der Kontakt per E-Mail unkompliziert und schnell ist. Das ist sehr wichtig für mich. Ich habe mobiles Internet, ich muss nicht immer im Büro sitzen. Ich kann auch im Zug arbeiten, dann verliere ich keine Zeit. Ohne Internet ist das nicht möglich. Und natürlich chatte ich auch mit meinen Freunden und habe viele private Kontakte im Internet. In anderen Städten suche ich mir auch Restaurants im Internet. Das finde ich wirklich praktisch.
- Frau Tanner, Sie sind jetzt 70 Jahre und sind Rentnerin. Sie waren Erzieherin und haben im Kindergarten gearbeitet. Wie wichtig ist das Internet für Sie?
- Im Beruf habe ich noch kein Internet gebraucht, heute ist das anders. In vielen Kindergärten gibt es Computer, die Kinder spielen Computerspiele und viele gehen auch schon ins Internet. Aber früher war das anders. In meinem Kindergarten waren keine Computer. Wir haben vorgelesen oder gespielt. Einen Computer habe ich nicht gebraucht. Aber jetzt habe ich mir ein Tablet gekauft und finde es wunderbar, weil man so viel im Internet machen kann. Und ich gehe auch viel ins Internet. Ich kaufe gerne online ein, ich sehe Filme und ich gehe gerne auf Twitter. Das finde ich interessant. Ohne Internet ist das Leben viel langweiliger.

C 3a

- Guten Abend, meine Damen und Herren, das Diskussionsthema heute ist das Fernsehen. Was ist positiv, was ist negativ? Unsere Gäste im Studio: Frau Hegel …
- Guten Abend.
- Frau Gül …
- Guten Abend.
- Herr Arndt …
- Guten Abend.
- … und Herr Mazur.
- Guten Abend.
- Frau Hegel, möchten Sie beginnen? Ein kurzes Statement. Was ist Ihre Meinung? Was ist positiv und was ist negativ?
- Ja, also das Fernsehen bietet gute Informationen. Und ich mag auch die Tiersendungen.
- Frau Gül …
- Na ja, im Radio gibt es mehr Informationssendungen. Die Unterhaltung ist im Fernsehen nicht schlecht, aber die guten Sendungen kommen immer sehr spät.
- Herr Arndt …
- Ich sehe das Fernsehen nicht so positiv. Es gibt

Hörtexte

zu viel Werbung. Und für Kinder ist das Fernsehen nicht gut.
💬 … und Herr Mazur.
💬 Es gibt gute Sendungen für die ganze Familie. Kinder lernen in den Kindersendungen viel. Das finde ich positiv.

C 5

1 Der Arbeitstag war hart, Sie kommen müde nach Hause, Sie schalten den Fernseher ein – und dann ist es Zeit für den Büning-Abendtee, einen Tee aus dem Hause Büning. Jetzt 100 Gramm für nur 2,99 Euro. Trinken Sie den Büning-Abendtee und der Abend wird gemütlich.

2 Sie kommen von der Arbeit und sind müde – und dann das … Das muss nicht sein! Kommen Sie zu Elektro-Hanser. Superangebote für moderne Elektronik. Zum Beispiel Fernseher: jetzt nur 279 Euro. Geöffnet montags bis samstags von 10 bis 20 Uhr, donnerstags auch bis 22 Uhr. Elektro-Hanser, 25 Filialen in ganz Deutschland. Auch in Ihrer Nähe.

C 6

Top-Aktuell - das neue Notebook TravelStar XP200
Das ideale Notebook für alle Anwendungen. Großes 15-Zoll-Display, nur 20 mm hoch, super leicht (nur 1,2 kg), schneller Prozessor und großer Arbeitsspeicher. Optimal für Online-Spiele und Online-TV!
Viel Notebook für wenig Geld. Nur 239,00 € inklusive 24 Monaten Garantie.
Nur solange der Vorrat reicht! Besuchen Sie uns auf unserer Internetseite.

Sprechen aktiv 5

Herr Schmidt benutzt viele Medien.
Sein Smartphone benutzt er täglich, weil er viel unterwegs ist.
Er muss immer erreichbar sein.
Er surft im Internet, weil er Informationen braucht.
Er liest Zeitschriften, weil es entspannend ist.
Fernsehen mag er nicht.
Er ist dagegen, dass Kinder zu viel fernsehen.

❸ Wochenende

C 2

1 💬 Haben Sie gewählt?
   💬 Ja, ich nehme erst die Kartoffelsuppe und dann Hähnchen mit Reis und Gemüse.
   💬 Und für mich die Spaghetti mit Basilikum-Pesto und Tomaten, bitte.
   💬 Was möchten Sie trinken?
   💬 Ich nehme einen Weißwein.
   💬 Und ich nehme einen Apfelsaft.

2 💬 Restaurant am Park, guten Abend.
   💬 Guten Abend, ich möchte gern für Samstagabend einen Tisch reservieren. Haben Sie da noch etwas frei?
   💬 Um wie viel Uhr möchten Sie kommen?
   💬 Gegen 19 Uhr.
   💬 Und wie viele Personen sind Sie?
   💬 Zwei Personen. Und wir hätten gerne einen Tisch auf der Terrasse.
   💬 Oh, das tut mir leid. Da sind alle Tische reserviert … Warten Sie, um 21 Uhr kann ich Ihnen einen Tisch auf der Terrasse reservieren. Passt Ihnen das?
   💬 Ja, das geht.
   💬 Sehr gut. Wie ist Ihr Name?
   💬 Gros.
   💬 Wie schreibt man das? Mit „s" oder mit „ß"?
   💬 Mit einem „s".
   💬 Vielen Dank, Frau Gros. Bis Samstagabend. Auf Wiederhören.
   💬 Auf Wiederhören.

3 💬 Wir möchten bezahlen.
   💬 Einen Moment, ich komme sofort … Zahlen Sie getrennt oder zusammen?
   💬 Zusammen, bitte.
   💬 Das war ein Apfelsaft, ein Glas Weißwein, eine Kartoffelsuppe, das Hähnchen mit Reis und Gemüse sowie die Spaghetti mit Basilikum-Pesto und Tomate … Das macht zusammen 31,10.
   💬 Hier, bitte, 35 Euro. Das stimmt so.
   💬 Vielen Dank.

Sprechen aktiv 3

Essen im Restaurant.
Guten Tag, die Speisekarte, bitte.
Ich hätte gern ein Steak.
Ich nehme auch noch einen Salat.
Ich trinke ein Mineralwasser.
Wir möchten zahlen.

Was macht das zusammen?
20 Euro, das stimmt so.

Schule

Auftaktseite 1 b

2 💬 Als Nächstes bitte ich Markus Badur nach vorn. Markus, ich gratuliere Ihnen zum Abschlusszeugnis und wünsche Ihnen viel Glück für die Zukunft!
   💬 Vielen Dank. Ich freue mich sehr.

3 💬 Hallo, Khattab!
   💬 Hallo, Anna. Und, weißt du schon, ob du Klassensprecherin werden willst? Morgen ist doch die Wahl.
   💬 Ach, weißt du, ich finde es auch wichtig, sich für die Klasse zu engagieren. Aber dann muss man auch zu den Treffen der Schülervertretung gehen. – Und dafür habe ich keine Zeit. Aber ich wünsche dir viel Glück für die Wahl morgen.
   💬 Ach, danke …

4 💬 Wer möchte seine Hausaufgaben vorlesen? Wir beginnen mit dem Lückentext im Buch auf Seite 33.
   💬 Ich habe die Hausaufgaben gemacht.
   💬 Ich auch!
   💬 Okay Yonas, fang an!

A 3 b

💬 Hi, Chris!
💬 Hi, Zeynap, wie geht's?
💬 Na ja, zurzeit nicht so gut. Ich schreibe in den nächsten zwei Wochen drei wichtige Klassenarbeiten. Wenn ich die nicht gut schreibe, bekomme ich kein gutes Abschlusszeugnis. Und wenn mein Abschlusszeugnis nicht gut ist, dann kann ich meine Ausbildung nicht anfangen.
💬 Was willst du denn machen?
💬 Ich will eine Ausbildung als Hörtechnikerin machen. Das ist wirklich mein Traumberuf. Dafür brauche ich gute Noten. Aber wenn ich in Technik eine Drei habe, bekomme ich den Ausbildungsplatz nicht. Und in der letzten Technikarbeit habe ich leider eine Vier geschrieben.
💬 Aber du bist doch normalerweise gut in Technik. Was war denn los?
💬 Es ging mir nicht so gut und ich konnte mich nicht gut konzentrieren. Wenn ich aber für die nächste Arbeit viel lerne, kann ich auch wieder eine Zwei schaffen. Technik ist nicht das Problem. Aber Englisch! Mein Englisch ist echt schlecht. Ich habe eine Vier bis Fünf!
💬 Also in Englisch kann ich dir gern helfen. Wenn du willst, lernen wir zusammen. Vielleicht kannst du mir dann in Mathe helfen? Du bist ja super in Mathe, das weiß ich! In der nächsten Mathearbeit muss ich mindestens eine Drei schreiben, besser eine Zwei. Wenn ich das nicht schaffe, muss ich in den Ferien Nachhilfe nehmen. Das will ich nicht.
💬 Okay, dann lernen wir zusammen. Gute Idee! Wann fangen wir an?

B 1 b

💬 Herzlich willkommen zur Info-Veranstaltung unserer Schülervertretung! Mein Name ist Martin Klein und ich bin der Schulsprecher an unserer Schule. Ich freue mich, dass so viele Schülerinnen und Schüler gekommen sind. Einige von euch sind neu an der Schule und da gibt es sicher einige Fragen. Aber zuerst habe ich ein paar Informationen für euch: In den nächsten zwei Wochen wählt jede Klasse einen Klassensprecher oder eine Klassensprecherin. Eure Klassenlehrkraft erklärt euch, was ein Klassensprecher können oder machen muss. Hier habe ich ein Info-Blatt dazu. Bitte gebt die Kopien herum. Und dann noch eine Information: Wir haben eine Schulordnung. Bitte lest die Schulordnung und respektiert die Regeln unserer Schule. Ihr habt bestimmt auch Fragen. Bitte. … Ja, bitte?
💬 Gibt es eine SV-Kasse? Plant die SV Aktionen für die Schule?
💬 Natürlich haben wir eine SV-Kasse. Wir sammeln Geld für bestimmte Aktionen. Zum Beispiel verkaufen wir Pizza und Kuchen am Tag der offenen Tür oder wir verkaufen Würstchen und heißen Apfelsaft vor Weihnachten. Manchmal bekommen wir Spenden.
💬 Dürfen wir Handys oder Tablets in die Schule mitnehmen?
💬 Ja, wir dürfen Handys mitnehmen, aber wir müssen Handys und andere elektronische Geräte wie Tablets im Unterricht normalerweise ausschalten. Nur wenn der Lehrer oder die Lehrerin möchte, dass wir damit arbeiten, dürfen wir sie rausholen. Das steht auch in der Schulordnung.
💬 Kann jede Klasse eine Klassenfahrt machen?
💬 Das entscheidet der Klassenlehrer oder die Klassenlehrerin mit der Klasse zusammen.
💬 Was macht unsere SV noch?
💬 Die SV möchte die Schule und das Leben an der Schule besser machen. Wir sprechen mit der Schulleitung und mit den Lehrkräften. Zum Beispiel haben wir Klassenräume und den Aufenthaltsraum

Hörtexte

gestrichen. Oder wir sind für die Verbesserung der Toilettenhygiene. Wir möchten auch den Sportplatz in den Pausen benutzen. Es gibt viel zu tun.
- Kann jeder mitmachen, auch wenn man kein Klassensprecher ist?
- Natürlich darf sich jeder bei uns engagieren. Wir freuen uns sehr, wenn ihr mitmacht. - Gibt es weitere Fragen? Keine Fragen mehr? - Gut, dann wünsche ich euch einen guten Start ins neue Schuljahr und bis zum nächsten Mal. Macht's gut. Tschüss!

D 2

Hi, ich bin Mamadou aus Mali. Ich habe einen Deutsch-Intensivkurs besucht und den Hauptschulabschluss gemacht. Leider haben meine Noten nicht für den Quali gereicht … und mit Englisch hatte ich Probleme. Aber das macht nichts, weil für meine Ausbildung der normale Hauptschulabschluss ausreicht. Ich möchte Dachdecker werden und habe zum Glück einen Ausbildungsplatz bei einer Firma bekommen. Die Ausbildung dauert drei Jahre. Jetzt gehe ich zwei Tage in der Woche zur Berufsschule und drei Tage in den Betrieb. Die Arbeit macht mir sehr viel Spaß und die Kollegen sind super.

Sprechen aktiv 4

Wenn er viel lernt, bekommt er gute Noten.
Wenn er gute Noten hat, macht er einen guten Berufsschulabschluss.
Wenn er einen guten Abschluss hat, übernimmt ihn sein Ausbildungsbetrieb.
Wenn ihn die Firma übernimmt, kann er Geld verdienen.

Station 1

Arbeit und Beruf 1 b

1 Ich heiße Veronika Burger. Ich bin Hotelfachfrau und arbeite an der Rezeption. Später will ich ein Fachstudium machen und Hotelmanagerin werden.

2 Mein Name ist Can Solak. Ich bin Auszubildender und will Koch werden. Meine Ausbildung dauert drei Jahre. In zwei Jahren bin ich fertig. Zweimal in der Woche gehe ich zur Berufsschule. Dort lerne ich die Theorie. Dreimal pro Woche arbeite ich in der Hotelküche. Dort lerne ich die Praxis kennen.

3 Ich bin Alexandra Babel. Ich räume die Gästezimmer auf. Eigentlich bin ich Studentin. Die Arbeit hier ist nur ein Nebenjob, denn ich brauche das Geld für mein Studium. Beim Zimmerpersonal arbeiten viele Mitarbeiter ohne Ausbildung.

4 Mein Name ist Sven Matschak. Ich bin Hotelmanager im Hotel Sonnenhof. Ich habe eine Ausbildung zum Hotelfachmann gemacht. Danach habe ich fünf Jahre in verschiedenen Hotels gearbeitet. Vor drei Jahren habe ich mein Fachstudium beendet und jetzt bin ich Manager.

Arbeit und Beruf 3 a

- Wann kommt das Taxi?
- Ich denke, es ist in fünf Minuten hier.

- Ich wollte ein Nichtraucherzimmer, aber ich habe ein Raucherzimmer bekommen.
- Oh, entschuldigen Sie bitte. Sie bekommen natürlich ein anderes Zimmer.

- Wie lange hat das Restaurant geöffnet?
- Bis 23.00 Uhr.

- Ich möchte gerne zwei Tage länger bleiben. Geht das?
- Moment, da muss ich nachsehen … Nein, tut mir leid, wir haben kein Zimmer mehr frei.

- Haben Sie Postkarten?
- Ja, Sie können sich hier eine aussuchen.

- In der Mini-Bar ist kein Mineralwasser.
- Entschuldigung, ich sage sofort dem Zimmerservice Bescheid.

5 Am Arbeitsplatz

A 1 b

1 - Können Sie mir sagen, wann der Chef kommt?
- Ich glaube, um zehn.
- Okay, danke.

2 - Können Sie mir sagen, wie der neue Kollege heißt?
- Sein Name ist Friesinger.
- Danke.

3 - Können Sie mir sagen, wo mein Auto steht?
- Ja, auf dem Parkplatz hinten links.

4 - Können Sie mir erklären, warum die Rechnung so hoch ist?
- Tut mir leid. Die Bremsen waren kaputt.

A 4 a

1 Entschuldigung, wissen Sie, wie spät es ist?

2 Entschuldigung, wissen Sie, wie spät es ist?

3 Können Sie mir sagen, wo der Schlüssel ist?

4 Können Sie mir sagen, wo der Schlüssel ist?

C 1b

💬 Herr Harris, ich glaube, der neue Kopierer ist kaputt.
👍 Aber nein! Er funktioniert sehr gut.
💬 Aber ich kann keine Kopien machen! Der alte Kopierer war besser. Dieser Kopierer ist so kompliziert. Können Sie mir sagen, wo man ihn startet?
👍 Ich erkläre Ihnen das gerne. Diese Taste ist die Start-Taste.
💬 Ach so, ja, jetzt kommen Kopien. Aber so vieles ist anders.
👍 Aber es ist nicht so schwer. Ich erkläre es Ihnen gerne. Der Kopierer hat drei Fächer für Papier. Diese Fächer sind für A4-Papier und dieses Fach ist für A3-Papier.
💬 Okay, ich verstehe. Aber dieser Kopierer hat noch so viele andere Tasten.
👍 Ja, das stimmt. Wenn Sie noch Fragen haben, kommen Sie gerne zu mir.
💬 Vielen Dank, Herr Harris.
👍 Keine Ursache.

D 1a

1 💬 Spedition Mehring, Nicole Olsen am Apparat.
👍 Guten Morgen, Frau Olsen. Hier spricht Peter Frei. Ich bin krank und kann heute nicht kommen.
💬 Ach, das tut mir leid. Gute Besserung, Herr Frei. Gehen Sie heute noch zum Arzt?
👍 Ja, heute Nachmittag. Ich schicke dann eine Krankmeldung.

2 💬 Frau Siegmann, haben Sie das Regal schon eingeräumt?
👍 Nein, noch nicht. Ich war bis jetzt an Kasse 2, weil noch viele Kunden da waren.

3 💬 Entschuldigung, ist hier noch frei?
👍 Natürlich. Nehmen Sie Platz. … Sie sind neu hier in der Firma, richtig?
💬 Ja, ich habe vor drei Tagen hier meine Ausbildung begonnen. Mein Name ist Lars Heitmeyer.
👍 Ich heiße Martina Obermann. Gefällt es Ihnen bei uns?
💬 Ja, sehr gut. Die Kollegen sind nett und die Arbeit ist interessant.
👍 In welcher Abteilung arbeiten Sie?
💬 In der Werkstatt. Und Sie?
👍 In der Buchhaltung.

Sprechen aktiv 4

Könnten Sie mir bitte helfen?
Könnten Sie mir bitte einen Schlüssel geben?
Könnten Sie mir bitte die Nachricht zeigen?
Wissen Sie, wo der Hausmeister ist?
Können Sie mir sagen, wann der Chef kommt?
Wissen Sie, wie der Kopierer funktioniert?
Wissen Sie, was es heute in der Kantine gibt?

Wohnen

A 2

💬 Guten Tag, ich bin Adnan Sharaf. Wir haben vor zwei Tagen telefoniert.
👍 Guten Tag, Herr Sharaf. Ja, richtig. Ich bin Daniela Seelig. Kommen Sie herein. Ich zeige Ihnen das Zimmer. Es ist groß und hell und es hat auch einen Balkon.
💬 Ja, das Zimmer ist wirklich schön. Wie viele Quadratmeter hat es?
👍 Es hat 16 m², aber dazu kommt noch der Balkon. Der ist 4 m² groß.
💬 Jetzt ist es Abend und die Straße vor dem Haus ist ziemlich ruhig. Wie ist es aber am Tag? Gibt es viel Verkehr und Lärm? Ist hier nicht ein Krankenhaus in der Nähe?
👍 Ja, das stimmt. Deshalb fahren manchmal Krankenwagen auf der Hauptstraße vorbei. Aber das passiert nicht oft und sie fahren meistens ohne Alarmsirene.
💬 Gibt es auch eine Küche?
👍 Selbstverständlich. Ich habe noch ein anderes Zimmer an eine Studentin vermietet. Sie benutzt die Küche auch. Wichtig ist aber, dass Sie Ihre Sachen nur in Ihr Kühlschrankfach stellen. Und Sie wissen, dass Rauchen im Haus verboten ist?
💬 Ja, natürlich. Ich bin Nichtraucher.
👍 Das ist gut.
💬 Ich habe noch eine Frage: Ich beziehe Sozialhilfe. Das Wohnungsamt bezahlt die Miete für das Zimmer. Ist das ein Problem für Sie?
👍 Wenn Sie einen Wohnberechtigungsschein haben, ist das kein Problem. Wie viel Euro zahlt denn das Wohnungsamt?
💬 Bis zu 500 Euro. Ich kann die Miete also bezahlen.
👍 Dann passt ja alles. Vor dem Einzug lasse ich das Zimmer noch renovieren. Ich will den Boden erneuern lassen und die Wände streichen.
💬 Streichen Sie das Zimmer selbst? Wenn Sie möchten, kann ich dabei helfen.
👍 Nein, nein. Ich renoviere nicht selbst. Ich lasse die Wohnung von einer Firma renovieren.

Hörtexte

◻ Ach so. Könnte ich vielleicht bei der Farbe für die Wände noch mitreden?
◻ Das tut mir leid, aber ich lasse meine Zimmer immer nur weiß streichen. Wenn Sie bunte Wände mögen, dürfen Sie aber Bilder aufhängen.

B 1

◻ Endlich ist alles in der Wohnung. Aber was für ein Chaos! Was meinst du? Sollen wir heute noch die Möbel aufbauen?
◻ Heute? Am Samstagabend? Nein, du bist doch auch müde.
◻ Ja stimmt. Ich gehe lieber früh schlafen. Morgen kommen ja auch meine Freunde. Die können mir helfen.
◻ Stimmt. Ich finde es toll, wie die dir helfen.

B 3a

◻ Guten Tag, können Sie mir helfen?
◻ Ja gern, was kann ich für Sie tun?
◻ Ich möchte meine Wohnung streichen und brauche Farbe und Pinsel.
◻ Ja, Wandfarbe haben wir da drüben und die Pinsel und Farbroller finden Sie links neben der Farbe im Regal. Wir haben auch ein Sonderangebot: ein Pinselset für nur 5,35 Euro oder einen Farbroller nur 4,45 Euro.
◻ Ja, den nehme ich, ein Roller ist besser als ein Pinsel.
◻ Brauchen Sie auch eine Leiter?
◻ Nein, eine Leiter habe ich schon.

C 1

1 ◻ Guten Tag, wir möchten uns vorstellen. Wir sind die neuen Nachbarn. Ich bin Nihad Basil und das ist meine Schwester Aheda.
◻ Hallo, das ist aber nett, dass Sie vorbeikommen. Oder darf ich „du" sagen?
◻ Wir können uns gerne duzen.
◻ Ich bin Erwin und wohne hier mit meiner Frau Lisa. Hoffentlich fühlt ihr euch hier wohl. Seid ihr Studenten?
◻ Nein, Aheda geht noch zur Schule und ich mache eine Ausbildung zum Mechatroniker bei der Bahn.
◻ Das ist ja interessant. Ich bin auch bei der Bahn und arbeite schon seit zehn Jahren als Zugbegleiter. Wie gefällt euch eure Wohnung?
◻ Sehr gut! Wir haben vorher in der Nähe vom Stadtzentrum gewohnt und unsere Wohnung war laut und klein. Hier haben wir mehr Platz. Das ist wunderbar.

◻ Na dann, herzlich willkommen. Ich freue mich, dass ihr die Wohnung bekommen habt.

2 ◻ Guten Tag, wir sind die neuen Nachbarn. Ich bin Aheda Basil und das ist mein Bruder Nihad.
◻ Guten Tag.
◻ Ja, also wir wollten nur mal „Hallo" sagen.
◻ Ja, hallo …
◻ Ehm, ja dann gehen wir mal wieder. Einen schönen Tag noch …
◻ Na, das kann ja lustig werden.

3 ◻ Guten Tag, wir möchten uns vorstellen. Wir sind die neuen Nachbarn. Basil ist unser Name. Ich bin Aheda und das ist mein Bruder Nihad.
◻ Guten Tag. Freut mich, Sie kennenzulernen. Woher kommen Sie denn?
◻ Also, wir kommen aus dem Libanon.
◻ Das ist ja toll. In den Libanon wollten wir immer schon einmal reisen. Mein Mann und ich sehen immer im Fernsehen Reportagen über fremde Länder. Das ist so interessant.
◻ Ja, der Libanon ist ein schönes Land. Vielleicht möchten Sie und Ihr Mann einmal kommen, dann trinken wir einen Tee und zeigen Ihnen Fotos.
◻ Ach, das wäre wirklich interessant. Aber jetzt kommen Sie erstmal gut hier an. Ein Umzug ist ja immer viel Arbeit.
◻ Nein, nein. Das geht schon. Wir freuen uns, wenn Sie kommen. Vielleicht am nächsten Wochenende?

Sprechen aktiv 4

Die neue Wohnung
Der Vermieter lässt die Wohnung renovieren.
Die neuen Mieter machen den Umzug selbst.
Sie legen die Teppiche auf den Boden.
Sie transportieren die Möbel.
Sie hängen die Bilder an die Wand.
Sie stellen die Blumen ans Fenster.
Aber die Lampen hängen Sie nicht selbst auf.
Sie lassen die Lampen aufhängen.
Zum Schluss stellen sie sich den Nachbarn vor.

 Feste feiern

B 4a

◻ Anna, erzähl doch mal die Geschichte von der Hochzeit mit Pannen.

🗨 Ja, gerne, also, das ist nicht meine Geschichte, das ist die Geschichte von einer Freundin von meiner Schwester. Sie heißt Emma. Und Emma, die hat immer Pech. Also Emma hat geheiratet und das war mal wieder typisch. Sie haben alles super organisiert: erst Standesamt, dann ein wunderschönes Restaurant im Wald und abends Tanzen. Emma organisiert immer alles ganz genau. Na ja, und dann war der Hochzeitstag. Erst war alles gut. Sie waren auf dem Standesamt, Emma hatte ein tolles Kleid, der Mann war auch sehr elegant, der Standesbeamte hat eine schöne Rede gehalten und sie haben Ringe getauscht. Dann sind sie aus dem Standesamt rausgekommen und da waren alle Freunde und Verwandten und haben Reis geworfen. Emma war total glücklich. Ja, und dann hat es ein bisschen geregnet, also sie sind zum Restaurant gefahren und es hat immer mehr geregnet. Sie mussten vom Parkplatz zum Restaurant laufen und sind pitschnass geworden. Das schöne Kleid! Aber es wurde noch schlimmer! Sie kommen zum Restaurant und da hängt ein Schild: Heute geschlossen! Die Tür war zu, kein Mensch war da!

🗨 Was war denn da passiert? Wie kann das sein?

🗨 Keine Ahnung, ich glaube, im Restaurant haben sie ein falsches Datum notiert. Aber jedenfalls, was konnten sie machen? Sie sind dann im Regen durch die Stadt gelaufen und haben ein Restaurant für 30 Leute gesucht. Emma hat die ganze Zeit geheult.

🗨 Und haben sie etwas gefunden?

🗨 Ja, sie haben dann eine Pizzeria gefunden, nicht besonders gut, aber es war für 30 Personen und die haben auch noch was zum Essen gemacht. Aber Tanzen war dann natürlich nicht möglich. Die Stimmung war aber super! Und auch Emma war dann ganz glücklich. Es war aber schon eine ziemliche Katastrophenhochzeit.

🗨 So viel Pech, die Armen, aber hat es Glück für die Ehe gebracht? Wie geht es den beiden …

Sprechen aktiv 2

Ich habe heute Geburtstag und mache eine Party.
Ich habe viele Gäste eingeladen.
Meine Freundin hat mir geholfen.
Wir haben Getränke und Musik besorgt.
Meine Gäste bringen Essen mit.
Ich habe schon viele Geschenke bekommen.
Meine Eltern haben mir ein Kochbuch geschenkt.
Meine Schwester hat mir Theaterkarten geschenkt.
Mein Bruder hat mir eine Schachtel Pralinen geschenkt.
Oh, es klingelt. Der erste Gast kommt.

Sprechen aktiv 3

🗨 Alles Liebe zum Geburtstag!
🗨 Herzlichen Glückwunsch!
🗨 Alles, alles Gute für dein neues Lebensjahr!
🗨 Danke! Schön, dass ihr mit mir feiert!
🗨 Danke für die Einladung!
🗨 Hast du heute Geburtstag?
🗨 Ja.
🗨 Welcher Tag ist denn heute?
🗨 Der 24. April.
🗨 24.4. Oh, ein sehr schönes Datum!
🗨 Feierst du deinen Geburtstag denn noch mit deiner Familie?
🗨 Ja, meine Kinder kommen am Wochenende. Das heißt, meine beiden Töchter kommen mit ihren Männern. Mein Sohn kann leider nicht. Er muss arbeiten.

Station 2

Arbeit und Beruf 1c

1 Ich heiße Katharina Straube und arbeite bei der Stadt. Wir pflegen die Parks. Wir pflanzen Blumen und wir pflanzen und schneiden Bäume. Früher habe ich in einer Gärtnerei gearbeitet. Da habe ich nur Pflanzen verkauft. Das war sehr langweilig.

2 Dan Molino ist mein Name. In meiner Werkstatt stelle ich Möbel her, aber keine Türen oder Fenster. Das habe ich in meiner Ausbildung auch gelernt, aber ich finde die Herstellung von Möbeln interessanter. Ich mag meine Arbeit und den Kontakt zu den Kunden.

3 Mein Name ist Eva Pfeiffer. Ich lege Elektroleitungen und manchmal rufen mich die Leute auch, weil sie wollen, dass ich den Herd anschließe. Ich möchte später eine eigene Firma haben.

Arbeit und Beruf 2a

🗨 Herr Reimann, Sie sind Maler von Beruf und haben einen kleinen Betrieb. Wie viele Leute arbeiten bei Ihnen?
🗨 Meine Frau Hilde macht die Büroarbeiten. Außerdem haben wir noch vier Angestellte und einen Lehrling, wir sind also zusammen sieben Personen im Betrieb.
🗨 Können Sie uns bitte kurz erklären: Was bedeutet Lehrling?
🗨 Der Lehrling oder, wie man meistens sagt, der Auszubildende lernt den Beruf. Die Ausbildung dauert drei Jahre. Wenn er fertig ist, macht er

Hörtexte

- eine Prüfung und ist dann Malergeselle.
- Wann haben Sie Ihre Ausbildung zum Malergesellen gemacht?
- Vor 25 Jahren. Später habe ich dann Lehrgänge gemacht und jetzt bin ich Malermeister.
- Meister? Was bedeutet das?
- Nach den Lehrgängen habe ich noch eine Prüfung gemacht. Als Meister darf ich unter anderem junge Leute in meinem Beruf ausbilden.
- Muss man auch die Meisterprüfung machen, wenn man Geselle ist?
- Nein, aber mit der Meisterprüfung hat man bessere Chancen im Beruf.
- Vielen Dank, Herr Reimann.

Arbeit und Beruf 3a

- Wir ziehen hier bald ein, aber die weiße Farbe an den Wänden gefällt uns nicht.
- Ich habe hier einige Muster. Sie können sich eine Farbe aussuchen.
- Na ja, Blau gefällt mir nicht, aber vielleicht Gelb oder Orange?
- Wenn wir die Arbeiten anfangen, können wir an der Wand zuerst Probeanstriche machen.
- Einverstanden. Wie teuer sind die Arbeiten?
- Vielleicht 800 bis 1000 Euro. Ich mache Ihnen noch ein genaues Angebot.
- Und wie lange dauert das?
- Ich denke, wir können in einem Tag fertig sein.

8 Neue Chancen

A 1a

- Du, Ramon, ich weiß überhaupt nicht, was ich nach der Schule machen soll. Was meinst du, soll ich zu meinem Onkel ins Restaurant gehen?
- Was willst du denn da machen?
- Ich kann dort kochen lernen und später irgendwo als Koch arbeiten.
- Halid, das geht so nicht. Wenn du einen Beruf lernen willst, brauchst du einen Ausbildungsplatz in einem Meisterbetrieb. Ist dein Onkel Meister?
- Was ist das?
- Das ist jemand, der nicht nur einen Beruf gelernt hat, sondern auch andere Leute in dem Beruf ausbilden darf. Er ist also auch ein Lehrer für seinen Beruf. Du musst einen Ausbildungsplatz suchen und dich bewerben. Dafür gibt es bestimmte Termine.
- Was? Wie finde ich denn einen freien Platz und wie bewerbe ich mich?
- Du gehst am besten erst mal zur Berufsberatung. Das habe ich auch gemacht.
- Und wo ist die Berufsberatung?
- Die ist hier ganz in der Nähe. Komm, wir gehen zusammen hin, dann kannst du sofort einen Termin vereinbaren.

A 1b

- Herr Al-Saud, Sie suchen einen Ausbildungsplatz. Interessieren Sie sich für einen bestimmten Beruf?
- Das weiß ich noch nicht. Mein Onkel ist Koch. Ich habe manchmal bei ihm gearbeitet. Aber es hat mir nicht gefallen.
- Gut, dann beginnen wir mit einer Bestandsaufnahme. Das bedeutet, Sie überlegen: Was kann ich? Was mag ich? Und so weiter. Was machen Sie gern in Ihrer Freizeit?
- Ich arbeite gern mit den Händen, am liebsten mit Holz.
- Es gibt viele Berufe, in denen Sie mit Holz arbeiten können, zum Beispiel Schreiner oder Zimmermann. Da kann man Möbel bauen, Fenster und Türen usw.
- Wo kann ich mich genauer über die Berufe informieren?
- Ich gebe Ihnen hier eine Broschüre zu Berufen mit Holz. Da gibt es auch Internetadressen.
- Und wenn ich einen Beruf gefunden habe, was mache ich dann?
- Dann müssen Sie sich in einem Meisterbetrieb um einen Ausbildungsplatz bewerben.
- Wie lange dauert eine Ausbildung?
- Die Ausbildung dauert drei Jahre. In dieser Zeit arbeiten Sie als Lehrling in einem Betrieb und gehen jede Woche auch in die Berufsschule. Am Ende machen Sie eine Prüfung. Wenn Sie die Prüfung bestehen, sind Sie Geselle.
- Verdiene ich während der Ausbildung schon Geld?
- Ja, aber nicht so viel. Das steht auch alles in der Broschüre. Wenn Sie wissen, was Sie lernen möchten, melden Sie sich noch mal bei mir. Ich kann Ihnen dann bei der Bewerbung helfen.

C 1b

- Polina, kannst du mir helfen? Du weißt ja, ich suche einen Ausbildungsplatz. Aber ich weiß nicht, wo ich suchen kann.
- Also, ich bin oft im Internet auf der Webseite von der Bundesagentur für Arbeit. Da kann man sich über viele verschiedene Themen informieren. Da kannst du zum Beispiel herausfinden, welche Berufe zu deinen Talenten passen. Und es gibt auch viele Tipps, wie man einen Ausbildungsplatz finden

kann, und man erfährt, welche Ausbildungsbetriebe es gibt.
- 💬 Das klingt ja gut.
- 👍 Ja. Ich mache jetzt bei der Agentur für Arbeit auch noch ein Online-Bewerbungstraining.
- 💬 Was lernst du in dem Kurs?
- 👍 Ich lerne zum Beispiel, wie ich meine Bewerbungsmappe gestalten kann und wie ich mich auf Vorstellungsgespräche vorbereiten kann.
- 💬 Das ist ja interessant. Wann findet der Kurs statt?
- 👍 Es gibt kein bestimmtes Datum. Es ist ja ein Online-Kurs. Ich kann mit dem Material arbeiten, wann ich will und so oft ich will.
- 💬 Das ist wirklich toll.
- 👍 Ja. Ich arbeite am liebsten abends, da ist es ruhig. Zu jedem Thema gibt es Informationen und ein Arbeitsblatt. Die Arbeitsblätter sind echt gut!
- 💬 Super! Das schaue ich mir auch an. Danke für den Tipp.

D 2 a

- 💬 Erste-Hilfe-Zentrum Unterrode, guten Tag.
- 👍 Guten Tag, mein Name ist Djamila Tavakoli. Ich möchte gern den Führerschein machen und brauche einen Erste-Hilfe-Kurs.
- 💬 Welchen Führerschein möchten Sie denn machen, Frau Tavakoli?
- 👍 Den Führerschein Klasse B.
- 💬 Okay, dann brauchen Sie einen einfachen Kurs mit vier Doppelstunden.
- 👍 Vier Doppelstunden, was heißt das?
- 💬 Der Kurs hat acht Unterrichtsstunden zu je 45 Minuten. Er findet an einem Tag statt.
- 👍 Gut. Wann kann ich anfangen? Ich brauche den Kurs schnell, denn ich möchte den Führerschein bald machen. Wissen Sie, ich möchte nach der Schule Rettungssanitäterin werden, da brauche ich viel Fahrpraxis. Deshalb möchte ich den BF17-Führerschein machen.
- 💬 Wir haben laufend Kurse, Sie können zum Beispiel am Samstag den Kurs besuchen. Er geht von 9.00 bis 17.00 Uhr mit Pausen.
- 👍 Gut, das möchte ich gerne machen. Wie kann ich mich anmelden?
- 💬 Sie können sich im Internet anmelden. Gehen Sie auf die Seite … dann klicken Sie auf Anmeldung und dann kommen Sie zum Anmeldeformular. Sie können natürlich auch bei uns vorbeikommen. Montags bis freitags zwischen neun und achtzehn Uhr.
- 👍 Vielen Dank für die Informationen. Auf Wiederhören.
- 💬 Gern geschehen. Auf Wiederhören.

Sprechen aktiv 4

Freuen Sie sich auch auf den Sommer?
Freuen Sie sich auch über Geschenke?
Ärgern Sie sich auch über Politiker?
Ärgern Sie sich auch über das Wetter?
Interessieren Sie sich auch für Fußball?
Interessieren Sie sich auch für Mode?

Gesund leben

Auftaktseite 1 b

- 💬 Wir haben heute zwei Gäste in unserer Sendung am Freitagnachmittag: Faraj und Mojo. Unser Thema: das gesunde Leben. Faraj, bitte erzähle uns, was du für deine Gesundheit tust.
- 👍 Ja gerne. Vor zwei Jahren bin ich nach Deutschland gekommen, ich hatte sehr viel Stress. Mein Aufenthalt war unsicher und ich habe mir Sorgen gemacht, wie es weitergeht. Das war nicht gut für meine Gesundheit. Ich habe keine Zeit gehabt für Sport, für gute Ernährung. Ich habe immer zwischendurch Fastfood gegessen und habe natürlich zugenommen, zehn Kilo! Irgendwann habe ich mir gedacht, so kann es nicht weitergehen, ich mache mir meine Gesundheit kaputt. Ich muss mehr für meine Gesundheit tun. Ja, und da habe ich mit dem Laufen angefangen. Das hat mir gut getan. In diesem Jahr bin ich sogar beim Marathon mitgelaufen, keine gute Zeit, aber ich habe es geschafft. Jetzt bin ich fit und fühle mich richtig gut.
- 💬 Mojo, was machst du für deine Gesundheit?
- 👍 Früher habe ich in der Stadt gewohnt, da war es laut und die Luft war schlecht. Ich habe oft schlecht geschlafen. Das war nicht gut für meine Gesundheit. Jetzt wohne ich auf dem Land. Ich kann im Wald spazieren gehen. Die Luft ist gut, es ist ruhig. Ich brauche kein Fitnesscenter. Wenn ich trainieren möchte, gehe ich im Wald joggen. Und ich gehe gerne mit Freunden im Wald spazieren. Das macht mir Spaß und ist gut für meine Gesundheit.
- 💬 Vielen Dank, und nun zum …

A 1 b

1 💬 Bitte machen Sie den Arm frei, … ja noch weiter, ………120 zu 80. Das ist sehr gut.

2 💬 Setzen Sie sich bitte hierher, ja, … so ist gut. Bitte lesen Sie die erste Reihe.
   👍 T O Z.
   💬 Ja, und jetzt?
   👍 L F E D.
   💬 Und jetzt?

zweihundertfünf 205

Hörtexte

　　◯ Ich weiß nicht genau, vielleicht F E C P O.

3　◯ Guten Tag, Sie sind wegen Ihrer Schlafprobleme hier?
　　◯ Ja, ich kann seit einiger Zeit in der Nacht nicht mehr einschlafen.
　　◯ In Ordnung. Haben Sie momentan viel Stress?

A 3a

◯ Guten Tag, Herr Doktor Heinemann. Ich möchte mich gerne untersuchen lassen.
◯ Guten Tag, Frau Mohammadi. So, genau, heute machen wir das erste Gespräch. Sie sagen, dass Sie schlecht schlafen können.
◯ Genau, ich kann schlecht einschlafen und wache in der Nacht oft auf. Ich habe auch oft schlechte Träume.
◯ Ich verstehe. Ich kann Ihnen ein Medikament verschreiben, damit Sie besser einschlafen können. Und eine Therapie kann Ihnen auch helfen. Dafür müssen Sie zu einem Psychologen gehen. Ich kann Ihnen eine Überweisung geben.
◯ Gut. Ich möchte mich dann dort gerne beraten lassen, ob eine Einzeltherapie oder eine Therapie in der Gruppe besser ist.

B 1a

1　◯ Guten Tag, was kann ich für Sie tun?
　　◯ Ich habe hier ein Rezept.
　　◯ Einen Moment, bitte. Hier, bitte.
　　◯ Was kostet das?
　　◯ Oh, das ist frei. Wenn Sie unter 18 Jahre alt sind, müssen Sie nichts bezahlen.

2　◯ Ja, bitte?
　　◯ Der Doktor hat mir dieses Medikament verschrieben.
　　◯ Ich glaube, das haben wir im Moment nicht da. Ich schau noch mal nach – richtig – ich kann es aber für Sie bestellen.
　　◯ Wann ist das Medikament dann da?
　　◯ Ach, das geht schnell. Sie können es heute Nachmittag abholen.
　　◯ Nein, das geht nicht. Ich probiere es noch in einer anderen Apotheke, danke.

3　◯ Guten Tag, was kann ich für Sie tun?
　　◯ Ich hätte gerne Sofomirin-Tabletten.
　　◯ Haben Sie ein Rezept?
　　◯ Nein, aber ich habe die Tabletten schon früher genommen.
　　◯ Das tut mir leid. Die Tabletten sind rezeptpflichtig. Ich brauche ein Rezept vom Arzt.
　　◯ Das ist ärgerlich.

　　◯ Ich kann da nichts machen. Sie müssen zum Arzt gehen. Der schreibt Ihnen ein Rezept. Dann können Sie die Tabletten bekommen.
　　◯ Gut, danke für die Auskunft.

4　◯ Guten Tag, ich habe hier ein Rezept. Haben Sie dieses Medikament?
　　◯ Ja, das haben wir. Hier, bitte schön.
　　◯ Wie oft muss ich die Tabletten einnehmen?
　　◯ Moment, ich lese den Beipackzettel. Sie müssen die Tabletten dreimal täglich nehmen. Wenn Sie einen empfindlichen Magen haben, empfehle ich Ihnen, dass Sie die Tabletten nach dem Essen nehmen.
　　◯ Wieso? Welche Nebenwirkungen haben die Tabletten denn?
　　◯ Meistens keine, aber es kann schon mal zu Magenschmerzen kommen. Selten haben die Patienten auch Kopfschmerzen. Aber die meisten Patienten haben keine Probleme.
　　◯ Gut, wie viel kostet das?
　　◯ Fünf Euro bitte.

Sprechen aktiv 4

Ich habe hier ein Rezept.
Wie oft muss ich die Tabletten nehmen?
Wie lange muss ich die Tabletten nehmen?
Welche Nebenwirkungen hat das Medikament?
Was kostet das Medikament?
Wann kann ich das Medikament abholen?

10　Ausbildungsplatzsuche

Auftaktseite 1b

◯ Liebe Hörerinnen und Hörer, einen schönen guten Morgen und herzlich willkommen zu unserer Sendung „Junge Migrantinnen und Migranten in Deutschland". Wir haben drei Gäste im Studio: Amsah Nachite aus Marokko, Halil Al Haj aus Syrien und Mirjana Markovi aus Kroatien. Mit ihnen sprechen wir heute über das Thema „Wie finde ich einen Ausbildungsplatz?". Frau Nachite, welche Erfahrungen haben Sie bei der Suche nach einem Ausbildungsplatz gemacht?
◯ Ich habe lange nach einem Ausbildungsplatz gesucht. Ich habe viele Bewerbungen geschrieben und die Antwort war immer negativ. Dann habe ich im Bus einen Werbespot gesehen. Ein großer Supermarkt in unserer Stadt hat Auszubildende gesucht. Ich habe mit der Chefin gesprochen, und nun mache ich dort eine Ausbildung zur Kauffrau im Einzelhandel mit dem Schwerpunkt Feinkost.
◯ Und wie ist das bei Ihnen, Herr Al Haj?

- In der Berufsschule habe ich Deutsch gelernt. Danach habe ich ein Praktikum in einer Bäckerei gemacht. Das hat mir gut gefallen und mein Chef war zufrieden mit meiner Arbeit. Er hat mir einen Ausbildungsplatz angeboten, da habe ich sofort „Ja" gesagt.
- Und Sie, Frau Markovi? Wie haben Sie Ihren Ausbildungsplatz gefunden?
- Meine Freundin hat mir gezeigt, wo ich im Internet einen Ausbildungsplatz suchen kann. Ich habe lange gesucht und viele Bewerbungen geschrieben. Aber ich hatte auch Glück. Ich habe mich in drei Firmen vorgestellt und bei allen ein Angebot bekommen. Da habe ich mir das beste Angebot ausgesucht. Nun werde ich Fachverkäuferin in einem Spielwarengeschäft.

A 1a

- Frau Nussbaum, Sie sind Personalberaterin. Was erwarten Ausbilder heute von ihren Mitarbeitern?
- Wichtig ist natürlich die Schulbildung. Aber es gibt allgemeine persönliche Eigenschaften für jeden Beruf, also auch für alle Auszubildenden. Zum Beispiel erwarten Arbeitgeber und Ausbilder immer, dass ihre Mitarbeiter und Auszubildenden zuverlässig sind.
- Was bedeutet „zuverlässig"? Können Sie ein Beispiel geben?
- Ja, der Arbeitgeber will sicher sein, dass die Mitarbeiter pünktlich kommen und ihre Arbeit gut machen. Wenn zum Beispiel ein Altenpfleger zu spät oder gar nicht zur Arbeit kommt, bekommen die Menschen im Altenheim keine Medikamente, kein Frühstück und so weiter. Das geht natürlich nicht.
- Was ist außerdem wichtig?
- In vielen Berufen arbeitet man mit anderen zusammen, dann muss man teamfähig sein.
- Können Sie auch ein Beispiel für „teamfähig" nennen?
- In einem Restaurant muss zum Beispiel alles sehr schnell gehen. Köche und Kellner sind ein Team, das heißt, sie arbeiten zusammen, damit die Gäste ihr Essen schnell bekommen. Da ist es wichtig, dass die Mitarbeiter gut im Team arbeiten, dass einer dem anderen hilft.
  Der Arbeitgeber erwartet auch engagierte Mitarbeiter, das heißt, die Mitarbeiter sollen Interesse an der Arbeit haben und sie wichtig nehmen.
  Und die Arbeitnehmer müssen belastbar sein. Das gilt auch schon in der Ausbildung.
- Können Sie das Wort „belastbar" etwas genauer erklären?
- Ja, gerne. Manchmal gibt es Stress bei der Arbeit. „Belastbar" bedeutet, dass die Mitarbeiter dann ruhig bleiben. In der Weihnachtszeit zum Beispiel haben Verkäufer und Verkäuferinnen sehr viel Arbeit. Die Kaufhäuser sind voll und die Kunden haben viele Fragen. Die Mitarbeiter müssen freundlich bleiben.
  Außerdem wollen Ausbilder oft, dass ihre Auszubildenden neugierig auf neue Dinge sind. Sie sollen selbst Fragen stellen und nicht nur darauf warten, dass ein anderer ihnen alles erklärt.
- Frau Nussbaum, ganz herzlichen Dank für das Gespräch und die vielen Informationen!

A 4a

- Guten Tag, bitte stellen Sie sich kurz vor. Wie heißen Sie, woher kommen Sie und was sind Sie von Beruf?
- Mein Name ist Maria Pérez. Ich komme aus Venezuela. In Venezuela habe ich im Tourismus gearbeitet. Jetzt habe ich keine Arbeit. Ich möchte gern auch hier in Deutschland arbeiten. Mein Mann sagt, dass ich eine Ausbildung machen soll. Ich finde die Idee gut. Ich würde gerne einen Ausbildungsplatz in einem Reisebüro finden. Das ist mein Wunsch. Später würde ich gerne ein eigenes Reisebüro haben. Das ist mein Traum.

B 1a

- Klatschmohn, Sie sprechen mit Frau Sommer.
- Guten Tag, mein Name ist Miriam Kara. Ich habe Ihre Anzeige im Internet gefunden. Ich möchte nach meinem Schulabschluss im Juli eine Ausbildung zur Floristin machen. Ist der Ausbildungsplatz noch frei?
- Ja, wir suchen noch eine Auszubildende.
- Wann beginnt denn die Ausbildung?
- Am ersten September. Sie wissen ja, die Ausbildung dauert drei Jahre.
- Ja, das weiß ich. Ich habe noch einige Fragen über die Ausbildung. Kann ich vielleicht zu Ihnen kommen?
- Sehr gerne. Haben Sie am Mittwoch um 16.00 Uhr Zeit? …

C 3a

- Guten Tag, ich bin Miriam Kara.
- Guten Tag, Frau Kara, mein Name ist Holm. Nehmen Sie bitte Platz. Haben Sie den Weg gut gefunden?
- Ja, das war kein Problem. Ich bin schon häufiger in Erbach gewesen.
- Möchten Sie einen Kaffee?
- Ja, gerne, vielen Dank.

Hörtexte

👉 Also, Frau Kara, warum möchten Sie eine Ausbildung zur Altenpflegerin machen?
💬 Ich helfe gerne alten Menschen. Deshalb habe ich auch ein Schülerpraktikum im Seniorenzentrum Ulm gemacht. Die Arbeit war sehr interessant.
👉 Sie wissen ja, wir sind eine große Pflegeschule und arbeiten eng mit vielen Pflegeeinrichtungen zusammen.
💬 Ja, das weiß ich. Darum möchte ich ja bei Ihnen die Ausbildung machen.
👉 Ich sehe, Sie haben im Juli Ihre zehnjährige Schulausbildung mit dem erweiterten Hauptschulabschluss abgeschlossen. Und sie haben auch gute Noten in Naturwissenschaften bekommen.
💬 Ja, Biologie hat mir Spaß gemacht.
👉 Wir suchen vor allem junge Menschen, die zuverlässig sind und auch mit Stress umgehen können. Ist Stress bei der Arbeit ein Problem für Sie?
💬 Nein, bestimmt nicht. Stress kenne ich auch von meinem Praktikum im Pflegeheim.
👉 Als Altenpflegerin müssen Sie auch selbstständig arbeiten können.
💬 Ich glaube, dass ich das sehr gut kann. Ich arbeite aber auch sehr gerne im Team.
👉 Dann sollten wir noch über die Ausbildungsvergütung sprechen. Im ersten Ausbildungsjahr bekommen Sie 1.040 Euro monatlich, im zweiten 1.102 Euro und im dritten dann 1.203 Euro.
💬 Ja, das ist in Ordnung.
👉 Haben Sie noch Fragen?
💬 Die Ausbildung beginnt bei Ihnen doch am 01.09., oder?
👉 Richtig. Gut, Frau Kara. Vielen Dank für das Gespräch. Sie hören bald von uns.
💬 Auf Wiedersehen, Frau Holm. Vielen Dank für das interessante Gespräch. Ich würde mich über eine positive Antwort freuen.

D 2a

💬 Du, Halil, kannst du mir bitte helfen?
👉 Was ist denn, Jala?
💬 Ich verstehe in diesem Formular nicht alles.
👉 Ah, dein Ausbildungsvertrag. Kein Problem, den füllen wir zusammen aus. Also, deine Personalangaben als Azubi hast du ja hier oben rechts schon eingetragen.
💬 Ja, und oben links, das sind doch die Kontaktdaten des Ausbildungsbetriebs, oder?
👉 Genau. Weißt du schon, wer für dich verantwortlich ist?
💬 Ja, Herr Thomas Meier. Er ist noch jung und sehr nett. Was kommt denn in die nächste Zeile?
👉 Der Ausbildungsberuf ist die Berufsbezeichnung, für dich also Kauffrau im Einzelhandel. Und Fachrichtung oder Schwerpunkt meint deine Spezialisierung.
💬 Ach so, dann schreibe ich hier Feinkost hin. Okay, weiter. In Feld A gehören der Beginn und die Dauer der Berufsausbildung, richtig?
👉 Genau, und in B deine Probezeit. Weißt du das alles schon?
💬 Ja, Herr Meier hat es für mich aufgeschrieben. Was sind denn Ausbildungsmaßnahmen außerhalb der Ausbildungsstätte?
👉 So heißen Ausbildungsteile, die nicht im Betrieb stattfinden, also zum Beispiel die Zeit in der Berufsschule. Wie oft musst du dorthin gehen?
💬 Zwei Tage pro Woche. Gut, das habe ich. Die Höhe der Ausbildungsvergütung trägt Herr Meier noch in Feld E ein. Das hat er schon gesagt. Die Dauer der Arbeitszeit in F und die Dauer des Urlaubs in G sind auch klar. Aber was sind das für Hinweise in H?
👉 Hm, vielleicht die Bedingungen der Kündigung? Habt ihr darüber gesprochen?
💬 Nein, das muss ich noch fragen. Okay, danke Halil. Den Rest schaffe ich allein.
👉 Bitte, bitte. Und viel Glück.

Sprechen aktiv 4

Ich habe Ihre Anzeige im Internet gefunden.
Ich interessiere mich für den Ausbildungsplatz in Ihrer Konditorei.
Ist der Ausbildungsplatz noch frei?
Wie viel verdiene ich im ersten Ausbildungsjahr?
Wie sind die Arbeitszeiten?
Wie oft gehe ich in die Berufsschule?
Vielen Dank für die vielen Informationen.

11 Unterwegs

A 1a

💬 Was machst du?
👉 Ich sehe mir die Fotos von unserem Besuch letzte Woche bei Tante Sapana und Onkel Maahir an. Schau mal, hier sind die Fotos von Tante Sapanas Geburtstagsfeier im Restaurant. Das ist der Kellner, der so nett zu den Kindern war.
💬 Ja, richtig.
👉 Und schau mal hier. Das ist das Dessert, das so lecker geschmeckt hat.
💬 Du hast auch das Dessert fotografiert?
👉 Klar! … Und dann hier: Das ist die Nachbarin, die Tante Sapana gratuliert hat.
💬 Die Nachbarin war wirklich sehr nett.

◌ Ach, und schau hier: Das sind die Geschenke, die Tante Sapana bekommen hat!
◌ Ja, das war wirklich ein tolles Fest. Schade, dass wir nicht länger dort bleiben konnten.
◌ Stimmt. Aber sie kommen uns bald besuchen.

A 4

1 ◌ Reisebüro Müller, mein Name ist Suter, was kann ich für Sie tun?
◌ Guten Tag, ich brauche einen Hin- und Rückflug nach Khartum im Sudan. Der Hinflug soll am 4. Mai von München sein und der Rückflug am 25. Mai.
◌ Ich schaue mal … So, hier habe ich einen Flug. Der ist sogar recht günstig. Hin- und Rückflug kosten zusammen 470 Euro.
◌ Das ist ja wunderbar.
◌ Brauchen Sie auch noch ein Hotel?
◌ Nein, danke. Ich besuche meine Familie.
◌ Ach so. Soll ich dann buchen?
◌ Ja, bitte.
◌ Wie ist Ihr Name?
◌ Mein Name ist Jankube Ibrahim und meine Adresse ist …
◌ Oh bitte noch einmal etwas langsamer. Ich muss alles in den Computer eingeben.
◌ Also, …

2 ◌ Hallo?
◌ Hallo, spreche ich mit Herrn Wolf?
◌ Ja, das bin ich.
◌ Guten Tag, mein Name ist Lamin Jarju. Sie haben im Internet eine Mitfahrgelegenheit angeboten.
◌ Ja genau. Nächste Woche Dienstag, nach Köln. Ich habe noch einen Platz frei.
◌ Ich möchte gerne mitfahren. Wo ist denn der Treffpunkt und wann fahren Sie los?
◌ Wir treffen uns am Bahnhof. Ich möchte gerne um 10 Uhr losfahren.
◌ Und was kostet der Platz?
◌ 25 €.
◌ Okay. Kann ich einen Koffer mitnehmen?
◌ Kein Problem. Ich habe einen großen Kofferraum.
◌ Prima. Ich fahre mit.
◌ Gut. Wie war nochmal der Name?

B 1a

1 ◌ Notrufzentrale, was kann ich für Sie tun?
◌ Hallo, hier spricht Horvat. Ich bin auf der A1 Richtung Köln. Ich habe eine Autopanne.
◌ Wo sind Sie genau?
◌ Hier auf der Notrufsäule steht Kilometer 166,5. Mein Auto ist kurz vor der Säule.
◌ Wir schicken den Pannendienst.
◌ Danke.

2 ◌ Entschuldigen Sie bitte, ich glaube, Sie sitzen auf meinem Platz. Wagen 7, Platz 41.
◌ Ich habe auch eine Reservierung für Platz 41 … Oh, aber in Wagen 6! Tut mir leid!
◌ Das macht nichts. Das ist mir auch schon passiert.

Sprechen aktiv 4

Kennen Sie eine Sprachschule, die Deutschkurse anbietet?
Kennen Sie ein Café, das auch Internet hat?
Kennen Sie einen Kindergarten, der in der Nähe ist?
Kennen Sie eine Schule, die Russisch anbietet?
Kennen Sie ein Geschäft, das immer frisches Gemüse hat?
Kennen Sie ein Restaurant, das türkische Spezialitäten anbietet?

Station 3

Pflegeberufe 3 a+b

◌ Frau Arkaeva, Sie kommen aus der Ukraine und arbeiten als Krankenschwester in einem Krankenhaus in Köln. Haben Sie Ihre Ausbildung in Deutschland gemacht?
◌ Den Beruf habe ich in meinem Heimatland gelernt, aber in Deutschland brauchte ich eine staatliche Anerkennung für die Ausbildung. In Deutschland musste ich zuerst einen Lehrgang machen, um die staatliche Anerkennung als Krankenschwester zu bekommen.
◌ Wie lange hat das gedauert?
◌ Ungefähr sechs Monate. Der Lehrgang war eine Kombination aus Theorie und Praxis.
◌ Haben Sie auch eine Prüfung gemacht?
◌ Ja, am Ende war die Prüfung. Und ich musste nachweisen, dass ich Deutsch auf dem Niveau B2 spreche. Deshalb habe ich auch die B2-Prüfung gemacht.
◌ Wie gefällt Ihnen Ihr Beruf?
◌ Ich arbeite gern mit Menschen und Medizin ist ein sehr interessantes Fach. Man lernt immer etwas Neues.
◌ Welche Aufgaben haben Sie?
◌ Viele Leute denken zum Beispiel, dass das Pflegepersonal nur Medikamente bringt, Betten macht oder Patienten wäscht. Aber wir haben viele Aufgaben.

Hörtexte

💬 Können Sie einige nennen?
👆 Wir müssen uns zum Beispiel um die Hygiene kümmern, die Medikamente vorbereiten und verteilen und die Ärzte über den Zustand der Patienten informieren.
💬 Wie wichtig ist die Hygiene?
👆 Es ist wichtig, dass die Patienten im Krankenhaus nicht noch andere Krankheiten bekommen. Auch die Ärzte und Krankenschwestern sollen keine Infektionskrankheiten bekommen. Das bedeutet zum Beispiel, dass wir uns regelmäßig die Hände waschen und desinfizieren.
💬 Ist die Pflege für alle Patienten gleich oder gibt es Unterschiede?
👆 Die Patienten haben verschiedene Krankheiten und deshalb ist die Pflege unterschiedlich. Oft können sie nicht aufstehen oder sie brauchen Hilfe beim Essen und Anziehen. Patienten, die immer im Bett liegen, müssen wir beim Bettenmachen oder Waschen drehen und heben.
💬 Wie arbeiten Sie mit den Ärzten zusammen?
👆 Die Ärzte sagen uns zum Beispiel, wie wir Patienten auf Untersuchungen vorbereiten sollen. Aber wir haben verschiedene Aufgaben. Die Ärzte behandeln die Patienten, wir pflegen sie und dazu gehört viel Organisation. Die Ärzte sind nicht unsere Vorgesetzten.
💬 Welche Aufstiegsmöglichkeiten hat das Pflegepersonal?
👆 Man kann zum Beispiel Stationsleiterin oder Pflegedienstleiterin für ein ganzes Krankenhaus werden. Außerdem kann man in der Fortbildung arbeiten und zum Beispiel Krankenpflegeschüler ausbilden.
💬 Ist Ihr Beruf anstrengend?
👆 Ja, das kann ich sagen. Wenn wir zum Beispiel Patienten heben müssen, ist das nicht gut für den Rücken.
💬 Wie sind Ihre Arbeitszeiten?
👆 Meine Arbeitszeit dauert acht Stunden und es gibt eine Früh- und Spätschicht. Man arbeitet zwölf Tage ohne Pause und dann bekommt man zwei Tage frei. Das ist mein Wochenende.

Pflegeberufe 4a

💬 So, Ihre Papiere sind jetzt fertig, Frau Zeis. Geben Sie diesen Brief bitte Ihrem Hausarzt.
👆 Bekomme ich auch noch Medikamente?
💬 Nein, das ist im Moment nicht mehr nötig.
👆 Dann verabschiede ich mich jetzt. Vielen Dank auch für Ihre Hilfe.
💬 Auf Wiedersehen und alles Gute, Frau Zeis.

12 Treffpunkte

A 2a

💬 Herr Abulu, Sie sind im Nachbarschaftshaus aktiv. Was machen Sie dort?
👆 Ich bin seit einem Jahr in Deutschland und fast genauso lange gehe ich ins Nachbarschaftshaus. Hier habe ich viele Freunde gefunden. Ich spiele in der Theatergruppe. Das macht großen Spaß. Ich war auch schon bei der Rechtsberatung.
💬 Frau Abramov, auch Sie sind im Nachbarschaftshaus. Ist das richtig?
👆 Ja, das stimmt. Ich wohne in der Nähe und bin deshalb oft hier. Ich bin mit meinen Eltern als Kind aus Russland nach Deutschland gekommen. Jetzt studiere ich Jura und helfe bei der Rechtsberatung. So habe ich Onakhe Abulu kennengelernt. Wir Studierende helfen Geflüchteten kostenlos bei rechtlichen Problemen. Ach ja, und ich singe im internationalen Chor. Ich kann nicht gut singen, aber es macht Spaß!

A 3a

💬 In unserer Reihe „Gute Nachbarschaft" besuchen wir heute ein Nachbarschaftshaus. Wir sprechen mit Ulyana Petrowski, 16 Jahre, und Hedwig Bauer, 71, die beide an einem Projekt vom Nachbarschaftshaus teilnehmen. Ulyana, was machst du im Nachbarschaftshaus?
👆 Es gibt da ein tolles Projekt für ältere Menschen oder auch Kinder und Menschen mit Behinderung. Es heißt „Jugend aktiv". Wir Jugendlichen gehen zu einem Menschen und helfen ihm. Ich gehe zum Beispiel einmal in der Woche zu Frau Bauer. Sie kann nicht mehr so gut lesen und ich lese ihr die Zeitung oder aus Büchern vor. Außerdem bin ich in der Theatergruppe aktiv und meine Schwester spielt in der Fußballmannschaft.
💬 Bekommst du für das Vorlesen Geld?
👆 Nein. Ich mache das ehrenamtlich.
💬 Frau Bauer, was gefällt Ihnen an dem Projekt „Jugend aktiv"?
💬 Ach, ich bin so froh, dass es das Projekt gibt. Wissen Sie, ich kann vieles nicht mehr machen und dann ist das Leben so langweilig. Und die Ulyana kommt einmal in der Woche und liest mir vor und manchmal erzählt sie Sachen von der Schule. Sie hat mir auch gezeigt, was sie mit ihrem Laptop macht. Das finde ich ganz spannend. Dann kommt wieder Leben in meine Wohnung. Ich bin so dankbar, und ich glaube, Ulyana macht es auch Spaß.

B 1a

- Frau Maier, sind Sie Mitglied in einem Verein?
- Ja, natürlich. Ich wohne in Böblingen. Das ist eine kleine Stadt, hier sind die Vereine ganz wichtig. Ich glaube, dass es hier keinen Menschen gibt, der nicht in einem Verein ist.
- Erzählen Sie doch bitte, in welchen Vereinen sind Sie?
- Also, ich mache regelmäßig eine Gymnastikgruppe für Frauen, einmal pro Woche, deshalb bin ich im Turnverein. Mein Sohn und mein Mann spielen Fußball, deshalb sind wir als Familie auch im Fußballverein. Mein Mann arbeitet da auch ehrenamtlich als Trainer für eine Kindermannschaft. Ja, und dann sind wir auch im Musikschulverein, denn mein Sohn spielt Gitarre und hat in der Musikschule Unterricht. Ja, und außerdem sind wir im Karnevalsverein. Ich weiß auch nicht warum. Früher habe ich gerne Karneval gefeiert und da bin ich in den Verein eingetreten, aber jetzt waren wir schon lange nicht mehr da. Wir bezahlen nur weiter unseren Mitgliedsbeitrag. Ich glaube, das sind so 20 Euro im Jahr.

Sprechen aktiv 3

Kennen Sie einen Verein, in dem man Leute kennenlernen kann?
Kennen Sie einen Singkreis, in dem jeder mitsingen kann?
Kennen Sie eine Gruppe, in der ich andere Mütter kennenlernen kann?
Kennen Sie ein Nachbarschaftshaus, in dem es interessante Angebote gibt?

Wie heißt der Sachbearbeiter, mit dem Sie gesprochen haben?
Wie heißt die Sachbearbeiterin, mit der Sie telefoniert haben?
Wie heißen die Leute, mit denen du zusammengearbeitet hast?
Wie heißt das Projekt, mit dem Ulyana anderen Menschen hilft?

Banken und Versicherungen

C 1b

- Kann ich Ihnen helfen?
- Ja, ich brauche einen neuen Handytarif. Was können Sie empfehlen?
- Wir haben viele verschiedene Angebote. Hier ist zum Beispiel ein Vertrag mit einer Flatrate in das Handy- und in das deutsche Festnetz. Außerdem gibt es eine Datenflatrate mit 750 MB im Monat.
- Aber der Preis ist ein Nachteil. Er ist sehr hoch. Und ich telefoniere nicht so viel in Deutschland, sondern mehr ins Ausland. Was ist mit diesem Angebot? Es ist sehr günstig.
- Ja, aber es ist kein Vertrag. Außerdem gibt es kein Handy dazu.
- Das macht nichts, ich habe schon ein Handy. Für mich ist wichtig, dass ich günstig ins Ausland telefonieren kann. Ich glaube, ich nehme diesen Tarif.
- Sollen wir Ihnen die SIM-Karte gleich freischalten?
- Ja, gerne. Dann kann ich gleich telefonieren.

C 3a

- Guten Tag, ich habe vor zwei Wochen dieses Handy gekauft, aber der Akku funktioniert leider nicht.
- Vielleicht ist das Ladekabel defekt? Darf ich mal sehen?
- Ja, hier. Probieren Sie es mal.
- Hm, da gibt es ein Problem. Das Handy hat einen Fehler.
- Und was passiert jetzt?
- Wir schicken das Handy an den Hersteller. Die prüfen und reparieren es. Haben Sie die Quittung?
- Ja, hier sind die Quittung und der Garantieschein. Wann bekomme ich das Handy zurück?
- Das geht schnell. Sie bekommen Ihr Handy in einer Woche zurück.

Sprechen aktiv 3

Das Handy funktioniert nicht.
Bitte lassen Sie es prüfen und reparieren.
Bitte schicken Sie es an den Hersteller.
Hier ist die Quittung.
Und das ist der Garantieschein.
Wie lange dauert die Reparatur?

Freunde und Bekannte

B 1b

- Erzähl doch mal! Was hast du denn in Berlin gemacht?
- Ihr wisst doch, dass ich mit meiner Klasse eine Klassenfahrt geplant habe. Deswegen waren wir letzte Woche in Berlin. Wir haben viele Sehenswürdigkeiten angeschaut und waren meistens mit der U-Bahn oder zu Fuß unterwegs. Als wir auf eine U-Bahn gewartet haben, habe ich mir die Veranstaltungsplakate auf dem Bahnsteig genauer angeschaut.
- Bist du immer noch so neugierig?

Hörtexte

Ja, ihr wisst doch, dass mich Veranstaltungen in anderen Städten interessieren. Na ja, aber jedenfalls habe ich dann nicht mitbekommen, dass die U-Bahn eingefahren und meine Klasse eingestiegen ist. Ich drehe mich um, die Türen sind geschlossen und die U-Bahn fährt los. Es war nachmittags und ich wusste nicht, welche Sehenswürdigkeit wir als Nächstes anschauen wollten.

B 1d

Es war nachmittags und ich wusste nicht, welche Sehenswürdigkeit wir als Nächstes anschauen wollten.

Oh je. Und dann hast du Karim getroffen? Das war ja ein Zufall!

Ja, das war ein großer Zufall! Ich stehe immer noch verzweifelt am U-Bahnsteig und weiß nicht, was ich machen soll. Da kommt Karim und ich habe ihn sofort wiedererkannt. Wir haben uns beide sehr gefreut. Er ist seit drei Jahren in Berlin und arbeitet als Koch. Er hat mich zurück zur Jugendherberge gebracht, in der ich mit meiner Klasse übernachtet habe. Dort habe ich am Abend die Klassenkameraden wiedergetroffen.

Sprechen aktiv 3

Einen wahren Freund erkennt man in der Not.
Freundschaft, das ist wie Heimat.
Lieber 100 Freunde haben als 100 Rubel.
Iss und trink mit einem Freund, mach aber mit ihm niemals Geschäfte.
Gute Freundschaft ist so eng, dass nichts dazwischenpasst.

Station 4

Kaufmännische Berufe 1a

1 Mein Name ist Kai Umland. Ich arbeite in einem Autohaus. Ich verkaufe Autos und kümmere mich um Reklamationen. Aber das ist nicht so leicht, wie viele Leute denken. Ich muss über neue Automodelle informiert sein und alles über Autoversicherungen und die Zulassung von Autos wissen. Oft finden die Kunden die Autos sehr teuer und wollen Rabatt. Dann muss ich mit ihnen über den Preis verhandeln. Es ist sehr wichtig, dass ich immer freundlich bin und gepflegte Kleidung trage. Ich trage bei der Arbeit immer einen Anzug.

2 Ich heiße Silvia Baum. Ich arbeite in einer Buchhandlung in der Abteilung für Sprachen. Ich verkaufe Wörterbücher, Grammatiken und Lehrbücher für Sprachen. Oft kommen Kunden und suchen zum Beispiel ein Wörterbuch, aber sie wissen nicht genau, was es alles gibt. Dann berate ich sie und finde das richtige Buch für sie. Es ist wichtig, dass ich immer über aktuelle Bücher informiert bin. Freundlichkeit ist in meinem Beruf auch sehr wichtig. Ich muss gepflegt aussehen, aber ich kann auch leger angezogen sein.

3 Ich heiße Amando Rossi und arbeite in einem Möbelhaus. Ich verkaufe Möbel und berate die Kunden. Es ist also wichtig, dass ich in meinem Beruf viel über das Material der Möbel, zum Beispiel über die verschiedenen Holzsorten, weiß. Ich muss geduldig sein, denn viele Kunden brauchen sehr lange, um die richtigen Möbel für ihr Wohnzimmer oder ihr Schlafzimmer auszusuchen. Manchmal muss ich auch noch nach Ladenschluss im Geschäft bleiben, um mit den Kunden die Möbel zu finden, die ihnen gefallen. In meinem Beruf ist auch die Kleidung wichtig. Bei der Arbeit trage ich immer Anzug und Krawatte.

Kaufmännische Berufe 2a und 2b

Kann ich Ihnen helfen?
Ich suche eine deutsche Grammatik mit Übungen.
Für welches Niveau soll die Grammatik sein?
Für die Niveaus A1 bis B1. Haben Sie so eine Grammatik?
Wir haben eine Grammatik mit vielen Übungen, auch mit Sprechübungen. Moment, da muss ich schauen. Leider ist im Moment keine mehr da. Ich muss sie bestellen. Wie ist Ihr Name?
Ich heiße Fabiola Vargas. Wie viel kostet die Grammatik?
15,95 Euro.
Hat die Grammatik auch Lösungen? Oder muss ich die extra kaufen?
Nein, die müssen Sie nicht extra kaufen. Die Lösungen finden Sie im Buch.
Das ist gut. Wann ist die Grammatik da?

Wortliste

Die alphabetische Wortliste enthält den Wortschatz der Einheiten 1–14. Zahlen, grammatische Begriffe sowie Namen von Personen, Städten und Ländern sind in der Liste nicht enthalten. Wörter, die zum Wortschatz des Tests Deutsch A2 und des Deutsch-Test für Zuwanderer (A2–B1) gehören, sind fett gedruckt. Bei den Verben ist immer der Infinitiv aufgenommen.

Eine Liste der unregelmäßigen Verben finden Sie auf den Seiten 225–230.

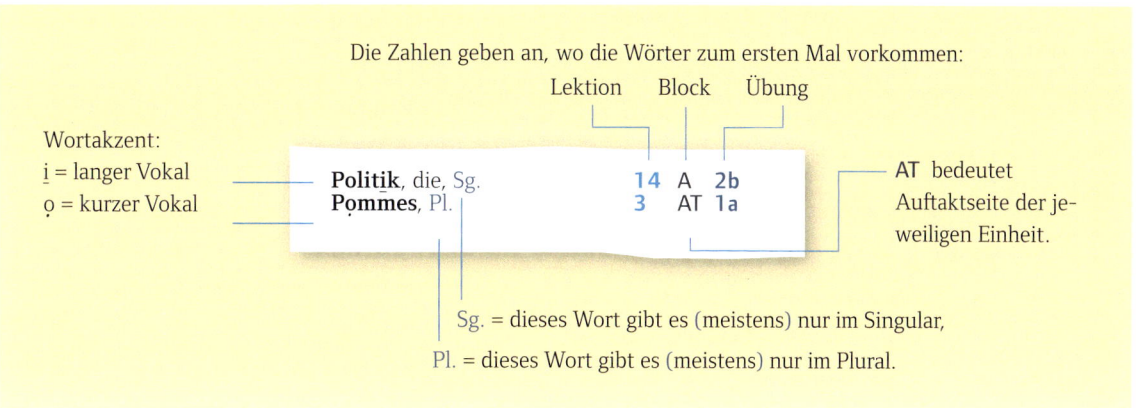

Ein | markiert ein trennbares Verb: ab|fahren = trennbares Verb.
Nach dem Nomen finden Sie immer den Artikel und die Pluralform: ¨ = Umlaut im Plural.

4tlg. = vierteilig	6	B	3a	

A

A3-Papier, das, Sg.	5	C	1c	
A4-Papier, das, Sg.	5	C	1c	
ab|bauen	6	A	3a	
abends	2	AT	2	
ab|fliegen	11	A	5	
ab|hängen	10	D	1a	
ab|heben	13	AT	1a	
ab|hören	9	A	2a	
Abitur, das, Sg.	4	A	1a	
Abkürzung, die, -en	6	B	3b	
ab|lehnen	6	B	4	
Abmessung, die, -en	6	B	3a	
ab|nehmen (1) Ich möchte 10 Kilo abnehmen.	9	AT	1a	
ab|nehmen (2) Der Arzt nimmt das Blut ab.	9	A	1a	
ab|schicken	2	B	1b	
ab|schließen	10	D	1a	
ab|schließen (hier: eine Versicherung)	13	B	2a	
Abschlussfeier, die, -n	7	A	4	
Abschlussprüfung, die, -en	4	A	1a	
Abschlusszeugnis, das, -se	4	A	3a	
Abstand, der, ¨-e	11	B	1a	
Abzeichen, das, -	8	C	1a	
Adressbuch, das, ¨-er	2	B	1a	
afrikanisch	8	D	3	
ähnlich	14	C	2c	
Ahnung, die, Sg. (hier: Keine Ahnung!)	5	A	3c	
Akku-Bohrer, der, -	6	B	3a	
Aktion, die, -en	4	B	1a	
aktiv	8	B	4	
Aktivität, die, -en	4	AT	1a	
Alarm, der, -e	6	A	2b	
Alles Gute!	7	C	4a	
allgemein	4	A	3a	
als: Er arbeitet als Tischler.	5	AT	1b	
Alter, das, Sg.	9	A	2b	
an|fangen	1	A	1a	
Anfänger/in, der/die, -/-nen	8	D	2c	
angemessen	10	D	1a	
Angst, die, Sg.	1	C	4d	
Anhang, der, ¨-e	2	B	1a	
an|hängen	2	B	1b	
an|kommen (hier: Die Kochkurse kommen sehr gut an.)	8	D	3	
an|legen (hier: Geld anlegen)	13	AT	1a	
Anruf, der, -e	5	B	1	
anschließend	4	A	1b	
Anschreiben, das, -	5	E	1	
Anschrift, die, -en	10	C	1a	
an|sehen	11	A	1a	
Anwalt/Anwältin, der/die, ¨-e/-nen	4	D	4a	
App, die, -s	2	B	2	
Arbeitnehmer/in, der/die, -/-nen	13	B	3a	
Arbeitskleidung, die, Sg.	10	C	3a	
Arbeitskollege/-kollegin, der/die, -n/-nen	5	B	1	
Arbeitslosenversicherung, die, Sg.	13	B	3a	
Arbeitsmarkt, der, Sg.	8	AT		
Arbeitsmaterial, das, -ien	10	D	1a	
Arbeitspause, die, -n	10	C	3a	
Arbeitsplan, der, ¨-e	3	B	4a	
ärgern (sich) (über)	8	A	3a	
Arzthelfer/in, der/die, -/-nen	9	A	1b	
Arztpraxis, die, -praxen	9	A		
Arzttermin, der, -e	5	B	5b	
Assistent/in, der/die, -en/-nen	4	A	1a	
auf|fallen	7	C	2a	
auf|nehmen	3	C	2a	

zweihundertdreizehn 213

Wortliste

Aufenthaltsraum, der, -äu-e	4	B	1c
auf|füllen	9	B	3a
auf|geben	1	A	1a
auf|hängen	6	A	3a
auf|laden	11	A	7a
Aufnahmelager, das, -	1	A	1a
Aufnahmestelle, die, -n	1	AT	1a
auf|nehmen	8	B	4
auf|passen	4	AT	
auf|räumen	10	D	1a
Auftrag, der, -ä-e	6	A	2c
auf|treten	8	C	1a
Aula, die, -s/-en	3	A	2a
Ausbildungsangebot, das, -e	8	AT	1a
Ausbildungsbeginn, der, Sg.	10	A	2
Ausbildungsberuf, der, -e	4	A	1a
Ausbildungsbetrieb, der, -e	10	D	1a
Ausbildungsjahr, das, -e	4	A	2a
Ausbildungsmarkt, der, Sg.	8	C	2
Ausbildungsmittel, das, -	10	D	1a
Ausbildungsplatz, der, -ä-e	1	B	1e
Ausbildungsstart, der, -s	10	A	2
Ausbildungssystem, das, -e	4	A	1a
Ausbildungsvergütung, die, -en	10	D	1a
Ausbildungsvertrag, der, -ä-e	10	B	2a
Ausbildungsweg, der, -e	4	D	4b
Ausflugsziel, das, -e	11	C	3
aus|geben	11	C	2b
aus|gehen	11	C	1a
aus|halten	8	B	1a
Aushilfe, die, -n	10	C	4
Auslandsoption, die, -en	13	C	1a
Auslandstelefonat, das, –e	13	C	1a
aus|probieren	1	C	2a
aus|reichend	4	A	3a
aus|richten	12	C	2
aus|schalten	5	C	2c
außerdem	9	A	2b
außerhalb	6	AT	1b
Aussprache, die, Sg.	1	C	2a
Austausch, der, Sg.	12	A	1a
aus|tauschen (sich)	4	AT	
Auswahl, die, Sg.	13	C	1a
aus|wählen	2	B	1b
Ausweis, der, -e	11	C	2a
auswendig	1	C	2a
Auszahlung, die, -en	13	A	1b
Auszubildende, der/die, -n	8	B	1c
Autobahn, die, -en	11	AT	1
Autobesitzer/in, der/die, -/-nen	13	B	3a
Automatikprogramm, das, -e	2	C	6b
Autopanne, die, -n	11	B	2a
Autoreifen, der, -	13	B	4a
Autounfall, der, -ä-e	11	B	1b
Autowerkstatt, die, -ä-en	4	A	2a
Azubi (=Auszubildende/r), der/die, -s	10	B	3a
Azubi-Angebot, das, -e	13	A	1b
Azubigehalt, das, -ä-er	10	D	1a

B

Baby, das, -s	6	C	2a
babysitten	6	C	2a
Babysitter, der, -	8	D	1
Bäckereilehrling, der, -e	10	B	3a
Badeaufsicht, die, -en	8	C	1a
baden	11	C	1a
Badesachen, Pl.	11	C	2a
Bahnfahrkarte, die, -n	11	A	6a
Bahnticket, das, -s	11	A	2
Bankberater/in, der/die, -/-nen	13	A	1b
Bankkaufmann/-kauffrau, der/die, Bankkaufleute	4	D	4a
bargeldlos	13	A	1b
Basilikum-Pesto, das, Sg.	3	C	2c
Baumarkt, der, -ä-e	6	B	3a
beachten	5	E	1
bearbeiten	8	B	1a
bedienen	5	E	2b
beenden	2	B	1a
Befehl, der, -e	2	B	1a
befriedigend	4	A	3a
befreundet sein	14	AT	2
Begegnung, die, -en	12	A	1a
Begleiter/in, der/die, -/-nen	14	B	2a
begrenzt	5	E	1
behalten	1	C	2a
Behinderung, die, -en	12	A	1a
bei|bringen	8	D	3
Beipackzettel, der, -	9	B	1c
Bekanntenkreis, der, -e	13	B	2a
belastbar	10	A	1a
Beratung, die, -en	12	B	2a
Bereich, der, -e	12	B	2a
Bergtour, die, -en	11	C	1a
Bericht, der, -e	5	B	1
berichten	3	B	4c
beruflich	1	A	1a
Berufsalltag, der, Sg.	10	D	1a
Berufsanfänger/in, der/die, -/-nen	13	B	3a
Berufsausbildung, die, -en	10	D	2a
Berufsausbildungsvertrag, der, -ä-e	10	D	2a
Berufsberatung, die, -en	8	AT	1b
berufsbildend	4	A	3a
Berufschance, die –n	8	C	3
Berufsfachschule, die, -n	4	A	1a
Berufsfeld, das, -er	5	E	1
Berufsgrundbildungsjahr (BGJ), das, Sg.	4	A	1a
Berufskleidung, die, Sg.	10	D	1a
Berufskolleg, das, -s/-ien	4	A	1a
Berufskraftfahrer/in, der/die, -/-nen	5	AT	
berufsorientiert	4	A	3a
Berufsvorbereitung, die, Sg.	4	A	3a
Berufsvorbereitungsjahr (BVJ), das, Sg.	4	A	1a
beschäftigen (sich)	8	C	1d
Bescheid sagen	5	B	1
Beschwerde, die, -n	9	A	1a
besetzt	11	B	2b
besonderer, -s, -e	3	B	4a
besorgen	7	C	3b
besprechen	4	B	1a
Bestandsaufnahme, die, -n	8	A	1c
bestehen	4	A	2a
Bestellung, die, -en	3	C	2a
bestimmen	10	D	1b
Bestimmung, die, -en	4	A	1a

beten	4	C	2c
betrieblich	9	B	3a
Betriebsgeheimnis, das, -se	10	D	1a
Betriebsordnung, die, -en	10	D	1a
Betriebsrat, der, -ä-e	5	B	1
Betriebsversammlung, die, -en	5	B	1
Bewahrungspflicht, die, -en	10	D	1a
bewegen (sich)	9	AT	1a
Bewegung, die, -en	8	C	3
bewerben (sich) (um/auf)	5	E	1
Bewerben-Button, der, -s	10	A	2
Bewerbung, die, -en	5	E	1
Bewerbungsfoto, das, -s	10	C	1c
Bewerbungsgespräch, das, -e	10	C	2b
Bewerbungsschreiben, das -	10	C	1c
Bewerbungsstart, der, Sg.	5	E	1
Bewerbungstraining, das, Sg.	8	C	1a
Bewerbungsunterlagen, Pl.	8	AT	
Bewohner/in, der/die, -/-nen	12	A	1a
bieten	2	C	3b
bilden	4	A	3a
Bildungsabschluss, der, -ü-e	4	A	1a
Bildungsgang, der, -ä-e	4	A	3a
bitten	7	A	1
Blick, der, -e	11	C	1a
blühen	14	C	1b
Blumenstrauß, der, -äu-e	7	A	3
Blut, das, Sg.	9	A	1a
Blutdruck, der, Sg.	9	A	1a
Blutwert, der, -e	9	A	2a
Boden, der, -ö-	3	A	2a
Bodenleger, der, -	9	A	2a
Bodenreinigungsmaschine, die, -n	5	E	2b
Boot, das, -e	1	A	1a
Branche, die, -n	10	D	1a
Brandsalbe, die, -n	9	B	3d
Braut, die, -äu-e	7	B	1b
Bräutigam, der, -e	7	B	1c
Brautkleid, das, -er	7	B	1a
Brautpaar, das, -e	7	B	1b
Breite, die, Sg.	6	B	3b
Bremse, die, -n	5	A	2b
Brieftasche, die, -n	11	A	7b
Bronze, die, Sg.	8	C	1a
Broschüre, die, -n	8	AT	1a
buchen	11	A	5
Buchhaltung, die, -en	5	D	2a
Buchung, die, -en	13	A	1b
bügeln	3	B	4a
Bundesland, das -ä-er	4	A	1a
Bürger/in, der/die, -/-nen	8	AT	
Büroschlüssel, der, -	5	B	1
Busfahrer/in, der/die, -/-nen	13	B	4a
Busticket, das, -s	11	C	2a
BVJ-Klasse, die, -n (BVJ = Berufsvorbereitungsjahr)	4	A	2a

C

ca. (=circa)	11	B	1a
Campingplatz, der, -ä-e	11	A	2
Castingshow, die, -s	2	C	1a
Chance, die, -n	8	AT	
Chaos, das, Sg.	3	A	2a
charmant	12	A	1a
chatten	2	AT	1
checken	2	AT	1
Cholesterinwert, der, -e	9	A	2a
Chor, der, -ö-e	12	A	2a
Computerprogramm, das, -e	5	B	4
Computerservice, der, Sg.	4	D	1a
Computersymbol, das, -e	2	B	1a

D

da sein	7	A	2b
dabei sein	7	C	2a
dafür	2	C	4a
dagegen	2	C	4a
damals	4	C	1a
damit (1)	1	B	2b
damit (2) (+ Nebensatz)	8	C	2
dass	2	C	3c
Datei, die, -en	2	B	1b
Datenflatrate, die, -s	13	C	1a
Dauerauftrag, der, -ä-e	13	A	1a
dauern	1	B	1c
DAZ (Deutsch als Zweitsprache)	4	A	1a
dazwischen	14	C	2a
Decke, die, -n	7	A	3
defekt	13	C	3b
denken	2	A	2a
Desinfektionsmittel, das, -	9	B	3d
Dessert, das, -s	11	A	1b
dick	9	AT	1a
Dienstleistung, die, -en	5	E	1
dieser, -s, -e	1	A	1a
Ding, das, -e	4	A	3c
Diskussion, die, -en	2	C	3a
diskutieren	4	AT	
doch	3	B	1a
Dokumentarfilm, der, -e	2	C	1a
Doppelstunde, die, -n	8	D	1
dreimal	9	B	1c
drüben	5	A	3c
drucken	2	B	1a
drücken	5	C	1b
Drucker, der, -	5	A	3b
dual	4	A	1a
Dübel, der, -	6	B	3a
durch dick und dünn gehen	14	A	1a
durcheinander	3	A	2a
Durchfall, der, Sg.	9	B	3d
Durchschnitt, der, (hier: im Durchschnitt)	2	C	7b
Durchwahl, die, -en	12	C	1c
Duschgel, das, -s	11	A	6a
duzen	6	C	2a
DVD, die, -s	7	A	3

E

E-Book, das, -s	2	AT	1
echt	5	E	2b
EC-Karte, die, -n	13	A	1a
ehrenamtlich	12	A	
ehrlich	10	A	3
eifersüchtig	14	B	2a
Eigenschaft, die, -en	10	A	2
eignen (sich)	11	C	1a

zweihundertfünfzehn 215

Wortliste

ein|bauen	6	A	3a	
ein|checken	11	AT	1	
ein|fühlsam	10	A	2	
ein|halten	10	D	1a	
Einheit, die, -en	13	C	1a	
ein|laden	4	B	1a	
ein|nehmen	9	B	1c	
ein|räumen	5	E	2b	
ein|richten	8	C	1a	
Einrichtung, die, -en	4	A	1a	
einsam	12	AT	1b	
ein|schalten	5	C	2c	
ein|setzen (sich) (für)	12	B	2a	
ein|stellen (sich) (auf)	9	C	2a	
Einstieg, der, Sg.	8	D	1	
einverstanden	6	B	4	
ein|werfen	5	C	2a	
einwöchig	5	E	1	
ein|zahlen	13	AT	1a	
Einzelhandel, der, Sg	5	E	1	
Einzelzimmer, das, -	6	AT	2	
einzig	7	C	2a	
E-Learning, das, Sg.	8	C	1a	
E-Learning-Angebot, das, -e	8	C	1a	
elegant	7	B	1a	
E-Mail-Programm, das, -e	2	B	1b	
empfehlen	9	B	1c	
empfindlich	9	B	1c	
Ende, das, (hier: am Ende)	8	A	1c	
endlich	1	A	1a	
energisch	2	C	6a	
eng	7	B	1a	
engagieren (sich)	4	B	1c	
engagiert	10	A	1a	
entdecken	11	C	1a	
entfernt	11	C	1a	
Entscheidung, die, -en	8	B	1c	
entschuldigen (sich)	6	C	4a	
entsorgen	9	B	3a	
entspannen (sich)	8	B	1c	
entspannend	2	AT	2	
Entspannung, die, Sg.	9	AT	1c	
entwickeln	8	C	1a	
Erfahrung, die, -en	1	B	1e	

Erfolg, der, -e	14	A	1a	
erfolgreich	10	D	1a	
Ergebnis, das, -se	9	A	2a	
erhalten	4	AT		
erinnern (sich) (an)	14	B	2a	
Erinnerung, die, -en	14	A	1a	
erkennen	14	C	2a	
erleben	1	A	1a	
Erlebnis, das, -se	14	A	1b	
ernähren (sich)	9	AT	1a	
Ernährung, die, Sg.	9	C		
ernst	12	AT	1b	
eröffnen	13	AT	1a	
erreichbar	2	AT	2	
Erste-Hilfe, die, Sg.	8	D	1	
Erste-Hilfe-Kasten, der, -ä-	9	B	3a	
Erste-Hilfe-Zentrum, das, -Zentren	8	D	1	
Ersthelfer/in, der/die, -/-nen	8	D	1	
Erstuntersuchung, die, Sg.	9	A	2a	
Erwachsene, der/die, -n/-n	12	A	1a	
erwarten	8	B	1c	
erweitern	10	A	2	
erzählen	1	A	1a	
Ethik, die, Sg.	4	A	3a	

F

Fach, das, -ä-er (1) Schulfach	4	AT	1a	
Fach, das, -ä-er (2) Fach im Kopierer	5	C	1c	
Fachabitur, das, Sg.	4	A	1a	
Fachbuch, das, -ü-er	10	D	1a	
Fachhochschule, die, -n	4	A	1a	
Fachhochschulreife, die, Sg.	4	A	1a	
Fachkraft, die, -ä-e	10	B	3a	
Fachoberschule (FOS) die, -n	4	A	1a	
Fachunterricht, der, Sg.	4	AT		
Fähigkeit, die, -en	8	D	4	
Fahrpraxis, die, Sg.	8	D	2b	
Fahrradstadt, die, -ä-e	11	C	1a	
Fahrradweg, der, -e	11	C	1a	
fallen	3	A	2a	
falls	7	A	1	

falsch	12	C	1c	
Familienbildungsstätte, die, -n	8	D	3	
familienfreundlich	6	A	1b	
Familienmitglied, das, -er	13	B	3a	
Familientag, der, Sg.	3	B	4a	
Familienwagen, der, -	13	B	4a	
Farbroller, der, -	6	B	3a	
Fehler, der, -	1	C	2a	
Feier, die, -n	7	A	2b	
Feiertag, der, -e	7	AT	2a	
Fernbus, der, -se	11	AT	1	
Fernsehabend, der, -e	2	C	2	
Fernsehen, das, Sg.	2	C		
Fernsehprogramm, das, -e	2	C	2	
fest	5	E	1	
fest|legen	10	D	1a	
Festnetz, das, -e	13	C	1a	
Festtag, der, -e	7	D		
Fett, das, -e	9	C	3a	
fettarm	9	C	3a	
Feuerwerk, das, -e	7	AT	1b	
Fieberthermometer, das, -	9	B	3d	
Filiale, die, -n	5	E	1	
Firmenkantine, die, -n	9	C	2a	
Fischspezialität, die, -en	11	C	1a	
fit	2	C	6b	
Fitnesscenter, das, -	9	AT	1a	
flach	11	C	1a	
Fleischer/in, der/die, -/-nen	4	D	4a	
Fleischersatz, der, Sg.	9	C	2a	
fleißig	4	A	2a	
flexibel	10	A	1a	
Florist/in, der/die, -en/-nen	10	A	2	
Flucht, die, Sg.	1	A	1a	
Flug, der, -ü-e	11	A	5	
formulieren	8	C	1d	
Fortbildungsmöglichkeit, die, -en	8	AT	1a	
Fortgeschrittene, der/die, -n	8	D	2c	
Fotografie, die, -n	8	D	4	
Fotokopie, die, -n	4	B	1b	
Fragebogen, der, -ö-	14	A	3	
Frauenfreundschaft, die, -en	14	A	1a	

Frauengruppe, die, -n	12	A	2a
frei machen	9	A	2a
frei|schalten	13	C	1c
Freitagvormittag, der, -e	5	B	1
freiwillig	12	A	4a
fremd	8	B	1a
Fremdsprache, die, -n	10	C	3a
freuen (sich) (auf/über)	6	C	2a
Freundschaft, die, -en	14	AT	2
Freundschaftsgeschichte, die, -n	14	B	
Freundschaftsverein, der, -e	12	B	2a
frisch	9	AT	1a
froh	7	C	4a
fröhlich	7	B	3
Früherkennung, die, Sg.	9	A	2b
führen (hier: ein Gespräch führen)	9	A	1a
Führerscheinbewerber/in, der/die, -/-nen	8	D	1
Führung, die, -en	11	C	1a
Fußballabteilung, die, -en	12	C	1c
Fußballverein, der, -e	1	C	1

G

Gabel, die, -n	3	A	1a
Garantieschein, der, -e	13	C	3b
Gast, der, -ä-e	3	A	2a
Gastfamilie, die, -n	1	A	1a
Gastgeber/in, der/die, -/-nen	7	C	1
gebraucht	13	C	4
Gebrauchtwagen, der, -	13	B	4a
Gebühr, die, -en	13	A	1b
Geburtstag, der, -e	4	A	3a
Geburtstagsfeier, die, -n	11	A	1a
Geburtstagsfest, das, -e	11	A	1a
Gedanken, der, -	14	C	
Gedicht, das, -e	14	C	1b
geduldig	8	B	1a
gegen	9	A	1a
gegenseitig	14	AT	2
Gegenstand, der, -ä-e	6	B	3b
Gehalt, das, -ä-er	10	C	3a
Geheimnummer, die, -n	13	A	1a
Gehör, das, Sg.	9	A	2b

Geldautomat, der, -en	13	A	1b
gemeinnützig	12	A	1a
genießen	2	C	6b
Geometrie, die, Sg.	8	B	2b
geraten (hier: in Not geraten)	8	C	1d
Gerechtigkeit, die, Sg.	12	B	2a
Gericht, das, -e	3	C	1a
gesamt	5	E	2c
Gesamtschule, die, -n	4	A	2a
Gesangsverein, der, -e	12	B	1a
Geschäftskonto, das, -konten	13	A	1b
Geschäftsreise, die, -n	11	A	4
Geschenk, das, -e	7	A	3
Geschichte, die, -n	1	A	1a
geschickt	8	B	1c
Geschirr, das, Sg.	7	A	3
geschlossen	7	AT	2a
Geselle, Gesellin, der/die, -n/-nen	8	A	1c
Gesellenprüfung, die, -en	4	A	1a
Gesetz, das, -e	10	D	1b
Gespräch, das, -e	7	C	2a
Gesprächsthema, das, -themen	2	C	7b
gesundheitlich	9	A	2a
Gesundheits-Check, der, -s	9	A	2a
Gesundheitsuntersuchung, die, -en	9	A	2b
Getränkeautomat, der, -en	5	C	2a
Getreideprodukt, das, -e	9	C	1a
getrennt	3	C	2d
gewerblich	4	A	1a
Gewitter, das, -	3	A	2a
Gipfel, der, -	11	C	1a
Girokonto, das, -konten	13	A	1a
gleichwertig	4	A	3a
gleichzeitig	4	D	1a
Gleitschirm, der, -e	11	C	1a
Glückwunsch, der, -ü-e	3	B	1a
Glückwunschkarte, die, -n	7	C	5
Gold, das, Sg.	8	C	1a
Grafik, die, -en	2	C	7a
Grammatik, die, -en	1	C	3
Grammatikregel, die, -n	1	C	4b

gratulieren	11	A	1b
Grenze, die, -n	11	C	1a
Grillhütte, die, -n	7	A	1
Großeltern, Pl.	1	B	2b
Grund, der, -ü-e	1	A	1a
Grundschule, die, -n	4	A	2a
Gruppe, die, -n	8	B	1a
Gruppenarbeit, die, -en	4	AT	
Gutschein, der, -e	7	A	3
Gymnasium, das, -ien	4	A	1a
Gymnastikgruppe, die, -n	12	C	1c

H

Haftpflichtversicherung, die, -en	13	B	1
haltbar	9	B	3a
halten (hier: ein Referat halten)	4	AT	1a
Hammer, der, -ä-	6	B	3a
Handtuch, das, -ü-er	7	A	3
Handwerk, das, -e	5	E	1
handwerklich	8	B	1c
Handytarif, der, -e	13	C	1a
hängen	6	B	2b
häufig	2	A	2a
Haupteingang, der, -ä-e	3	A	1a
Hauptgebäude, das, -	3	A	2a
Hauptschulabschluss, der, -ü-e	1	A	1a
Hauptspeise, die, -n	3	C	3a
Hauptstadt, die, -ä-e	11	C	1a
Hausarbeit, die, Sg.	1	B	1e
Hausaufgabenhilfe, die, -n	12	A	1a
Haushalt, der, (hier:) Sg.	3	B	4a
Hausmüll, der, Sg.	9	B	3a
Hausratversicherung, die, -en	13	B	1
Heimat, die, Sg.	1	A	1a
Heimatverein, der, -e	12	B	2a
Heimwerker/in, der/die, -/-nen	6	B	3a
hektisch	1	AT	1b
Helfer/in, der/die, -/-nen	12	A	4a
heraus|finden	5	E	1

Wortliste

Hersteller, der, -	13	C	3b
hierfür	10	D	1a
hierhin	5	C	2a
Hilfe, die, -n	2	B	1a
hilfsbereit	7	B	3
Himmel, der, Sg.	3	A	2a
hinein	11	C	1a
Hinflug, der, -ü-e	11	A	5
hinterlassen (hier: eine Nachricht hinterlassen)	12	C	3a
Hobby, das, -s	10	B	2a
hoch	5	A	2b
Hochschule, die, -n	4	A	1a
Hochzeitsfeier, die, -n	7	A	1
Hochzeitstorte, die, -n	7	B	1a
hoffen	6	C	3a
hoffentlich	3	A	2a
Höhe, die, Sg.	6	B	3b
Humor, der, Sg.	14	B	2a

I

Immobilie, die, -n	6	A	1b
impfen	9	A	1a
Infektionskrankheit, die, -en	9	A	2b
Info (=Information), die, -s	2	B	2
Informatik, die, Sg.	4	D	1a
informieren (sich) (über)	8	A	3a
Info-Veranstaltung, die, -en	4	B	1
inklusive	13	C	1a
Innenstadt, die, -ä-e	6	AT	
Insel, die, -n	11	C	1a
Insidertipp, der, -s	10	D	1a
installieren	5	B	1
Integration, die, Sg.	4	A	1a
intelligent	14	B	2a
Intensivklasse, die, -n	4	A	1a
Intensivkurs, der, -e	4	D	1a
Interesse, das, -n	4	AT	1a
interessieren (sich)	6	C	3a
interkulturell	7	C	
international	1	B	1e
Internetadresse, die, -n	8	A	1c
Internetzugang, der, -ä-e	2	B	2

Interview, das, -s	1	AT	1a
IT (=Informationstechnologie), die, Sg.	4	D	1a

J

jährlich	9	A	2b
jeder, -s, -e	1	C	2a
jederzeit	5	E	1
Job, der, -s	1	A	1a

K

Kaffeeautomat, der, -en	5	B	4
Kaltmiete, die, -n	6	A	1b
Kamerad/in, der/die, -en/-nen	1	C	1
kaputt|gehen	14	A	1a
kaputt machen	13	B	2a
Karnevalsverein, der, -e	12	B	1a
Karte, die, -n	8	B	4
Karteikarte, die, -n	1	C	4b
kassieren	3	C	2a
Katalog, der, -e	11	A	5
Katze, die, -n	7	A	3
kaufmännisch	4	A	1a
kennen|lernen	1	A	1a
Kenntnisse, Pl.	8	D	4
Kerze, die, -n	7	A	3
Ketchup, der/das, -s	3	A	1a
Kette, die, -n	7	A	3
Kfz-Versicherung, die, -en	13	B	1
Kinderarztpraxis, die, -praxen	4	D	3a
Kindernotfälle, Pl.	8	D	1
Kinderpflege, die, Sg.	4	A	2a
Kinderpfleger/in, der/die, -/-nen	4	A	2a
Kindersendung, die, -en	2	C	3b
klappen	4	D	1a
Klassenfest, das, -e	7	C	2b
Klassenkamerad/in, der/die, -en/-nen	14	B	1e
Klassenraum, der, -äu-e	3	A	2a
Klassensprecher/in, der/die, -/-nen	4	AT	1a
Klassensprecherwahl, die, -en	4	B	1a

klassisch	8	D	1
kleiden	10	C	2a
Kleinwagen, der, -	13	B	4a
klemmen	14	C	2a
knarren	14	C	2a
Kneipe, die, -n	3	AT	2
Kochidee, die, -n	8	C	3
Kochkurs, der, -e	1	C	4d
Koffer, der, -	7	A	3
Komma, das, -s/Kommata	11	B	2b
kommunikativ	8	B	1c
Kompetenz, die, -en	8	C	1a
Kompliment, das, -e	7	B	3
Konditor/in, der/die, -en/-nen	10	A	2
Kontaktdaten, Pl.	10	D	2a
kontaktfreudig	8	C	1a
Konto, das, Konten	13	AT	1a
Kontoauszug, der, -ü-e	13	AT	1a
Kontogebühr, die, -en	13	A	1a
kontrollieren	5	AT	1a
Kopfhörer, der, -	2	AT	1
Kopierer, der, -	5	C	1b
Körper, der, -	9	C	3a
körperlich	10	A	2
Körpersprache, die, Sg.	8	C	1a
kostenlos	8	C	1a
Krankenversicherung, die, -en	13	B	1
Krankheit, die, -en	9	A	2b
Kredit, der, -e	13	AT	1a
Kreditkarte, die, -n	13	A	1a
Krimiserie, die, -n	2	C	1c
kritikfähig	8	B	1c
Küchenstudio, das, -s	8	D	3
Kühlregal, das, -e	5	D	2c
kulturell	12	B	2a
kümmern (sich) (um)	13	B	2a
Kundenzentrum, das, -zentren	6	A	1b
Kündigung, die, -en	10	D	1a
Kündigungsfrist, die, -en	10	D	2a
Kursangebot, das, -e	8	D	1
Kursbeginn, der, Sg.	8	C	1a

Kursteilnehmer/in, der/die, -/-nen	8	D	3
Kurznachricht, die, -en	3	B	1a
küssen (sich)	6	C	4a

L

Labor, das, -e	9	A	2b
Laboruntersuchung, die, -en	9	A	2a
lächeln	12	AT	1b
lachen	9	AT	1a
Lackierer/in, der/die, -/-nen	4	D	4a
Ladekabel, das, -	11	A	6a
Lage, die, -n	6	A	1b
Lagerlogistik, die, Sg.	10	B	3a
landen	12	C	1c
Langeweile, die, Sg.	4	A	4
lassen	6	A	2c
laufen (hier: das Radio läuft)	2	C	7b
lebendig	12	A	1a
Lebensjahr, das, -e	4	A	1a
Lebenslauf, der, -äu-e	5	E	1
lebensrettend	8	D	1
Lebensweg, der, -e	1	AT	
Leberwert, der, -e	9	A	2a
legen	6	B	2b
Lehrerzimmer, das, -	4	AT	1a
Lehrling, der, -e	8	A	1c
leicht	4	C	1a
leise	2	C	6a
leiten	12	C	1c
Leiter, die, -n	6	B	3a
Leitpfosten, der, -	11	B	1a
Lernbereich, der, -e	4	A	3a
lernbereit	8	B	1c
Lernfeld, das, -er	4	A	3a
Lernkarte, die, -n	1	C	2a
Lernpflicht, die, -en	10	D	1a
Lernstrategie, die, -n	8	B	4
Lerntandem, das, -s	8	B	4
Lerntipp, der, -s	1	C	4d
Leser/in, der/die, -/-nen	3	B	4a
letzter, -es, -e	5	E	1
leuchten	14	C	1b

LG (Liebe Grüße)	3	A	2a
Liebe, die, Sg.	14	C	1b
Lieblingsspiel, das, -e	4	C	3
Lkw-Fahrer/in, der/die, -/-nen	8	C	3
Lkw-Führerschein, der, -e	8	C	3
Löffel, der, -	3	A	1a
Lohnsteuerhilfe, die, Sg.	12	A	2a
Lokal, das, -e	8	D	3
los sein	3	B	4a
löschen	2	B	1a
Luft, die, Sg.	9	AT	1a
lustig	1	C	2a

M

machen (hier: Das macht nichts!)	11	B	2a
Magen, der, -ä-	9	B	1c
Magenschmerzen, Pl.	9	B	1b
Maler/in, der/die, -/-nen	4	D	4a
manche	12	B	2a
mangelhaft	4	A	3a
Männerfreundschaft, die, -en	14	A	1a
Marktleiter/in, der/die, -/-nen	5	D	2c
Marktplatz, der, -ä-e	11	A	3
Massage, die, -n	2	C	6b
Massagestuhl, der, -ü-e	2	C	6b
Materialkosten, Pl.	8	C	1a
Mediennutzung, die, Sg.	2	C	7b
Medium, das, Medien	2	AT	
Meer, das, -e	3	A	4
mehrere	8	B	1a
meisten, die meisten	5	AT	1b
Meister, der, -	4	A	1a
Meisterbetrieb, der, -e	8	A	1c
merken	14	B	2a
Messer, das, -	3	A	1a
Metalltechniker/in, der/die, -/-nen	4	A	3b
Methode, die, -n	8	B	4
Milchprodukt, das, -e	9	C	1a
Million, die, -en	11	C	1a
mindestens	4	A	1a

mit|arbeiten	4	AT	1a
Mitarbeiter/in, der/die, -/-nen	1	C	1
mit|benutzen	6	A	2b
Mitfahrgelegenheit, die, -en	11	AT	1
Mitglied, das, -er	12	B	2a
Mitgliedsbeitrag, der, -ä-e	12	B	2a
mit|helfen	12	C	3b
mithilfe	4	B	1c
mit|machen	4	B	1c
mit|singen	12	C	3b
mittags	2	AT	2
Mitte, die, (hier: in der Mitte)	2	AT	1
Mitteilung, die, -en	5	B	
mitten	7	A	2b
mittlerer, -es, -e	4	A	1a
Mittwochabend, der, -e	6	A	1d
mobil	2	A	2b
möglich	2	A	2c
Möglichkeit, die, -en	4	D	1a
Monatsmiete, die, -n	6	A	1b
motiviert	8	B	1c
Motor, der, -en	4	A	3a
Mückenstich, der, -e	9	B	3d
Mullbinde, die, -n	9	B	3d
mündlich	4	AT	1a
Musikschulverein, der, -e	12	B	1a
Musikverein, der, -e	12	B	2a
Muskel, der, -n	9	AT	1a
Muskeltraining, das, Sg.	9	C	3a
Mut, der, Sg.	1	C	4d

N

na klar	6	C	2a
Nachbarschaft, die, Sg.	12	A	1a
Nachbarschaftshaus, das, -äu-er	12	A	1a
nach|denken (über)	8	C	1a
nach|fragen	5	E	1
Nachhilfe, die, -n	4	A	3b
Nachmieter/in, der/die, -/-nen	6	A	1b
nachmittags	2	AT	2
Nachrichten, Pl.	2	A	1

Wortliste

nach|sitzen	4	C	1a
Nachspeise, die, -n	3	C	3a
nach|sprechen	1	C	2a
Nagel, der, -ä-	6	B	3a
nähen	8	B	1c
Nahrungsmittel, das, -	9	C	2a
natürlich	1	B	2b
Nebenwirkungen, Pl.	9	B	1b
nehmen (hier: Platz nehmen)	5	D	2a
nervös	8	B	1c
nett	5	D	2a
Netzwerk, das, -e	2	B	2
Neujahr	7	C	4a
Neuwagen, der, -	13	B	4a
Nichte, die, -n	4	C	1a
niedrig	10	D	1a
normalerweise	4	B	1c
Not, die, Sg.	8	C	1a
Notarztwagen, der, -	6	A	2b
Notrufsäule, die, -n	11	B	1a
Notrufzentrale, die, -n	11	B	1b
notwendig	6	A	1b
nutzen	2	A	2a
nützlich	2	B	2
Nutzungsdauer, die, Sg.	2	C	7b

O

Oberkörper, der, -	9	A	2a
Obst- und Gemüseabteilung, die, -en	5	E	2b
Obstkorb, der, -ö-e	7	A	3
öffentlich	6	AT	2
öffnen	2	B	1a
Ohrring, der, -e	7	B	1c
online	5	E	1
Online-Banking, das, Sg.	13	A	1a
Online-Bewerberportal, das, -e	5	E	1
Online-Bewerbung, die, -en	10	B	3a
Online-Bewerbungstraining, das, Sg.	8	C	2
Online-Spiel, das, -e	2	A	1
Online-Training, das, Sg.	8	C	1a
Online-Überweisung, die, -en	13	AT	1a
Option, die, -en	2	B	1a
Ordner, der, -	5	A	3b
Ordnung, die, (hier: in Ordnung)	1	B	2b
Ostern	7	C	4a

P

Panne, die, -n	7	B	4a
Pannendienst, der, -e	11	B	1b
Parfüm, das, -s	7	A	3
Parlament, das, -e	11	C	1a
Passwort, das, -ö-er	5	A	3b
Pausenregel, die, -n	5	B	4
per Post	13	A	1b
Personalangaben, Pl.	10	D	2a
Personalberater/in, der/die, -/-nen	10	A	1a
Personenbeförderungsschein, der, -e	8	D	1
persönlich	5	E	1
persönliche Daten	10	C	1a
Pflaster, das, -	9	B	3d
Pflegedienst, der, -e	3	B	4a
pflegen	10	A	2
Pflegeversicherung, die, Sg.	13	B	3a
Pflicht, die, -en	10	D	1a
pflichtbewusst	10	A	2
Pflichtunterricht, der, Sg.	4	A	3a
Pflichtversicherung, die, -en	13	B	2a
Phyisotherapeut/in, der/die, -en/-nen	5	AT	
PIN, die, -s	13	A	1b
Pinsel-Set, das, -s	6	B	3a
Pinzette, die, -n	9	B	3d
pitschnass	3	A	2a
planen	14	B	1a
Platz nehmen	9	A	2a
Platzreservierung, die, -en	11	B	2b
plötzlich	3	A	2a
Politik, die, Sg.	4	A	3a
Polizist/in, der/die, -en/-nen	5	AT	1b
Posteingang, der,-ä-e	2	B	1a
posten	2	A	3
Poster, das, -	2	B	2
Praktikumsbericht, der, -e	5	E	2a
Praktikumsbetreuer/in, der/die, -/-nen	5	E	2b
Praktikumszeitraum, der, -äu-e	5	E	1
Praline, die, -n	7	A	3
Präsentation, die, -en	4	A	3a
präsentieren	4	AT	
Privatkonto, das, -konten	13	A	1b
Privatleben, das, Sg.	14	A	1a
Probezeit, die, Sg.	10	D	1a
Produktion, die, -en	5	E	1
professionell	8	AT	
Programm, das, -e	11	C	3
Projekt, das, -e	12	A	2a
Projektarbeit, die, -en	4	AT	
Projektprüfung, die, -en	4	A	3a
Prosit Neujahr!	7	C	4a
Prospekt, der, -e	5	B	1
prüfen	4	A	1a
Prüfung, die, -en	4	A	2a
Psychologe/Psychologin, der/die, -n/-nen	14	A	1a
putzen	1	B	1e

Q

Quali, der, -s	4	D	1a
qualifiziert	4	A	2a
Quittung, die, -en	13	C	3b
Quiz, das, Sg.	2	C	1a

R

Rad, das, -ä-er	11	C	1a
Radiointerview, das, -s	2	A	2b
Radweg, der, -e	11	C	1a
Rahmen, der, (hier: im Rahmen)	10	D	1a
Ratschlag, der, -ä-e	9	C	3a
Raucher/in, der/die, -/-nen	6	A	1b
Rauchverbot, das, -e	10	D	1a
Raum, der, -äu-e	4	AT	1a
Realschulabschluss, der, -ü-e	1	A	1a
Realschule, die, -n	4	D	3b
recherchieren	2	A	2a

Wort			
Rechnung, die, -en	3	C	3a
Rechnungswesen, das, Sg.	4	D	1a
Recht, das, -e	10	D	1a
rechtlich	12	A	2b
Rechtsanwalt/-anwältin, der/die, -ä-e/-nen	13	B	2a
Rechtsberatung, die, -en	12	A	2a
Rechtschreibfehler, der, -	8	B	2b
Rechtschutzversicherung, die, -en	13	B	1
referieren	4	AT	
Regensachen, Pl.	11	C	2a
Regierungspräsidium, das, -präsidien	4	D	3a
Regierungsviertel, das, Sg.	11	C	1a
reichen	4	D	2
Reifen, der, -	5	AT	1a
reinigen	9	A	3c
Reisebüro, das, -s	10	A	4b
Reisebus, der, -se	13	B	4a
Reisedokument, das, -e	11	A	7b
Reiseführer, der, -	11	C	2a
Reisende, der/die, -n	11	AT	1
Reiseplanung, die, -en	11	C	
Reisevorbereitung, die, -en	11	A	
Reisezeit, die, -en	11	A	5
Reiseziel, das, -e	11	C	1a
Reklamation, die, -en	13	C	
reklamieren	13	C	3a
rennen	3	A	2a
renovieren	4	B	1c
Renovierung, die, -en	6	A	2c
Rentenversicherung, die, -en	13	B	1
Rentner/in, der/die, -/-nen	2	A	2a
Reparatur, die, -en	3	B	4a
reservieren	3	C	3a
retten	8	C	2
Rettungsschwimmabzeichen, das, -	8	C	1a
Rettungsschwimmer/in, der/die, -/-nen	8	C	1a
Rhythmus, der, Sg.	8	D	3
Richtungspfeil, der, -e	11	B	1a
rollen	3	A	3a
Rollenmaß, das, -e	6	B	3a
romantisch	7	B	1a
Rose, die, -n	7	A	3
Rosenstrauß, der, -äu-e	7	A	4
Rückflug, der, -ü-e	11	A	5
Ruhe, die, Sg.	6	AT	2
Rundfunkbeitrag, der, -ä-e	2	C	2
Rundgang, der, -ä-e	11	C	1a

S

Wort			
sägen	5	AT	1a
Salbe, die, -n	9	B	3d
samstags	3	AT	2
Satz, der, -ä-e	1	C	2a
sauber	1	AT	1b
sauber|machen	10	D	1b
Säule, die, -n	11	B	2a
Schach, das, Sg.	3	B	4a
Schachtel, die, -n	7	A	3
schaden	9	C	3a
Schaden, der, -ä-	13	B	2a
schaffen	1	B	
Schal, der, -s	11	A	6a
Schalter, der, -	13	AT	1a
schenken	7	AT	1b
Schiedsrichter/in, der/die, -/-nen	8	C	1a
Schlafsack, der, -ä-e	11	C	2a
schlank	9	AT	1a
Schleier, der, -	7	B	1a
schlichten	8	B	1a
schließen	2	B	1a
schließen (hier: Freundschaften schließen)	14	A	1a
schlimm	1	A	1a
Schmerztablette, die, -n	9	B	3d
schminken	8	D	4
Schmuck, der, Sg.	7	A	3
Schneeball, der, -ä-e	11	C	1a
Schraube, die, -n	6	B	3a
Schreibmittel, das, -	10	D	1a
Schreiner/in, der/die, -/-nen	8	A	1c
Schreinerei, die, -en	10	A	2
schriftlich	1	C	2a
schüchtern	8	C	1d
Schulabschluss, der, -ü-e	10	B	1b
Schulaktion, die, -en	4	B	1b
Schulbildung, die, Sg.	10	C	1a
Schülerpraktikum, das, -praktika	5	E	
Schülervertretung, die, -en	4	AT	1a
Schulfest, das, -e	3	A	
Schulgebäude, das, -	4	B	1c
Schuljahr, das, -e	4	A	1a
Schulkamerad/in, der/die, -en/-nen	3	B	4a
Schulklasse, die, -n	1	B	1a
Schulordnung, die, Sg.	4	B	1b
Schulpflicht, die, Sg.	4	A	1a
Schulsprecher/in, der/die, -/-nen	4	B	1a
Schulsystem, das, -e	4	A	1a
Schulung, die, -en	8	C	1a
Schulzeit, die, Sg.	4	C	2c
Schulzeugnis, das, -se	5	E	1
Schutz, der, Sg.	13	B	3b
Schwäche, die, -n	8	B	
Schwarze Brett, das, -er	8	D	4
Schweigepflicht, die, -en	10	D	1a
Schwiegereltern, Pl.	3	B	4a
schwierig	1	A	1a
Schwimmunterricht, der, Sg.	4	B	1b
Seelenverwandtschaft, die, Sg.	14	C	1b
Seilbahn, die, -en	11	C	1a
Seiteneinsteiger/in, der/die, -/-nen	4	D	1a
Sekundarschule, die, -n	4	D	3a
selbst	4	B	1a
selbstbewusst	8	C	1a
Selbstbewusstsein, das, Sg.	8	C	1a
selbstsicher	8	C	2
Selbstsicherheitstraining, das, Sg.	8	C	1a
selbstständig	4	D	1a
senden	2	B	1a
Sendung, die, -en	2	C	1a
Seniorentreff, der, -s	12	A	2a
separat	13	A	1b

Wortliste

Wort			
Serie, die, -n	2	C	1a
Serviette, die, -n	3	A	1a
sicher	3	B	1b
Sicherheitsschuh, der, -e	10	D	1a
Silber, das, Sg.	8	C	1a
Silvester, der, -	11	C	1a
SIM-Karte, die, -n	13	C	1c
sinnvoll	13	B	2a
Situation, die, -en	5	D	
Ski fahren	11	C	1a
skypen (mit)	8	A	3a
Smartphone, das, -s	2	AT	1
sofortig	13	B	3a
Sofortmaßnahme, die, -n	8	D	1
Software, die, Sg.	2	B	2
sogar	9	C	2a
Solidarität, die, Sg.	12	B	2a
Sondertarif, der, -e	13	B	3a
Sonnenbrille, die, -n	11	A	6a
sonntags	3	AT	2
sonst	11	C	3
Sorge, die, -n	9	AT	1a
sozial	12	A	1a
Sozialassistenz, die, Sg.	4	A	2a
Sozialberatung, die, -en	12	A	2a
soziale Netzwerke, Pl.	2	B	2
sparen	13	A	1b
Sparkonto, das, -konten	13	A	1b
spazieren	11	C	1a
Spedition, die, -en	5	D	2c
Speditionskaufmann/-frau, der/die, -kaufleute	5	D	2c
speichern	2	B	1a
Speisekarte, die, -n	3	C	2c
Spezialisierung, die, -en	10	D	2a
Spezialität, die, -en	7	C	2
speziell	9	A	2b
Spiegel, der, -	1	C	4b
Spiel, das, -e	1	C	4a
Spielfilm, der, -e	2	C	1a
sportlich	7	A	1
Sportsendung, die, -en	2	C	1a

Wort			
Sportwagen, der, -	13	B	4a
Sprachförderklasse, die, -n	1	A	1a
Sprachförderung, die, -en	4	A	1a
Sprachkurs, der, -e	4	D	3a
Sprichwort, das, -ö-er	14	C	2c
Spritze, die, -n	9	B	3d
Spruch, der, -ü-e	14	C	2a
staatlich	4	A	1a
Stadtteil, der, -e	12	A	1a
Stadtzentrum, das, Sg.	3	A	4
Standort, der, -e	10	A	2
Stärke, die, -n	8	B	
Start-Taste, die, -n	5	C	1c
Stau, der, -s	11	AT	1
stehlen	13	B	2a
Stelle, die, -n	4	C	2b
Stellenanzeige, die, -n	10	A	
Stimme, die, -n	8	C	1a
stimmen (hier: stimmt so!)	3	C	3a
Stimmung, die, Sg.	7	C	2a
stolz	4	D	1a
Störung, die, -en	12	C	1c
Strand, der, -ä-e	11	C	1a
Straßenbau, der, Sg.	9	A	2b
Strategie, die, -n	8	B	4
streichen	4	B	1c
Streit, der, Sg.	8	B	1a
streiten (sich)	6	C	3a
streng	4	AT	2
Stress, der, Sg.	2	C	6b
studieren	1	A	1a
Studium, das, Sg.	4	A	1a
Sturm, der, -ü-e	3	A	2a
superaktuell	2	B	2
supermodern	14	A	2b
Süßigkeiten, Pl.	9	C	1a
SV = Schülervertretung, die	4	B	1a
SV-Arbeit, die, Sg.	4	B	1a
SV-Kasse, die, -n	4	B	1b
SV-Mitglied, das, -er	4	B	1a
sympathisch	6	C	1b

T

Wort			
tabellarisch	5	E	1
Tagebuch, das, -ü-er	6	C	3a
Tagesbericht, der, -e	5	E	2c
Talkshow, die, -s	2	C	1a
Tanzfläche, die, -n	7	C	2a
Tanzkurs, der, -e	1	C	4d
Tapete, die, -n	6	B	3a
tapezieren	6	B	3b
Tarif, der, -e	13	B	3b
Taschengeld, das, Sg.	4	B	1b
Taste, die, -n	5	C	1b
Tätigkeit, die, -en	5	E	2c
tauschen	7	B	4b
teamfähig	10	A	1a
Technik, die (hier: Sg.)	4	AT	
technisch	4	A	1a
Teddy, der, -s	7	A	3
Teil, der, -e	1	B	2b
teilen	14	B	2a
Teilnahmepflicht, die, -en	10	D	1a
teil|nehmen (an)	8	A	3a
Teilzeitjob, der, -s	1	A	1a
Telefonanbieter, der, -	13	B	2a
Telefongespräch, das, -e	12	C	
Teller, der, -	3	A	1a
Tendenz, die, -en	14	A	1a
Test, der, -s	4	AT	
testen	13	C	4
Tetanus, der, Sg.	9	A	1a
Textaufgabe, die, -n	8	B	2b
Textverarbeitung, die, -en	4	A	3a
Theater, das, -	12	A	2b
Theatergruppe, die, -n	12	A	2a
Theaterverein, der, -e	12	B	2a
Thema, das, Themen	4	A	3a
Ticket, das, -s	11	C	2b
Tiefe, die, Sg.	6	B	3b
Tierhaltung, die, -en	9	C	2a
tierisch	9	C	2a
Tierschutzverein, der, -e	12	B	1a
Tischkicker, der, -	12	AT	1b
Tischler/in, der/die, -/-nen	5	AT	

Tonaufnahme, die, -n	1	C	4b
Topangebot, das, -e	6	B	3a
total	3	A	2a
töten	9	C	2a
Tourismus, der, Sg.	1	A	1a
Tourist/in, der/die, -en/-nen	11	C	1a
Tradition, die, -en	12	A	1a
trainieren	9	AT	1a
Training, das, Sg.	12	C	1c
transportieren	5	AT	1a
Transportwagen, der, -	13	B	4a
trauen (sich)	8	C	1d
Traum, der, -äu-e	4	D	3a
traurig	14	B	2a
Trauung, die, -en	7	A	1
treiben (hier: Sport treiben)	12	AT	1b
trennen	14	C	2a
trennen (sich)	6	C	4a
Trinkgeld, das, -er	3	C	2d
trocken	9	B	3a
Trommelkurs, der, -e	8	D	3
trommeln	8	D	3
trösten	14	AT	2
Turnschuh, der, -e	11	A	6a
Turnverein, der, -e	12	B	1a
Typ, der, -en	1	C	2b
typisch	3	C	1b

U

überall	11	C	1a
überlegen	13	B	2a
übernehmen	10	C	4
Übersetzer/in, der/die, -/-nen	2	A	2a
Überstunde, die, -n	10	C	3a
überweisen	13	AT	1a
überzeugend	8	C	1a
üblich	10	A	2
Übung, die, -en	1	C	2a
Umgebung, die, -en	11	C	3
um|gehen	10	C	4
umliegend	11	C	1a
um|tauschen	13	C	3a
unbedingt	1	C	4d
unfreundlich	6	C	1b
ungenügend	4	A	3a
Universität, die, -en	1	B	1a
Universitätsstadt, die, -ä-e	11	C	1a
unkompliziert	2	A	2c
unkonzentriert	8	B	1c
unsicher	8	B	2b
unsympathisch	6	C	1b
unterhalten (sich)	7	C	2a
Unterkunft, die, -ü-e	11	C	2b
Unterlage, die, -n	10	A	2
Untermiete, die, Sg.	6	A	1b
unternehmen	14	A	1a
unterrichten	8	D	3
unterschiedlich	1	A	1a
unterschreiben	10	D	1a
Unterweisung, die, -en	5	E	2c
Urin, der, -e	9	A	2a
Urin-Untersuchung, die, -en	9	A	2a
Urlaub, der, Sg.	5	B	5b
Ursache, die, (hier: Keine Ursache!)	12	C	1c
usw. = und so weiter	8	A	1c

V

VABO (Vorbereitungsjahr Arbeit und Beruf ohne Deutschkenntnisse) das, Sg.	4	A	1a
vegan	9	C	2a
vegetarisch	9	C	2a
verabreden (sich)	14	A	1a
Veranstaltung, die, -en	12	A	1a
Verband, der, -ä-e	9	B	3d
Verbandsmaterial, das, -ien	9	B	3a
verbessern	4	D	1a
verbinden	12	C	1c
verbringen	3	B	4a
vereinbaren	9	A	1a
Vereinsleben, das, Sg.	12	B	2a
vergleichen	2	A	1
Vergütung, die, -en	10	D	1a
Verkauf, der, -äu-e	5	E	1
Verkehr, der, Sg.	8	A	3a
verkehrsgünstig	6	AT	1b
Verkehrsmeldung, die, -en	2	C	7b
verkleiden (sich)	7	AT	1b
verlassen	1	A	1a
verlassen (sich) (auf)	14	A	1a
verlieben (sich)	6	C	4a
verlieren	1	A	1a
vermeiden	9	C	2a
vermissen	14	B	2a
Vermutung, die, -en	2	C	1b
verrechnen (sich)	8	B	2b
verschicken	13	AT	1a
verschieben	5	B	1
verschieden	10	A	1a
verschlafen	8	C	3
verschließen	14	C	2a
verschreiben	9	A	1a
Versehen, das, (hier: aus Versehen)	13	B	2a
Versicherung, die, -en	13	AT	
Versicherungsschutz, der, Sg.	13	B	3a
Versicherungsvertreter/in, der/die, -/-nen	13	B	2a
verstehen (sich)	6	C	3a
Vertrag, der, -ä-e	13	C	
Vertragslaufzeit, die, -en	13	C	1a
vertrauen	14	AT	2
vertraulich	10	D	1a
vertreten	4	AT	1a
verwählen (sich)	12	C	1c
verzichten (auf)	9	C	2a
vielfältig	12	A	1a
vollständig	10	A	2
Vollzeit, die, Sg.	10	A	4b
Voraussetzung, die, -en	8	D	1
vorbei|fahren	6	A	2b
vorbei|kommen	6	C	2a
vorgestern	7	C	2a
vorher	6	C	2a
vor|lesen	12	A	3b
vormittags	1	B	1e
Vorort, der, -e	6	AT	
Vorschlag, der, -ä-e	6	B	4
vor|schreiben	10	D	1a
vorsichtig	10	D	1a

Wortliste

Vorsitzende, der/die, -n	4	A	3a
Vorsorgeuntersuchung, die, -en	9	A	2b
Vorspeise, die, -n	3	C	3a
vor|sprechen	1	C	2a
vor|stellen (sich)	6	C	2a
Vorstellungsgespräch, das, -e	8	C	2

W

Wagen, der, -	11	B	2a
Wagenreparatur, die, -en	13	B	4a
Wagentür, die, -en	13	B	4a
wählen	4	C	1a
Wahlpflichtunterricht, der, Sg.	4	A	3a
wahr	14	C	2a
Wahrzeichen, das, -	11	C	1a
Wanderung, die, -en	11	A	7b
Wandfarbe, die, -n	6	B	3a
Ware, die, -n	5	AT	1a
Wärme, die, Sg.	14	C	1b
warum	2	A	2c
Was für ein/eine … ?	7	B	2a
Waschbecken, das, -	9	B	3a
Wasserschloss, -ö-er	11	C	1a
WC, das, -s	6	A	2a
Web-Design, das, Sg.	8	D	4
Webseite, die, -n	14	A	1a
wechseln	13	AT	1a
Wecker, der, -	8	C	3
Weihnachten	7	AT	1a
weil	2	A	2c
weinen	14	C	1a
weiter|bilden (sich)	4	A	2a
Weiterbildung, die, Sg.	8	C	1a
weiter|erzählen	10	D	1a
weiter|führen	4	D	
weiter|geben	10	D	1a
weiter|gehen	5	E	1
weiter|kommen	4	D	1a
Welt, die, Sg.	1	A	1a
weltweit	13	A	1b
wenn	4	A	2a
Werbung, die, -en	2	C	3b
werden	1	C	2a
Werkzeugkasten, der, -ä-	6	B	3a
wertvoll	13	B	2a
Wettbewerb, der, -e	7	A	1
Wetterbericht, der, -e	2	C	7b
wichtig nehmen	10	A	1a
wiederholen	12	C	3a
Wiese, die, -n	11	C	1a
wieso	9	B	1c
Wirtschaft, die, Sg.	4	A	3a
Wirtschaftslehre, die, Sg.	4	D	1a
Wochentag, der, -e	5	E	2c
Wohlbefinden, das, Sg.	9	C	3a
wohl|fühlen (sich)	6	C	2a
wohl|tun	2	C	6b
Wohnberechtigungsschein, der, -e	6	A	1b
Wohnungsbesichtigung, die, -en	6	A	2a
Wortschatz, der, Sg.	8	B	2b
wozu	8	C	2
wunderschön	7	B	1a
wünschen	7	C	5
Würstchen, das, -	3	A	2a

Z

Zahlung, die, -en	13	A	1b
Zahn, der, -ä-e	9	A	1a
Zahnkontrolle, die, -n	9	A	2b
zahnmedizinisch	4	D	3b
Zeitraum, der, -äu-e	5	E	1
Zeitschrift, die, -en	2	C	2
Zelt, das, -e	11	C	2a
zentral	6	AT	1b
Zettel, der, -	6	A	1d
Zeugnis, das –se	4	AT	
ziehen	1	A	1a
Zielgruppe, die, -n	8	D	1
ziemlich	5	E	2b
Zimmermann, der, Zimmerleute	8	A	1c
Zinsen, Pl.	13	A	1a
zufrieden	4	A	3b
Zugfahrt, die, -en	11	A	5
zu|hören	1	C	2a
Zukunft, die, Sg.	4	A	3a
zu|lassen	4	A	1b
zu|nehmen	9	AT	1a
zurück|rufen	5	B	1
zurück|bekommen	13	C	3b
zurück|bringen	9	B	3a
zurzeit	4	D	1a
zusammen|arbeiten	10	A	1a
zusammen|halten	14	C	1a
zusammen|passen	3	B	4a
zusammen|sitzen	9	AT	1a
zusammen|stellen	2	B	2
Zusatzkurs, der, -e	4	D	1a
zusätzlich	13	B	2a
Zusatzqualifikation, die, -en	10	C	1a
zu|stimmen	6	B	4
zuverlässig	10	A	1a
Zuwanderer/in, der/die, -/-nen	1	A	
zweijährig	4	D	3a
zweiwöchig	5	E	1

Unregelmäßige Verben

Die Liste enthält alle unregelmäßigen Verben aus **PLUSPUNKT DEUTSCH** – *Leben in Deutschland*.

Infinitiv	Präsens er/es/sie/man	Perfekt er/es/sie/man
abbauen	baut ab	hat abgebaut
abbiegen	biegt ab	ist abgebogen
abfahren	fährt ab	ist abgefahren
abfliegen	fliegt ab	ist abgeflogen
abgeben	gibt ab	hat abgegeben
abheben	hebt ab	hat abgehoben
abnehmen	nimmt ab	hat abgenommen
abschließen	schließt ab	hat abgeschlossen
anbieten	bietet an	hat angeboten
anerkennen	erkennt an	hat anerkannt
anfangen	fängt an	hat angefangen
anhalten	hält an	hat angehalten
ankommen	kommt an	ist angekommen
annehmen	nimmt an	hat angenommen
anrufen	ruft an	hat angerufen
anziehen	zieht an	hat angezogen
auffallen	fällt auf	ist aufgefallen
aufgeben	gibt auf	hat aufgegeben
aufladen	lädt auf	hat aufgeladen
aufstehen	steht auf	ist aufgestanden
ausfallen	fällt aus	ist ausgefallen
ausgeben	gibt aus	hat ausgegeben
ausgehen	geht aus	ist ausgegangen
aussehen	sieht aus	hat ausgesehen
ausziehen	zieht aus	ist ausgezogen
beginnen	beginnt	hat begonnen
behalten	behält	hat behalten
bekommen	bekommt	hat bekommen
beraten	berät	hat beraten
besprechen	bespricht	hat besprochen
bestehen	besteht	hat bestanden
bewerben (sich)	bewirbt sich	hat sich beworben
bieten	bietet	hat geboten
bitten	bittet	hat gebeten
bleiben	bleibt	ist geblieben
bringen	bringt	hat gebracht
denken	denkt	hat gedacht
einladen	lädt ein	hat eingeladen
einnehmen	nimmt ein	hat eingenommen

Unregelmäßige Verben

Infinitiv	Präsens er/es/sie/man	Perfekt er/es/sie/man
einschlafen	schläft ein	ist eingeschlafen
eintragen	trägt ein	hat eingetragen
empfehlen	empfiehlt	hat empfohlen
erkennen	erkennt	hat erkannt
essen	isst	hat gegessen
fahren	fährt	ist gefahren
fallen	fällt	ist gefallen
fernsehen	sieht fern	hat ferngesehen
finden	findet	hat gefunden
fliegen	fliegt	ist geflogen
geben	gibt	hat gegeben
gefallen	gefällt	hat gefallen
gehen	geht	ist gegangen
genießen	genießt	hat genossen
gießen	gießt	hat gegossen
haben	hat	hat gehabt
hängen	hängt	hat gehangen
heißen	heißt	hat geheißen
helfen	hilft	hat geholfen
herausfinden	findet heraus	hat herausgefunden
herunterladen	lädt herunter	hat heruntergeladen
hinterlassen	hinterlässt	hat hinterlassen
kaputtgehen	geht kaputt	ist kaputtgegangen
kennen	kennt	hat gekannt
kommen	kommt	ist gekommen
lassen	lässt	hat gelassen
laufen	läuft	ist gelaufen
leidtun	tut leid	hat leidgetan
lesen	liest	hat gelesen
liegen	liegt	hat gelegen
losfahren	fährt los	ist losgefahren
messen	misst	hat gemessen
mitbringen	bringt mit	hat mitgebracht
mitkommen	kommt mit	ist mitgekommen
mitnehmen	nimmt mit	hat mitgenommen
mögen	mag	hat gemocht
nehmen	nimmt	hat genommen
nennen	nennt	hat genannt

Infinitiv	Präsens er/es/sie/man	Perfekt er/es/sie/man
reinkommen	kommt rein	ist reingekommen
rennen	rennt	ist gerannt
riechen	riecht	hat gerochen
scheinen	scheint	hat geschienen
schlafen	schläft	hat geschlafen
schließen	schließt	hat geschlossen
schreiben	schreibt	hat geschrieben
schwimmen	schwimmt	ist geschwommen
sehen	sieht	hat gesehen
sein	ist	ist gewesen
sitzen	sitzt	hat gesessen
sprechen	spricht	hat gesprochen
stattfinden	findet statt	hat stattgefunden
stehen	steht	hat gestanden
streichen	streicht	hat gestrichen
streiten (sich)	streitet sich	hat sich gestritten
teilnehmen	nimmt teil	hat teilgenommen
tragen	trägt	hat getragen
treffen	trifft	hat getroffen
trinken	trinkt	hat getrunken
tun	tut	hat getan
überweisen	überweist	hat überwiesen
umsteigen	steigt um	ist umgestiegen
umziehen	zieht um	ist umgezogen
unterhalten (sich)	unterhält sich	hat sich unterhalten
unterschreiben	unterschreibt	hat unterschrieben
verbringen	verbringt	hat verbracht
vergessen	vergisst	hat vergessen
vergleichen	vergleicht	hat verglichen
verlassen	verlässt	hat verlassen
verlieren	verliert	hat verloren
vermeiden	vermeidet	hat vermieden
verschieben	verschiebt	hat verschoben
verschreiben	verschreibt	hat verschrieben
verstehen	versteht	hat verstanden
vorbeikommen	kommt vorbei	ist vorbeigekommen
vorlesen	liest vor	hat vorgelesen
vorschlagen	schlägt vor	hat vorgeschlagen

Unregelmäßige Verben

Infinitiv	Präsens er/es/sie/man	Perfekt er/es/sie/man
waschen	wäscht	hat gewaschen
wegfahren	fährt weg	ist weggefahren
wehtun	tut weh	hat wehgetan
werden	wird	ist geworden
werfen	wirft	hat geworfen
wissen	weiß	hat gewusst
wohltun	tut wohl	hat wohlgetan
zunehmen	nimmt zu	hat zugenommen
zurückbekommen	bekommt zurück	hat zurückbekommen
zurückbringen	bringt zurück	hat zurückgebracht
zurückkommen	kommt zurück	ist zurückgekommen
zurückrufen	ruft zurück	hat zurückgerufen
zusammenhalten	hält zusammen	hat zusammengehalten

Verben mit Präpositionen

Verben mit Präposition + Akkusativ

achten	auf	Man muss auf die Regeln im Straßenverkehr achten.
antworten	auf	Ich antworte nicht auf dumme Fragen.
ärgern (sich)	über	Er ärgert sich oft über den Verkehr im Zentrum.
ausgeben	für	Sie geben viel Geld für ihre Reisen aus.
berichten	über	Ibolya berichtet über ihren neuen Arbeitsplatz.
bewerben (sich)	um/auf	Mein Kollege hat sich um/auf die neue Stelle beworben.
bitten	um	Der Bankberater bittet um Geduld bei der Kontoeröffnung.
brauchen	für	Sie braucht das Konto für ihr Gehalt.
denken	an	Sie denken viel an ihre Familien in der Heimat.
diskutieren	über	Man kann über viele Probleme diskutieren.
einsetzen (sich)	für	Frau Moik setzt sich für die Rechte von Frauen ein.
einstellen (sich)	auf	Wir müssen uns auf eine andere Kultur einstellen.
engagieren (sich)	für	Ulyana engagiert sich für alte Menschen.
erinnern (sich)	an	Frau Bauer erinnert sich viel an ihre Jugend.
freuen (sich)	auf	Er freut sich schon auf den Urlaub im nächsten Monat.
freuen (sich)	über	Sie hat sich sehr über das Weihnachtsgeschenk gefreut.
informieren (sich)	über	Der Arbeitsberater kann Sie über die Fortbildung informieren.
interessieren (sich)	für	Ich interessiere mich für neue Computerprogramme.
kümmern (sich)	um	Der Mann muss sich um seine Versicherungen kümmern.
sprechen	über	Sie haben über ihre Erfahrungen im Deutschkurs gesprochen.
teilnehmen	an	Das afrikanische Ehepaar hat an einer Fortbildung teilgenommen.
unterhalten (sich)	über	Sie haben sich lange über Fußball unterhalten.
verlassen (sich)	auf	Er kann sich auf seinen Freund verlassen.
verzichten	auf	Der kranke Mann muss leider auf Süßigkeiten verzichten.
warten	auf	Meine Freundin hat im Café lange auf mich gewartet.

Verben mit Präposition + Dativ

aufhören	mit	Könnt ihr bitte mit dem Krach aufhören?
bewerben (sich)	bei	Sie möchte sich bei einer großen Firma in Deutschland bewerben.
einladen	zu	Ich lade dich zu meinem Geburtstag ein.
passen	zu	Das moderne Kleid passt gut zu der jungen Frau.
sprechen	mit	Frau Schmidt hat mit dem Bankberater gesprochen.
telefonieren	mit	Doreen muss den ganzen Tag mit Kunden telefonieren.
träumen	von	Jugendliche träumen oft von einer schönen Zukunft.
verabreden (sich)	mit	Sie hat sich mit ihren Freundinnen in der Boutique verabredet.
verabreden (sich)	zu	Man kann sich gut zu einem Stadtbummel verabreden.
verbinden	mit	Können Sie mich bitte mit Frau Schlüter verbinden?
verbringen	mit	Die Frau verbringt den ganzen Tag mit ihren Kindern.
vergleichen	mit	Sie haben Deutschland immer mit Lateinamerika verglichen.

Verben mit Dativ und Akkusativ / Verben mit Dativ

Wichtige Verben mit Dativ und Akkusativ	
empfehlen	Ich kann dir ein gutes Restaurant empfehlen.
erklären	Die Lehrerin erklärt uns die Grammatik.
erzählen	Anna hat mir die Geschichte von Emmas Hochzeit erzählt.
geben	Kannst du mir einen Stift geben?
kaufen	Ich kaufe meinem Sohn einen Fußball.
mitbringen	Ich bringe meinen Freunden eine Flasche Wein mit.
öffnen	Könnten Sie mir bitte die Tür öffnen?
reservieren	Können Sie mir einen Tisch für heute Abend reservieren?
schenken	Mein Bruder hat mir Pralinen geschenkt.
schicken	Ich schicke Ihnen die Informationen per E-Mail.
schreiben	Er schreibt seinen Kollegen eine Notiz.
senden	Ich sende Ihnen heute noch eine Nachricht.
stehlen	Man hat uns das Geld gestohlen.
verkaufen	Ich verkaufe dir mein Fahrrad.
vermieten	Wir möchten dem Studenten ein Zimmer vermieten.
verschreiben	Der Arzt hat mir einen Hustensaft verschrieben.
vorstellen	Er stellt ihr seine Freunde vor.
zeigen	Sie zeigen ihren Freunden die Sehenswürdigkeiten in der Stadt.
zurückbringen	Wann soll ich dir das Buch wieder zurückbringen?

Wichtige Verben mit Dativ	
antworten	Bitte antworte mir schnell.
Bescheid sagen	Können Sie mir bitte schnell Bescheid sagen?
danken	Ich danke Ihnen.
fehlen	Was fehlt Ihnen?
gefallen	Das Kleid gefällt mir gut.
gehören	Wem gehört die Jacke?
helfen	Kann ich Ihnen helfen?
leidtun	Das tut mir leid.
passen	Die Hose passt mir nicht.
schaden	Zu viel Stress schadet der Gesundheit.
schmecken	Wie schmeckt Ihnen das Essen?
vertrauen	Ich vertraue meinem Freund.
wehtun	Der Kopf tut mir weh.
zuhören	Bitte hört mir gut zu.
zustimmen	Ich stimme dir zu.

Bildquellen

Illustrationen:
Christoph Grundmann – S. 8, 14 Mitte alle, 16, 24, 26, 30, 31, 36, 51 Mitte, 53, 56, 58 alle Illus., 63, 69 alle Illus, 70, 73, 79, 81, 86 alle Illus., 91, 95 Mitte, 104, 111 oben, 124, 130, 134, 137 alle Illus., 146, 164 alle Illus., 176, 178, 179, 180, 185 Mitte, 186 Mitte, 188 unten, 190 Mitte, 194 Mitte

Bildquellen:
Cover Cornelsen/Daniel Meyer – U2 Cornelsen/Volkhard Binder – **S. 4** 1 + 2 + 3 Cornelsen/Hugo Herold; 4 Shutterstock/Rido; 5 Fotolia/Africa Studio; 6 Shutterstock/Taigi; 7 Shutterstock/Petinov Sergey Mihilovich – **S. 6** 1 + 4 Cornelsen/Hugo Herold; 2 Fotolia/milicanistoran; 3 Fotolia/jörn buchheim; 5 Fotolia/LBJeff; 6 Shutterstock/Africa Studio; 7 Fotolia/Rawpixel.com – **S. 9** Cornelsen/Hugo Herold – **S. 10** oben rechts: Fotolia/newb1; Mitte links: Fotolia/ajr_images; Mitte rechts: Fotolia/asem arab; unten links: Fotolia/oliverhuitson; unten rechts: Fotolia/olly – **S. 12** A + D: Fotolia/.shock; B: Fotolia/Gina Sanders; C: akg-images/L. M. Peter; E: Fotolia/Daniel Ernst – **S. 14** oben rechts: Cornelsen/finedesign – **S. 15** Cornelsen/Hugo Herold – **S. 17** Cornelsen/Hugo Herold – **S. 19** Cornelsen/Hugo Herold – **S. 20** links: Fotolia/asem arab; Mitte: Shutterstock/Warren Goldswain; rechts: Shutterstock/Lilyana Vynogradova – **S. 21** Fotos: Cornelsen/Björn Schumann; Daumen: Shutterstock/Marco Rullkoetter – **S. 22** oben rechts: Colourbox/Markus Mainka; Mitte links: Fotolia/pictoores; unten rechts: Fotos Cornelsen/Hugo Herold, Daumen: Shutterstock/Marco Rullkoetter – **S. 23** oben links: Fotolia/IvicaNS; oben Mitte: Shutterstock/withGod; oben rechts: Shutterstock/Nejron Photo; Mitte links: Shutterstock/Anton_Ivanov; Mitte: Fernseher: Shutterstock/Vladru; Shutterstock/Corepics VOF; Mitte rechts Shutterstock/Patrick Foto; unten links: Fotolia/massimhokuto; unten Mitte: Fernseher: Shutterstock/Vladru; Bild: Shutterstock Stokkete – **S. 25** Computerrahmen: Fotolia/guteksk7 – **S. 27** Cornelsen/Hugo Herold – **S. 29** alle: Cornelsen/Hugo Herold – **S. 32** Cornelsen/Hugo Herold – **S. 33** links: Fotolia/kenzfotodesign; Mitte: Shutterstock/Olena Hromova; rechts: Shutterstock/Monkey Business Images – **S. 34** 1: Fotolia/Inga Nielsen; 2: Shutterstock/JIANG HONGYAN; 3: Fotolia/PhotoSG; 4: Fotolia/Daniel Fleck; 5: Fotolia/emuck – **S. 37** oben: Fotolia/gkrphoto; unten: Fotolia/Jacek Chabraszewski – **S. 39** 1: Fotolia/lev dolgachov; 2: Fotolia/ChristianSchwier; 3: Shutterstock/michaeljung; 4: Fotolia/WavebreakMediaMicro; 5: Fotolia/Photographee.eu; 6: Glow Images/Caia image; 7: Fotolia/industrieblick; 8: Shutterstock/Rido – **S. 41** oben: Shutterstock/Anton Gvozdikov; Mitte: www.coulorbox.de/HighwayStarz - **S. 43** Bleistift: Fotolia/by-studio; Radiergummi: Fotolia/DOC RABE Media; Geld: Clip Dealer/Thomas Klee; Handy: Fotolia/Pixelspieler; Bücher: Fotolia/rcx – **S. 44** Illus.: Cornelsen/finedesign; oben links: akg-images/Bildarchiv Pisarek; oben rechts: Fotolia/contrastwerkstatt – **S. 45** Mitte: Fotolia/Digitalpress; oben rechts: Fotolia/ril; unten rechts: Fotolia/Riccardo Niels Mayer – **S. 46** Cornelsen/Hugo Herold – **S. 47** Cornelsen/Hugo Herold – **S. 49** von links nach rechts: Fotolia/dima_pics; Fotolia/sergey0506; Fotolia/jenyateua; Fotolia/gilotyna; Fotolia/Wellnhofer Designs – **S. 51** unten links: Fotolia/Gina Sanders; unten rechts: Fotolia/Photographee.eu – **S. 52** links: Shutterstock/Dmitry Kalinovsky; Mitte links: Shutterstock/michaeljung; Mitte rechts: Clip Dealer/Carsten Reisinger/Eastern Video; rechts: Fotolia/Dmitrijs Dmitrijevs – **S. 55** oben links: Shutterstock/lightwavemedia; oben rechts: Fotolia/Africa Studio; Mitte links: Fotolia/Monkey Business; Mitte rechts: Fotolia/Kzenon – **S. 57** Ordner: Fotolia/Wilm Ihlenfeld; Rechnung: Shutterstock/GeorgeM Photography; Passwort: Fotolia/jamdesign; Drucker: Shutterstock/jannoon028; unten links: Fotolia/asem arab; unten rechts: Shutterstock/pathdoc – **S. 58** Tür: Shutterstock/Quanta Photography; Schreibtisch: Shutterstock/Evgeny Karandaev – **S. 59** Shutterstock/vovan – S. oben rechts: Shutterstock/Golden Pixels LLC; 1: Shutterstock/DVARG; 2: Shutterstock/Nerthuz; 3: Fotolia/bildkistl; 4+5+6: Shutterstock/stoyanh – **S. 61** links oben: Fotolia/georgerudy; links unten: Fotolia/Tom-Hanisch; Mitte: Cornelsen/Hugo Herold; rechts: Shutterstock/Robert Kneschke – **S. 62** oben + unten: Fotolia/Robert Kneschke – **S. 65** Fotolia/Ljupco Smokovski – **S. 67** links: F1online; oben rechts: Shutterstock/Taigi; unten rechts: Fotolia/dmitrimaruta – **S. 68** links: Cornelsen/Friederike Jin; rechts Shutterstock/mhatzapa – **S. 69** oben: Cornelsen/Hugo Herold – **S. 71** Schrauben: Shutterstock/Chromatic Studio; Nägel: Fotolia/babimu; Hammer: Fotolia/Apart Foto; Werkzeugkasten: Fotolia/Stefan Germer; Pinsel: Fotolia/Sergii Moscaliuk; Farbrolle: Fotolia/Sergii Moscaliuk; Tapete: Fotolia/rdnzl; unten: Cornelsen/Hugo Herold – **S. 72** oben alle: Cornelsen/Hugo Herold, unten: Fotolia/rdnzl – **S. 74** oben von links nach rechts: Fotolia/Syda Productions; Shutterstock/wavebreakmedia; Fotolia/Superingo; Fotolia/JenkoAtaman; Fotolia/Christian Schwier; Wakur: Fotolia/Spectral-Design; bügeln: Fotolia/Sergey Ryzhov; Formulare: shutterstock/wrangler; putzen: Shutterstock/Africa Studio; einkaufen: Fotolia/Minerva Studio; kochen: Shutterstock/kazoka; waschen: Fotolia/JackF; Zeugnisse: Fotolia/VRD; Handy: Fotolia/Cherries – **S. 75** alle Cornelsen/zweiband.media – **S. 77** oben links: Your Photo Today/gafikfoto.de; oben Mitte: akg-images/Erich Lessing; oben rechts: Shutterstock/David Wingate; Mitte links: Shutterstock/Smileus; Mitte: action press/Miroslav Dakov/NurPhoto/REXaction press; Mitte rechts: Colourbox.com – **S. 80** Brautpaar: Shutterstock/Petinov Sergey Mihilovich; Ringe: Fotolia/Lsantilli; Schuhe: Fotolia/Annelie Bayer; Torte: Shutterstock/StudioSmart – **S. 82** oben: Fotolia/Daniel Ernst; Mitte: Shutterstock/Monkey Business Images; unten: www.coulorbox.de/HighwayStarz – **S. 83** oben rechts: Fotolia/Bobo; Mitte rechts: Fotolia/senoldo; unten von links nach rechts: Fotolia/lily; Clip Dealer/Carmen Roewer; Fotolia/Regormark; Fotolia/psdesign1 – **S. 84** links oben: Shutterstock/Videowokart; links Mitte: Fotolia/supakiat88; links unten: Fotolia/natushm - **S. 84**/85 Kalender: Der Beauftragte des Senats von Berlin für Integration und Migration, Autorin Gertrud Wagemann, www.integrationsbeauftragter.berlin.de – **S. 85** rechts oben: imago; rechts Mitte: Fotolia/NH7; rechts unten: Shutterstock/Sasa Komlen – **S. 86** Mitte von links nach rechts: Shutterstock/ravl; Fotolia/womue; Shutterstock/Luchi_a; Shutterstock/tanuha2001; unten von links nach rechts: Shutterstock/Africa Studio; Fotolia/interklicks; Clip Dealer/Birgit Reitz-Hofmann; Clip Dealer/Thomas Klee – **S. 89** 1+4+6: Cornelsen/Hugo Herold; 2: Fotolia/imagecore; 3: Fotolia/M. Schuppich; 8: Schrauben: Shutterstock/Chromatic Studio; Nägel: Fotolia/babimu; Eimer: Fotolia/Denys Rudyi; Pinsel: Fotolia/Sergii Moscaliuk; Farbrolle: Fotolia/Jürgen Fälchle; Maler: Fotolia/Picture-Factory; 8: Clip Dealer/Sean Prior – **S. 90** oben links: Shutterstock/auremar; oben Mitte: Fotolia/Photographee.eu; oben rechts: Fotolia/Kara; Mitte links: Fotolia/sima; Mitte: Fotolia/Industrieblick; Mitte rechts: Fotolia/Tyler Olson – **S. 92** oben 1: Fotolia/fotohansel; 2: Fotolia/klesign; 3: Fotolia/Trueffelpix; 4+6+7+8: Fotolia/T. Michel; 5: Fotolia/Kellerkind; 9: Fotolia/euthymia; 10: Fotolia/ufotopixl10; unten 1: Fotolia/fotohansel; 2: Fotolia/blattwerkstatt; 3:Fotolia/T. Michel; 4: Fotolia/fotohansel; 5: Fotolia/ufotopixl10 – **S. 93** 1: Bundesagentur für Arbeit; 2: Fotolia/contrastwerkstatt; 3: Cornelsen/Hugo Herold –

S. 94 Cornelsen/Hugo Herold – S. 95 Mitte: Fotolia/Ralf Gosch; unten: Fotolia/Nidor – S. 98 von links nach rechts: Fotolia/arlenehauck; Fotolia/WavebreakMediaMicro; Fotolia/Web Buttons; Fotolia/WavebreakMediaMicro – S. 99 Cornelsen/Hugo Herold – S. 100 Shutterstock/kirill_makarov – S. 101 oben: Shutterstock/Abbitt Photography; Mitte: Shutterstock/Dmitry Kalinovsky; unten: Cornelsen/Maria Funk – S. 105 1: Fotolia/Visions-AD; 2: Shutterstock/Chaiyaporn Baokaew; 3: Fotolia/Syda Productions; 4: Shutterstock/360b; 5: Fotolia/Photographee.eu; 6: Fotolia/milicanistoran; 7: Shutterstock/Jacob Lund; 8: Shutterstock/Monkey Business Images – S. 106 1.Reihe links: Shutterstock/Alexander Raths; Mitte links: Shutterstock/anucha maneechote; Mitte rechts: Shutterstock/Tshooter.; rechts: Fotolia/Big Face; 2.Reihe links: Shutterstock/Photographee.eu; links Mitte: Colourbox.com; Mitte rechts: Shutterstock/michaeljung; rechts: Fotolia/contrastwerkstatt – S. 107 Shutterstock/Roman Kosolapov – S. 108 Cornelsen/Hugo Herold – S. 109 Verband: Fotolia/euthymia; Schmerztablette: Fotolia/Schlierner; Desinfektion: Fotolia/alexandco; Medikament: Fotolia/Winai Tepsuttinun; Schere: Colourbox.com; Salbe: Fotolia/mick20; Brandsalbe: Fotolia/carroteater; Mullbinde: Shutterstock/Africa Studio; Spritze: Clip Dealer/Rob Stark; Pinzette: Fotolia/B. Wylezich; Fieberthermometer: Fotolia/red2000; Pflaster: Clip Dealer/Convisum – S. 110 Joghurt: Fotolia/Himmelssturm; Käse: Fotolia/fredja1; Eier: Fotolia/Natika; Fleisch: Fotolia/ExQuisine; Wurst: Fotolia/Joe Gough; Fisch: Shutterstock/Hanka Steidle; Apfel: Fotolia/eyetronic; Melone: Fotolia/Mariusz Blach; Banane: Fotolia/eyetronic; Möhren: Colourbox.com; Bohnen: Fotolia/Barbara Pheby; Tomaten: Fotolia/frank11; Reis: Fotolia/womue; Brötchen: Fotolia/rdnzl; Nudeln: Fotolia/Picture-Factory; Kartoffeln: Fotolia/Barbara Pheby; Eis: Fotolia/unpict; Gummibärchen: Fotolia/Schlierner; Schokolade: Fotolia/yvdavid; Rotwein: Fotolia/stockphoto-graf; Wasser: Fotolia/Nik; Kaffee: Fotolia/Barbara Pheby; unten alle Illus.: Colourbox.com – S. 111 Cornelsen/Hugo Herold – S. 112 1: Fotolia/red2000; 2: Fotolia/Kristin Gründler; 3: Clip Dealer/Rob Stark; 4: Fotolia/Henry Schmitt; 5: Fotolia/carroteater; 6: Shutterstock/Africa Studio; 7: Clip Dealer/Convisum; 8: Fotolia/pix4U – S. 115 Mitte: Fotolia/industrieblick; Mitte links: Clip Dealer/Erwin Wodicka; Mitte unten: Fotolia/jörn buchheim; links oben: Fotolia/ArTo; links Mitte: Shutterstock/Lucky Business; links unten: Cornelsen/Finedesign – S. 117 oben links: Fotolia/Petro Feketa; links Mitte: Shutterstock/Iakov Filimonov; rechts Mitte: Shutterstock/wavebreakmedia; rechts: Fotolia/drubigphoto; unten: Fotolia/wexperience – S. 118: links: Fotolia/highwaystarz; rechts: Fotolia/highwaystarz – S. 119 Fotolia/Daniel Ernst – S. 120 Fotolia/Daniel Ernst – S. 121 Fotolia/contrastwerkstatt – S. 123 DIHK Deutscher Industrie- und Handelskammertag e.V. www.dihk.de/themenfelder/aus-und-weiterbildung/ausbildung/ausbildungspolitik/service/mustervertraege – S. 127 oben links+rechts: Cornelsen/Hugo Herold, Mitte links: Fotolia/Sergey Furtaev; Mitte rechts: Fotolia/B. Wylezich – S. 128 Cornelsen/Hugo Herold – S. 129 Fotolia/WavebreakMediaMicro – S. 131 links: Fotolia/Hieronymus Ukkel; rechts: Cornelsen/Hugo Herold – S. 132 links: Fotolia/Sergii Figurnyi; rechts: Fotolia/pure-life-pictures – S. 133 links: Fotolia/Brian Eberle; rechts: Colourbox.com; unten: Shutterstock/Marco Rullkoetter – S. 137 Spiel: Cornelsen/Finedesign; Würfel: Shutterstock/Sasa Komlen; Spielfiguren: Shutterstock/Andre Bonn; Eimer: Fotolia/Denys Rudyi; Pinsel: Fotolia/Sergii Moscaliuk; Leiter: Colourbox.com – S. 138 oben links: Colourbox.com; oben Mitte: Colourbox.com; oben rechts: Fotolia/Tyler Olson; unten links: Colourbox.com; unten Mitte: Shutterstock/Dmitry Kalinovsky; unten rechts: Shutterstock/CandyBox Images – S. 141 1: Fotolia/Christian Schwier; 2: Fotolia/CaraFoto; 3: Shutterstock/Pressmaster; 4: Shutterstock/Iakov Filimonov; 5: Fotolia/Paolese; 6: Fotolia/grafikplusfoto; 7: Fotolia/LBJeff – S. 142 alle: Nachbarschaftshaus Urbanstraße e.V./Christine Nowicki – S. 143 A: Shutterstock/Dragon Images; B: Shutterstock/CREATISTA; C: Fotolia/ACP prod; D: Fotolia/Elnur – S. 144 oben: Fotolia/Patryssia, unten von links nach rechts: Shutterstock/wavebreakmedia; Shutterstock/matimix; Fotolia/Dan Race; Fotolia/KarlGroße – S. 145 Fotolia/Leonardo Franko – S. 148 Cornelsen Hugo Herold; Handy: Fotolia/Pixelspieler; Backwaren: Fotolia/ikonoklast; Pinsel: Fotolia/dima_pics; Einkaufswagen: Fotolia/flashpics; Schere: Colourbox.com; Einkaufscenter: Shutterstock/hxdbzxy; Kopfhöhrer: Shutterstock/hxdbzxy; Gemüsehändler: Cornelsen/Björn Schumann; Löffel: Fotolia/Schwoab; Mann: Fotolia/Stocked House; Kugelschreiber: Fotolia/waupee; Münze rechts: Shutterstock/kavalenkava volha; links: Shutterstock/MPanchenko – S. 151 1+2: BVR/Bernd Lammel; 3: Fotolia/M. Schuppich; 4: Colourbox; 5: Fotolia/refresh(PIX); 6: Shutterstock/Nadya Lukic; 7: Shutterstock/Africa Studio – S. 152 BVR/Bernd Lammel – S. 154 oben links: Shutterstock/Diego Cervo: oben Mitte: Clip Dealer/Sean Prior; oben rechts: Clip Dealer/Erwin Wodicka; Mitte links: Shutterstock/Diego Cervo; Mitte: Fotolia/Kzenon; Mitte rechts: Fotolia/Thaut Images; unten Sascha: Clip Dealer/Andrey Armyagov; Bianca: Fotolia/contrastwerkstatt; Bozhidar: Shutterstock/eurobanks – S. 156 Fotolia/Jürgen Fälchle – S. 157 Fotolia/oatawa – S. 161 1: Fotolia/auremar; 2: Shutterstock/Rido; 3: Fotolia/Photographee.eu; 4: imago – S. 162 oben rechts: Fotolia/Swifter; unten von links nach rechts: Fotolia/Rawpixel.com; Fotolia/akhenatonimages; Fotolia/Robert Kneschke; Fotolia/nandyphotos – S. 163 Cornelsen/finedesign – S. 164 oben: Shutterstock/Jacob Lund – S. 165 von oben nach unten: Fotolia/gpointstudio; Fotolia/Andrii Muzyka; Fotolia/iko; Shutterstock/iko – S. 166 oben links: Fotolia/flyinglife; unten links: Fotolia/frenta; unten rechts: Shutterstock/Nicemonkey – S. 167 unten rechts: Fotolia/Smileus – S. 168 Geld: Shutterstock/Zerbor; Junge: Fotolia/WavebreakMediaMicro; Tänzer: Shutterstock/Iakov Filimonov; Noten: Shutterstock/Artspace – S. 171 1: Shutterstock/Aleksandr Markin; 2 links: Colourbox.com, rechts: Fotolia/damyz; 4: Clip Dealer/Erwin Wodicka; 5: Fotolia/weedezign; 6+7: Colourbox.com; 8: Shutterstock/Pavel L Photo and Video – S. 172 alle: Colourbox.com – S. 177 1.Reihe von links nach rechts: Cornelsen/Hugo Herold; Shutterstock/withGod; Shutterstock/Lilyana Vynogradova; Shutterstock/Aaron Amat; 2.Reihe von links nach rechts: Fotolia/massimo_g^; Fotolia/massimhokuto; Shutterstock/Nejron Photo; Shutterstock/Syda Productions – S. 182 Stau: Cornelsen/ Hugo Herold; Gummibärchen: Fotolia/Schlierner; Buch: Shutterstock/Hong Vo; Party: Shutterstock/Pressmaster – S. 184 oben rechts: Shutterstock/Thomas M Perkins; unten rechts: www.coulorbox.de/lev dolgachov – S. 185 Mitte: Fotolia/womue; rechts: Fotolia/VRD – S. 186 oben rechts: Cornelsen/Hugo Herold – S. 187 links: Fotolia/i-picture; Mitte: Fotolia/Composer; rechts: Fotolia/Markus Mainka – S. 188 oben: Shutterstock/eurobanks; Mitte: Cornelsen/Friederike Jin – S. 189 Shutterstock/Poznyakov – S. 190 unten rechts Shutterstock/Maya Kruchankova – S. 191 Cornelsen/Hugo Herold – S. 192 alle: Cornelsen/Hugo Herold – S. 193 Fotolia/gena96 – S. 194 unten rechts: Clip Dealer/Erwin Wodicka – S. 195 oben: Fotolia/frenta; unten: Cornelsen/Hugo Herold; unten rechts: Fotolia/Wolfilser – U3 Cornelsen/Volkhard Binder